Nuova Narrativa Newton

1196

Dello stesso autore:

I manoscritti perduti degli Illuminati
La cospirazione degli Illuminati - Il sigillo dei tredici massoni - La chiave di Dante
La settima profezia
Il settimo enigma
Il settimo oracolo
L'alchimista di Venezia
La pergamena dei segreti

Prima edizione: agosto 2021

ISBN 978-88-227-4888-1

www.newtoncompton.com

Realizzazione a cura di Librofficina
Stampato nell'agosto 2021 presso Puntoweb s.r.l., Ariccia (Roma)

G. L. Barone

Cospirazione Gonzaga

Newton Compton editori

A mia moglie Elena
oggi, più che mai

I delitti possono rimanere impuniti, ma non possono lasciare tranquillo chi li ha commessi.

LUCIO ANNEO SENECA

Prologo

La giovane Costanza Monticelli era convinta che sarebbe morta nel suo letto dopo una lunga vita, con figli e nipoti al capezzale. Si sbagliava e ne ebbe la certezza proprio quel giorno, quando si ritrovò stesa nuda, sanguinante e legata a uno scabro tavolo di legno.

"Perché?", si domandò, avvolta dall'oscurità più totale. Il cuore le martellava nel petto come un tamburo e le rimbombava fin nelle orecchie. Ma era l'unico rumore che percepiva, perché intorno a lei il silenzio era totale.

Cercò di muovere il polso all'interno della rude corda che le graffiava la pelle, ma senza successo: il nodo era troppo stretto, esattamente come quello che le immobilizzava le caviglie. Cosa aveva fatto di male per ritrovarsi imprigionata come un animale da macello, sdraiata in mezzo alla sua stessa urina?

Nel corso della sua giovane vita aveva superato molte prove, alcune legate alla sua sfortunata condizione, altre al fato. Eppure ce l'aveva sempre fatta. Aveva trovato un lavoro, per quanto umile, amici e persino un amore. E adesso questo...

"Perché?", si martoriò ancora le membra. Ma quella domanda non aveva una risposta. E nell'incertezza, la paura si impossessò di lei, scuotendole il corpo di tremori.

Le parve di udire qualcosa. Ogni minimo rumore era amplificato da un'eco persistente, come se si trovasse in una caverna o forse in una grande sala di ricevimenti. A parte quello, non aveva però altri indizi su dove fosse. Aveva persino perso la cognizione del tempo. Da quanto era legata? I polsi e le caviglie, che inizialmente le avevano bruciato come se li avesse poggiati a una fucina, adesso avevano smesso di dolerle.

Attese alcuni attimi, trattenendo il fiato e sperando che il lontano rumore che aveva udito presagisse qualcosa di positivo. Ma se davvero erano venuti a salvarla, perché non udiva il tintinnio delle spade o il vociare burbero del bargello? Costanza era una ragazza concreta, senza troppi grilli per la testa. Proprio per questo si convinse che si sbagliava: nessuno sarebbe arrivato in suo soccorso, per il semplice motivo che nessuno si sarebbe preoccupato della sparizione di una sguattera. Magari si sarebbero chiesti dove fosse finita; forse avrebbero persino pensato che era fuggita chissà dove con quel gaglioffo di Nico, il figlio del maniscalco. Ma, era certa, non si sarebbero scomodati per trovarla. Non sarebbe finita bene. No, a differenza delle favole che le raccontavano le suore della parrocchia di San Gervasio, non sarebbe affatto finita bene.

Deglutì amaro e il sapore del sangue le infiammò la gola. Aveva la bocca arsa dalla sete e la sensazione che a tratti le mancasse il respiro.

Cercò di distrarsi, di lasciare vagare la mente altrove. Quando due possenti mani l'avevano immobilizzata stava tornando dal pozzo. La brocca le era caduta sul selciato, finendo in mille pezzi. Più o meno nello stesso istante doveva aver perso i sensi. Poi si era risvegliata su quella tavola, con le palpebre pesanti e doloranti e quel sussurro mellifluo che le suggeriva di stare calma e di non muoversi.

Il rumore lontano di pochi istanti prima la strappò dai suoi ricordi nell'esatto istante in cui distinse nitidamente i passi che già conosceva, ritmici ma delicati. Era certamente un nobile, perché, al contrario, un contadino avrebbe calzato zoccoli di legno ben più rumorosi.

Trattenne il fiato, incerta su cosa le avrebbero fatto questa volta.

«Mi senti?». La voce che aveva memorizzato, acuta e cantilenata, squarciò il silenzio. L'eco si spense lontano, restituendo come un clangore di catene. «Riesci a vedermi?».

Buio più assoluto.

Scosse il capo. «Acqua», invocò invece, con tono supplichevole e smarrito.

L'aguzzino intinse una spugna in un secchio e depositò alcune gocce sulle labbra tagliuzzate della ragazza, che bevve avidamente. Quando l'aveva adocchiata, avvolta in una veste da popolana, gli era sembrata persino graziosa, con la fronte alta e due trecce che le incorniciavano il viso. Adesso, invece, portava i segni indelebili della prigionia.

"Anche nostro Signore ha sofferto per espiare i peccati del mondo", si ripeté l'aguzzino. Si mosse lentamente, con il mantello che bruì lieve nell'aria. Si avvicinò a un comò e da uno dei tiretti estrasse una scatola di legno.

Per un secondo, davanti ai suoi occhi passarono gli eventi che gli avevano permesso di poggiare le sue mani su quell'oggetto. Le carezze, i baci e gli atti contro natura che era stato costretto a compiere l'avrebbero condannato alle fiamme dell'inferno, questo era certo. Ma ne era valsa la pena, perché i suoi sforzi sarebbero stati ampiamente ripagati di lì a breve.

Affondò le mani nel bauletto e saggiò il contenuto con pollice e indice.

«Non fatemi del male», supplicò, con la voce rotta, la giovane.

«Fai la brava e non ti accadrà niente», le mentì l'aguzzino, voltandosi e carezzandole il sangue rappreso sul viso.

«Cosa intendete farmi?».

L'uomo non le rispose, ma si limitò a poggiarle il palmo sulla bocca. E a quel punto Costanza ebbe un'idea. Raccolse tutte le sue forze e con rabbia provò a morsicare la mano dell'aggressore.

Udì un brontolio e si compiacque con sé stessa. Ma il senso di soddisfazione fu fuggevole come un alito di vento, perché un dolore lancinante al naso le spezzò il respiro. Il sapore del sangue le tornò in gola e per un attimo la sua mente si ottenebrò. Quando la sensazione di disgusto cessò, lo percepì ancora accanto a lei. Udiva tenui rumori ritmici, come gocce di pioggia sulle foglie o forse come una catena che rimbombava lontana.

«Lasciatemi andare, messere», implorò ancora, questa volta raccogliendo tutte le forze e alzando la voce. «Non vi ho veduto. Non vi conosco. Non dirò nulla».

Ma l'aguzzino la ignorò, e le passò invece qualcosa di affilato tra l'occhio e l'orecchio.

«State lontano!», sbraitò, quando la lama penetrò nella sua pelle. «State lontano». Ma era troppo tardi, il terrore si mescolò alla paura e Costanza non riuscì a controllare il tremore. Provò a urlare, e lo fece fino a che ebbe fiato.

Tra i fremiti, l'aguzzino tentò di completare il suo lavoro. Ma non era affatto facile: il coltello sfuggì via e un lembo di pelle si staccò, rimanendo penzolante.

Costanza inveì ancora, dimenandosi e strattonando la corda, ma questa volta con meno energia. Le forze la stavano evidentemente abbandonando.

L'uomo depositò il coltello e afferrò un piccolo utensile dalla punta arrotondata, che intinse nella scatola di metallo. Quella era la parte più difficile, non doveva sbagliare.

Avvicinò il candelabro al tavolo su cui era legata la ragazza e con la mano libera si aiutò, facendo cadere un po' di polvere sulla ferita.

«Perché?», mugolò ancora Costanza. Ma ormai era alla fine. Lo sapeva bene anche lei.

Era convinta che sarebbe morta quel giorno e questa volta non si sbagliò: quello fu il suo ultimo respiro.

Mantova
Domenica 18 marzo 1590
Poche ore prima…

Mappa della città

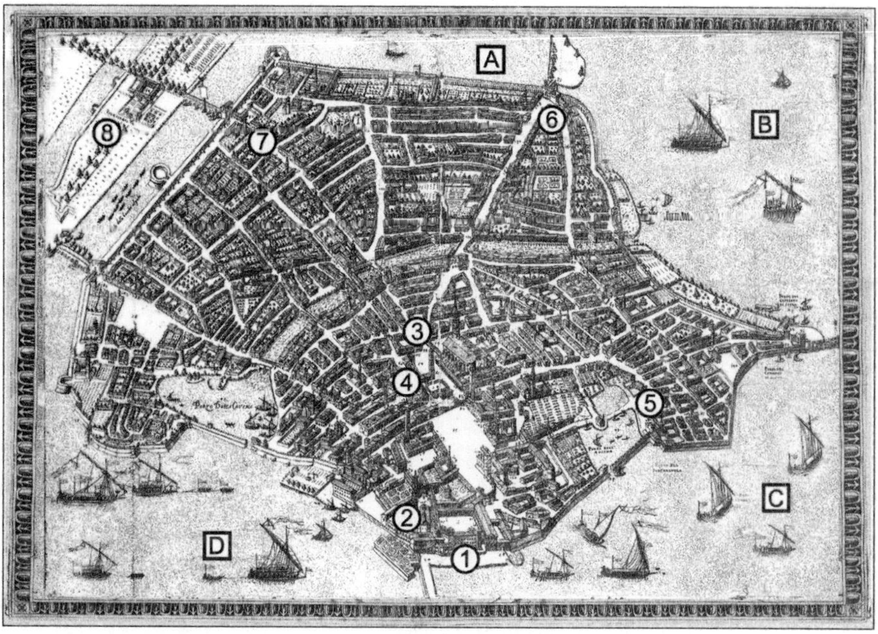

1. Palazzo Ducale
2. Chiesa di Santa Barbara
3. Casa del Mercante
4. Palazzo del Podestà
5. Ospedale Grande di San Leonardo
6. Porta della Pratella
7. Palazzo di San Sebastiano
8. Palazzo del Te

A. Lago di Paiolo
B. Lago di Sopra
C. Lago di Mezzo
D. Lago di Sotto

Capitolo 1

Palazzo del Te, fuori dalle mura.
All'imbrunire.

La *balletta* sfrecciò come scagliata da una balestra. Seguì un urlo gutturale e uno scricchiolio di tacchi sul pavimento lucente.

Monsieur Antoine de La Sablière scattò come un felino sotto ai grandi finestroni da cui si incuneava la luce del crepuscolo. Con un colpo di reni si allungò e schiaffeggiò la palla con la racchetta.

Il duca Vincenzo, giocando d'anticipo, si avventò con un manrovescio e riuscì a rimandarla all'avversario, che questa volta poté solo sfiorarla. La palla sfuggì lontana, e un applauso rimbombò nelle ampie arcate del locale.

«Punto e partita a sua altezza serenissima duca Vincenzo Gonzaga». Una voce manierosa si elevò sopra gli schiamazzi di giubilo e un nuovo applauso, più lungo e convinto, salutò la vittoria del duca.

Il gioco della racchetta, detto anche il *gioco dei re*, era uno dei passatempi preferiti dei signori di Mantova e del Monferrato. Quel pomeriggio, di fronte a lui nel superbo edificio della racchetta del Te, si era cimentato l'ambasciatore francese, che pur passando per un buon giocatore, aveva perduto.

«Bel colpo, altezza», ammise de La Sablière, ansimante. Si asciugò il sudore con la manica imbottita del farsetto, ridacchiando sornione. «Siete troppo forte. Mi avete battuto ancora».

Mentre i nobili guadagnavano l'uscita tessendo le lodi del duca, nella speranza di essere sentiti, Vincenzo tese la mano all'avversario. «Avete giocato bene», commentò, beffardo. Era persuaso che l'ambasciatore non avesse dato il massimo, o peggio, che l'avesse lasciato vincere. Non era tuttavia la prima volta che le partite alla racchetta finivano in siffatta maniera. Si diceva che lo stesso Francesco II, che aveva fatto costruire quel grande locale nell'ala sud del palazzo, vi avesse disputato una lunghissima partita con l'imperatore. Ovviamente, anche in quel caso, uno dei contendenti aveva lasciato che l'avversario più illustre si affermasse senza troppe difficoltà...

Il pittore Giulio De Tatti, uno dei tanti spettatori della partita, non aveva mai sentito quell'aneddoto, ma d'altra parte in quel momento aveva ben altri pensieri. Seguì l'ambasciatore che, attorniato da alcune cortigiane, si diresse verso il rigoglioso giardino, e fu costretto anche lui a uscire.

L'aria serale odorava del bosso delle siepi e degli aromi provenienti dal banchetto allestito di fronte al colonnato marmoreo della loggia di Davide. Sul ponte che divideva in due il grande specchio d'acqua delle pescherie, i nobili rischiarati dalla luce delle lanterne erano divisi in crocchi. Nel cortile d'onore, al di là degli stucchi dorati e degli affreschi del portico, un piccolo gruppo di cantanti intonava un madrigale.

De Tatti si mosse velocemente, stringendo tra le dita la missiva che nascondeva sotto il *lucco.* Non ne conosceva il contenuto, ciò nonostante voleva disfarsene il prima possibile. Dopotutto, la politica e gli affari di Stato non lo avevano mai troppo affascinato. Certo, aveva accettato l'incarico di latore, ma lo aveva fatto più che per i soldi, per poter presenziare a quel ricevimento. Sapeva che il duca era un amante dell'arte e se fosse stato presentato nei modi opportuni, magari sarebbe potuto entrare nelle sue grazie.

Mentre con lo sguardo seguiva l'ambasciatore entrare nella sala degli Stucchi, in attesa di poterlo avvicinare si guardò ancora attorno. Tutta la Mantova che contava era lì quella sera: nobili, dame, gentiluomini, mercanti, musicisti e perfino poeti. Aveva già sentito parlare delle grandi feste organizzate a palazzo del Te. Sapeva che sua altezza non badava a spese per intrattenere gli ospiti. I cibi, le luci, i festoni, persino gli abiti del suo seguito erano un'ostentazione di ricchezza, di sfarzo e di oro.

Deciso a raggiungere l'ambasciatore, De Tatti superò il ponte e si infilò nella grande loggia che dava accesso al cortile d'onore. Sarebbe rimasto ad ammirare le scene raffigurate sulla volta a botte, ma nel frattempo monsieur de La Sablière era scomparso all'interno della stanza. Vi entrò anche lui, facendosi strada tra un gruppetto di nobili che chiacchieravano amabilmente. Senza accorgersene, andò dritto contro un servitore che stava attizzando il camino. Lo liquidò con un «perdonatemi» e si diresse verso la stanza attigua.

«Voi siete il varesino, non è vero?». Una voce femminile, squillante ma cordiale, lo colse alle spalle. «Mi hanno parlato di voi».

De Tatti si fermò con un piede sulla soglia, e si voltò lentamente. Riconobbe subito la dama che gli aveva rivolto la parola. Aveva un'acconciatura alta ed elaborata, con i lunghi capelli castani raccolti in reticelle di seta, punteggiate di nastri e gioielli. Indossava un abito di broccato rosso dalle ampie maniche, che metteva in risalto la croce d'oro con intarsi in ambra che portava appesa al collo.

«Ho sentito dei vostri lavori a casa del conte Filippo Arianti», proseguì lei. I grandi occhi verdi dai riflessi nocciola e il naso diritto sulle labbra carnose ricordarono a De Tatti più una popolana licenziosa che una nobildonna. Tuttavia sapeva bene chi aveva dinanzi: madonna Bianca Donati, fiorentina, dama di compagnia della duchessa Eleonora. Si diceva fosse una delle predilette dal duca Vincenzo e qualcuno sussurrava che tra i due ci fosse anche qualcosa di più. Proprio per questo, si sforzò di mantenere il massimo contegno.

«Vi ringrazio, madonna», borbottò. «Siete troppo gentile».

«Adoro il vostro stile. È ispirato alla pittura fiamminga, giusto?»

«È così, infatti». De Tatti rimase colpito. A onor del vero, negli ultimi tempi, non aveva ricevuto molti apprezzamenti per i suoi lavori. Ma almeno un'estimatrice, evidentemente, c'era… «Siete un'esperta, quindi, madame? La mia è un tipo di pittura che riscuote un certo successo soprattutto in Baviera», chiosò, omettendo che lì a Mantova, invece, i complimenti non erano poi così frequenti.

«Mi piace la schiettezza dei vostri dipinti: i volti grotteschi che ritraete… e soprattutto le popolane procaci». Si carezzò le labbra con civetteria, come se cercasse una scusa per ciarlare. «Vi dispiace se facciamo due passi insieme?». Fissò la spilla che chiudeva il mantello del pittore e poi tornò a guardarlo negli occhi neri. «Vorrei una vostra opinione sui Giganti».

De Tatti ebbe un'incertezza. Poteva fidarsi di quella donna? Sapeva che le spie del duca erano ovunque, ed era consapevole del rischio che correva a consegnare quella missiva.

Strinse la busta nel pugno e proprio in quell'istante notò con la coda dell'occhio l'ambasciatore che infilava un portone, diretto verso l'ala meridionale del palazzo. Si domandò se seguirlo o se indulgere invece nella compagnia della Donati. Dopotutto non era lì anche e soprattutto per ingraziarsi i nobili di corte? Tanto più che madame Rita Boniforte, la sua mecenate, la nobildonna che in teoria avrebbe dovuto introdurlo in società quella sera, tardava ad arrivare.

«Sarei orgoglioso di accompagnarvi, se me lo consentirete», rispose, facendo scivolare la lettera nella manica. Fece strada e i due imboccarono un'infilata di stanze impreziosite da fregi, dipinti dorati e affreschi.

«Eravate mai stato a palazzo del Te?»

«È la prima volta, in effetti», ammise De Tatti.

«Se completerete il trittico alla Casa del Mercante, sono sicura che avrete molte altre occasioni per mettere in mostra la vostra arte».

"Sa del trittico di madame Boniforte?". Il pittore si impettì, inorgoglito da quelle parole. Nel frattempo, i due entrarono nella sala dei Giganti, dipinta dal grande Giulio Romano mezzo secolo prima. De Tatti ne aveva sentito parlare, ma vedere l'espressività di quell'affresco, le enormi e tumultuose figure tra fulmini e fiamme, gli tolse la parola. Si concentrò sulle pareti, che sembravano fondersi con il soffitto: non c'era alcun limite fisico alla scena raffigurata di Giove che abbandona l'Olimpo per scendere sulle nuvole sottostanti. Per un istante, solo uno, ebbe la consapevolezza che mai, con le sue opere, avrebbe potuto eguagliare una tale bellezza, accuratezza e precisione.

«Cosa ne pensate, dunque?», si informò madonna Donati. «Vorrei la vostra opinione da artista».

Lui non fece in tempo a rispondere perché un paggio sopraggiunse trapelato dalla stanza attigua. Era chiaro che cercava qualcuno e quando individuò De Tatti al centro della stanza gli si fece innanzi come una guardia pronta con i ceppi. Si adoperò in una riverenza e bisbigliò poche parole all'orecchio del pittore.

«Disgrazia. Mercante. Boniforte», riuscì a percepire madonna Donati.

De Tatti deglutì, inclinando il capo. Sapeva cosa poteva significare quella notizia e non gli piaceva affatto...

«Volete scusarmi?», si rivolse subito dopo a madonna Donati, con tutta l'educazione cui riuscì a fare appello. Ma il suo tono era visibilmente allarmato.

Si spostò di qualche passo, giusto per riuscire a scorgere da una bifora i nobili che affollavano il cortile d'onore. Il duca era al centro, alto, sorridente, sicuro di sé. Era attorniato dal suo nutrito seguito e l'ambasciatore lo aveva appena raggiunto. Non avrebbe più potuto portare a termine la sua missione. Non quella sera, almeno. Si carezzò la barba sul collo, come usava fare quando era nervoso, e fu allora che se ne accorse: tra il colletto merlettato e le lattughine della camicia di pizzo c'era qualcosa di insolito.

«È stato avvisato qualcun altro?», domandò distrattamente De Tatti al paggio, che l'aveva seguito alla finestra. Nel frattempo, notando che madonna Donati indugiava sulla Giunone del dipinto, con destrezza estrasse l'oggetto incastrato sopra la spilla del mantello, afferrandolo tra pollice e indice. Si trattava di una piccola piuma, forse di pernice, e attorno al calamo vi era arrotolato un pezzetto di carta. Lo separò dalla punta e l'aprì. Era un messaggio di poche parole, in francese. Era possibile che la piuma gli fosse stata infilata nel colletto dal servitore che attizzava il fuoco, quando poco prima si era scontrato con lui? Lo cercò con lo sguardo, senza trovarlo, ma nel frattempo si decise. Chiuse il messaggio e si rivolse ancora al paggio: «Siete certo che abbia chiesto proprio di me?»

«Certo, maestro». Il giovincello indugiò. «Dice di venire subito: c'è sangue dappertutto».

Capitolo 2

Casa del Mercante, quartiere San Pietro. Poco dopo.
Un'ora dopo il tramonto.

De Tatti passò davanti alla torre dell'orologio, di fianco alla rotonda di San Lorenzo, allo scoccare dell'ora prima. Le tenebre erano calate sulla città, rischiarata solo dalle nuvole che riflettevano la luce bluastra della luna.

«Eccovi finalmente». Messer Ruggero, il maestro di casa di madame Boniforte, lo attendeva sull'uscio, una candela a illuminare il viso corrucciato. «Non sapevamo chi altri chiamare».

«Sono arrivato prima che ho potuto», chiarì De Tatti, abbassando la voce. Dietro di lui, dalla piazza de Mercanti, stava sopraggiungendo una squadra di birri, annunciata da passi pesanti e dalla luce delle lanterne. Doveva essere diretta al deposito di legname, perché scomparve in direzione di Sant'Andrea. Una volta passati, il maestro di casa invitò il pittore a entrare.

Già dal pianterreno, un ampio locale con muri in cotto sorretto da colonne gotiche, si percepiva l'opulenza con la quale era stato costruito l'edificio. Era per dare lustro alla casa, voluta dalla ricca famiglia di madame Boniforte, che la matrona aveva incaricato De Tatti di dipingere un trittico al piano nobile. Pare avesse veduto una sua opera simile in città e le fosse piaciuta. Questa almeno era la versione ufficiale, a cui il pittore amava credere, anche se sapeva che non era abbastanza bravo per impressionarla con l'arte. La verità era che madame Boniforte, vedova e ancora piacente, aveva visto in lui qualcosa in più di un semplice pittore a cui elargire il suo denaro.

De Tatti si mosse velocemente nell'androne di marmo rosa e si fermò di fronte a un grande specchio, all'imboccatura dello scalone d'onore. L'immagine che gli venne restituita tra le ombre della notte era quella di un giovane alto e muscoloso, con barba e capelli ricci di color castagna. Il naso carnoso e le labbra spesse davano una certa pesantezza ai suoi tratti, ma i più lo definivano piacente, esattamente ciò che pensava la padrona di casa.

«Quando sono uscito, sul far della sera, madame si stava preparando per il ricevimento a palazzo del Te», spiegò il maestro di casa, facendo strada con la candela.

«Siete sicuro che non sia semplicemente uscita, prima che voi tornaste?», chiese. Nel frattempo avevano percorso l'intera scala che portava alla camera padronale di madame Boniforte, quella che lui conosceva molto bene. Quando fu davanti all'uscio la sua domanda trovò immediatamente una risposta.

«La signora Giulietta, la cameriera personale della padrona, ha trovato la stanza così». Il maestro indicò le macchie di sangue che imbrattavano il pavimento e le lenzuola candide del letto.

«Che Dio ci salvi», proclamò De Tatti, esterrefatto. Il sangue, lì forse da qualche ora, era dappertutto. Odorava di ferro, come se in quella stanza fosse stato squartato un bue. Non c'era però alcun corpo. «Avete chiamato il bargello?»

«La padrona non avrebbe certamente approvato», balbettò la cameriera. «Date le circostanze, intendo...». La donna fece notare gli altri abiti maschili sulla credenza. Abiti proprio di De Tatti. «Per questo vi abbiamo mandato a chiamare».

Il pittore comprese subito cosa intendesse: se fossero intervenuti i birri, avrebbero fatto molte domande. Certamente avrebbero scoperto che lui, oltre a passare lì i giorni di lavoro, trascorreva in quel letto anche le notti. Rita ci teneva alla sua riservatezza, ed era quella la ragione per la quale, quella sera, si erano dati appuntamento a palazzo del Te e non erano andati insieme. Le malelingue, in una città come Mantova, erano in grado di gettare discredito sull'onorabilità di una dama, e lui non era certo un buon partito da esibire. Soprattutto per una ricca ereditiera, vedova e in cerca del secondo marito.

«Nessuno ha udito nulla?», incalzò ancora De Tatti, entrando circospetto nella camera. Le vesti di seta merlettata, che i domestici avevano preparato per la festa, erano ancora adagiate sul trumeau. C'erano anche le bende di muffola, il cappello, e persino il *robone* con le maniche foderate di pelliccia. «È venuto a trovarla qualcuno nel pomeriggio? Avete domandato alla servitù? Avete sentito delle urla?».

La prima cameriera fece ripetutamente cenno di no con il capo. «Non è venuto nessuno a parte una visita nel pomeriggio. I garzoni sono nelle campagne e io sono stata nelle mie stanze per tutto il giorno. Non ho udito nulla di insolito».

«Il fatto che madame Boniforte non sia qui è una cosa positiva. Il sangue potrebbe non essere il suo». A dispetto delle sue parole, De Tatti non parve affatto convinto. Si avvicinò al portagioie di madreperla e lo aprì con il piglio del padrone di casa. «Manca qualcosa tra i suoi preziosi?». No, si convinse da sé, non mancava nulla: la parure d'oro tempestata di diamanti e rubini che Rita tanto adorava era ancora al suo posto esattamente come gli altri gioielli. Più guardava quella macabra scena, però, più si convinceva che c'era qualcosa di insolito. Senza troppi sforzi di fantasia, si convinse che la strana sparizione aveva a che fare con la lettera che doveva consegnare all'ambasciatore. E ovviamente anche con il messaggio allegato alla piuma di pernice.

«Cosa credete possa essere accaduto, maestro?», gli domandò messer Ruggero, immobile sulla porta senza il coraggio di entrare. La singolare asimmetria nel suo volto, un po' come se qualcuno glielo avesse ruotato a dritta, gli conferiva un'aria turpe.

«Sono certo che la vostra padrona sta bene». De Tatti indicò il sangue sul pavimento: nonostante tutto, era improbabile che fosse della padrona di casa. Qualcuno avrebbe sentito delle urla e sarebbe intervenuto. Oppure no?

«Questa ha tutta l'aria di una messinscena», sentenziò alla fine.

«Una messinscena? E a beneficio di chi? Per dimostrare cosa?».

De Tatti deglutì e la risposta a quelle domande gli si parò davanti, cristallina come un lago di montagna. D'istinto estrasse dalla *scarsela* il messaggio che gli avevano infilato negli abiti alla festa e lesse nuovamente le poche parole scritte in francese con l'inchiostro nero.

Pas aujourd'hui. Jeudi à l'heure de l'Ave Maria. Rendez-vous à la porte du Pratella.

"Non oggi. Giovedì all'ora dell'Ave Maria. Vediamoci alla porta della Pratella", c'era scritto. Il suo francese era ottimo, quindi non c'era possibilità di errore...

«Pensate che la padrona possa essere stata rapita?», azzardò ancora il maestro, stupito e affranto allo stesso tempo. «E da chi? Per quale ragione?».

Il pittore non rispose. Si carezzò la barba, cercando di venire a patti con ciò che sapeva. La ragione poteva essere soltanto una: lui.

«Attendetemi qui!», consigliò, sopraffatto dalla sua intuizione. «Non chiamate nessuno, per adesso. Penso a tutto io».

«Ma maestro, speravo che portaste via le vostre cose prima di chiamare le autorità», obiettò la prima cameriera. De Tatti però non la udì, perché aveva già cominciato a scendere i gradini dello scalone a due a due. A grandi falcate attraversò l'atrio e uscì con passo pesante nel buio della piazza.

La sparizione di Rita era connessa a quella maledetta lettera, non potevano esserci dubbi. C'era, quindi, solo un luogo dove poteva andare e un unico possibile responsabile.

Tirò su il cappuccio della cappa e si diresse verso le torri che si stagliavano sul cielo nero, al di là del campanile del duomo.

Capitolo 3

Gerusalemme, prefettura della provincia romana di Siria.
Quattordicesimo giorno del mese di Nisan, nell'anno 3793 dalla creazione del mondo (venerdì 1° aprile dell'anno 33 d.C.).
1557 anni prima...

«Colpo di Venere!», esclamò festante il centurione ai piedi delle croci sul Golgota.

«Sei un baro, Quinto Cassio Longino». Uno dei legionari ribaltò il tavolino di fortuna su cui avevano appena lanciato i dadi d'osso e si alzò, sfoderando la spada. «Vile, i tuoi dadi sono truccati».

Longino, che insieme al drappello di soldati della guarnigione romana doveva solo sorvegliare il luogo della crocifissione, spostò l'arma con la mano, allontanandola dalla *lorica*. Il suo compito era di tenere a bada i seguaci del condannato al centro. Pare si chiamasse Jeshua da Nazareth e di fronte alla sua croce si era formata una marmaglia di pellegrini e di cenciose donnette. Anche distratti dalla *turricola* con cui lanciavano i dadi, i militari della *Legio x Fretensis* non avrebbero faticato a tenerli a bada. Sempre ammesso che non si fossero infilzati a vicenda per dispute di gioco.

«Mi devi dieci sesterzi, Petronio», riprese, netto, Longino.

Il legionario sputò, stizzito, ma alla fine estrasse alcune monete da un sacchetto alla cintola e le lanciò per terra, davanti ai calzari del centurione.

«Ho detto dieci. *Non otto*».

«Quando vuoi ci vedi, allora». Alla fine il militare sghignazzò ed estrasse altre due monete. Mentre questa volta gliele depositava sul palmo, fece cadere lo sguardo sui corpi inchiodati dei tre criminali. I due ladroni ai lati sembravano resistenti. Il Nazareno, invece, martoriato dalle frustate e da una corona di spine, appariva molto più sofferente.

In quel momento, un tuono squarciò il cielo sopra Gerusalemme. Nuvole plumbee e cariche di pioggia comparvero quasi all'improvviso in direzione della porta d'oro della città. I molti presenti cominciarono a dileguarsi dalla collinetta dell'esecuzione e mentre il vento aveva preso a spirare con insistenza, una donna si avvicinò ai romani.

Longino non comprese cosa disse, in aramaico, al centurione di guardia, ma questi dopo un'incertezza la lasciò passare.

Con il capo coperto da un drappo, la donna raggiunse la croce del Nazareno e gli baciò i piedi.

In quel momento, i sacerdoti del sinedrio che avevano assistito alla crocifissione si mossero. C'era anche Caifa, che attorniato dal suo seguito si avviò giù per la collina con gli abiti che garrivano al vento. Per fare strada alle autorità religiose della Giudea, quelle che più avevano spinto il prefetto Pilato a ordinare l'esecuzione, Longino agitò la sua lancia.

«State indietro!», urlò ai seguaci. «State indietro», ripeté. Ma non sembrava che i pochi rimasti volessero frapporsi tra i sacerdoti e il tempio della Città Santa. Mentre l'ultimo rabbi lasciava la collina, Longino notò con la coda dell'occhio che il Nazareno cercava di parlare, supplicando qualcuno di dargli da bere.

Il centurione ordinò a Quinto, il soldato più vicino, di inumidire una spugna con vino e fiele e di avvicinarla con la lancia alle labbra del predicatore morente. Nel frattempo, i tuoni si erano fatti più persistenti e il cielo si era completamente offuscato.

«Carne della mia carne», singhiozzò la donna ai piedi della croce. I capelli mossi dalle raffiche di vento le flagellavano il volto, segnato dalle lacrime. «Cuore del mio cuore, lasciami morire con te».

I romani rimasero immobili, anche perché ormai, complice il temporale in arrivo, non c'era più nessuno da tenere a bada. Era calata un'oscurità carica di tensione. Il sole si era inspiegabilmente oscurato e lui, ceco da un occhio, riusciva appena a distinguere gli elmi bardati dei centurioni.

«Donna, ecco tuo figlio», mormorò il Nazareno, con un filo di voce dall'alto della croce.

Longino si avvicinò di un passo nell'istante in cui una saetta squarciò il cielo. Seguì un tuono tanto forte da far tremare la terra. Le croci alle quali erano appesi i condannati oscillarono violentemente alle raffiche del vento. E a quel punto, il Nazareno sembrò riacquistare maggior forza.

«*Eloì, Eloì, lemà sabactàni*», strillò in ebraico, rivolto al cielo. «Padre, padre, perché mi hai abbandonato?». Prese fiato un'ultima volta. «Tutto è compiuto. Padre, nelle tue mani affido il mio spirito».

Esalò l'ultimo afflato da anima morente e la testa gli si piegò in avanti, esanime. La donna ai piedi della croce si inginocchiò silenziosa.

E fu allora che la pioggia divenne torrenziale. Gocce grosse come acini d'uva cominciarono a percuotere il terreno polveroso e i venti si fecero tanto impetuosi da scuotere persino il palazzo di Erode Antipa.

I centurioni si allarmarono e Longino riuscì a leggere la paura nei loro volti. Si strinsero nei mantelli e si acquattarono sotto agli arbusti intorno al calvario.

Era possibile che davvero quell'uomo fosse il figlio di Dio? Il Dio degli ebrei stava scatenando su di loro tutta la sua furia per averlo ucciso?

La conferma arrivò pochi istanti più tardi, quando uno dei soldati si mosse per afferrare un elmo, volato via per il vento. Barcollò, senza capire cosa stava accadendo. Se ne rese conto subito dopo, quando lunghe crepe si aprirono lungo le rocce del Golgota. La terra prese a tremare con veemenza, come scossa dalla violenza di Giove. Oppure da quella del dio degli ebrei?

Trascorsero diversi interminabili attimi in cui la pioggia, i tuoni e i fulmini si mescolavano con la furia del terremoto. Voragini di tufo si aprirono ovunque dalla collina alla porta di Gennath. Nella vallata battuta dal vento alcuni edifici crollarono in un nugolo di polvere in un boato simile a un grido di battaglia. Fino a che, all'improvviso, tutto si placò.

Longino, le gambe tremanti, si alzò in piedi e si tolse l'elmo dal capo, incredulo.

A dispetto di tutto, le tre croci erano ancora al loro posto. Mentre il Nazareno sembrava morto, i due ladroni ancora respiravano. Ordinò il *crurifragium*, ovvero di rompere loro le gambe. Si trattava di una pratica usata dai romani, che per accelerare la morte degli sfortunati sulla croce, gli spezzavano le gambe a martellate. Il peso del corpo si trasferiva quindi alle braccia inchiodate e all'addome, e il soffocamento sopraggiungeva molto prima.

Appena anche il secondo ladrone esalò l'ultimo respiro, Longino si allontanò. Ma fu costretto a tornare sui suoi passi subito dopo: un ufficiale stava sopraggiungendo al galoppo dalla città e si fermò di fronte alle tre croci.

«Vengo dall'Antonia», esordì, in latino. «Pilato vuole sapere se il Nazareno è morto».

Longino fece cenno di sì con il capo.

«Accertatene», ordinò l'ufficiale, voltando il cavallo irrequieto.

Il centurione tornò di malavoglia in prossimità della croce centrale e, sotto gli occhi vuoti della madre di Gesù, impugnò la sua lancia. Era inutile spezzare le gambe a un morto quindi decise di limitarsi a punzecchiarne l'addome per mostrare all'ufficiale che non c'era alcun segno di vita.

E invece, quando infilzò il costato martoriato del Nazareno, ci fu una reazione del tutto inaspettata. Fu allora che accadde qualcosa che il centurione avrebbe ricordato per tutti i giorni a venire.

Longino ritrasse svelto la lancia, ma dalla ferita, invece che fuoriuscire poche gocce, come si sarebbe aspettato, sgorgò un abbondante zampillo di sangue misto ad acqua. Il centurione, che poco prima aveva tolto l'elmo, fu investito in pieno, dai capelli alla bocca, come se gli fosse stato rovesciato addosso un intero calice di vino. Venne imbrattato da capo a piedi e provò a ripulirsi con il lembo della tunica.

In un attimo, tutto cambiò. Sulle prime non riuscì a credere a ciò che era accaduto. Per essere sicuro, strofinò l'occhio malato – quello dal quale era quasi completamente cieco – e per la prima volta vide comparire un punto di luce. In pochi attimi la luce si trasformò e prese la forma dei verdi uliveti del Getsemani, al di là della valle. Ci vedeva. Senza sapere come, ora ci vedeva anche da quell'occhio.

Incredulo voltò più volte su sé stesso e poi fermò gli occhi sulla croce del Nazareno.

Incurante degli sguardi degli altri centurioni, cadde in ginocchio piangente. Era accaduto un miracolo. Adesso ci vedeva da entrambi gli occhi.

Capitolo 4

Torre degli Arianti, quartiere Sant'Andrea, domenica 18 marzo 1590. Tarda notte, alcune ore dopo la festa a palazzo del Te.

Il batacchio del portone rimbombò nella notte.

Mentre aspettava che qualcuno venisse ad aprire, Giulio De Tatti ne approfittò per riordinare le idee.

Cosa sapeva il conte di lui e di madame Rita Boniforte? Certamente sapeva che era stato ingaggiato per realizzare un trittico che raffigurasse alcune popolane nei campi. Lo sapeva perché era grazie a un'opera analoga, affrescata proprio a casa del conte Arianti, che aveva conosciuto la sua nuova benefattrice. Ed era stata una benedizione perché, a onor del vero, da quando era andato via da Varese, la sua carriera aveva subito più d'una battuta d'arresto. Il fatto che dipingesse sia pale d'altare che scene di genere, con volti grotteschi e caricaturali, aveva fatto di lui un artista a dir poco controverso. Le critiche per le sue opere dai risvolti buffoneschi, con donne procaci e ammiccanti, avevano superato gli apprezzamenti. Non fosse stato per il suo cognome, lo stesso di suo nonno – il ben più noto pittore Francesco De Tatti – probabilmente sarebbe stato costretto ad abbandonare la professione molto tempo prima.

Da quando si era stabilito da madame Boniforte, le cose erano però cambiate. Si erano evolute, per usare il linguaggio di Rita. Ma erano stati molto attenti, Arianti *non poteva* sapere di loro due. Era a conoscenza però del fatto che la matrona era la sua unica mecenate, l'unica che lo faceva lavorare. Senza di lei, si sarebbe ritrovato ai bordi di una strada, con alle calcagna i birri del duca

Gonzaga che cacciavano gli accattoni. Era per questo che il conte lo aveva avvicinato la settimana precedente.

«Ho un lavoro per voi», gli aveva proposto.

«Un nuovo dipinto? Qualcosa di religioso, questa volta?», aveva domandato De Tatti.

Il conte, lunghi capelli castani e zigomi pronunciati che lo facevano assomigliare al riflesso su una pignatta, era stato colto da un parossismo di tosse. Subito dopo essersi placato, aveva però sorriso di gusto.

«Non ve l'abbiate a male, maestro», si era preso gioco di lui l'Arianti, asciugandosi gli occhi lucidi. «Ciò che potevate dipingere, grazie al vostro buon nome, l'avete già dipinto».

«E dunque, di che lavoro parlate?»

«Dovete consegnare una lettera».

De Tatti aveva sorriso a sua volta, incrociando le braccia sul petto. «Consegnare una lettera? Cosa vi fa credere che io sia diventato un fattorino? Non sono mica il vostro *furlàn*».

Il conte aveva indugiato, fregandosi le mani. A De Tatti sembrò un giudeo pronto a concedere il suo credito. «Il fatto è che, mi dicono, vorreste entrare a corte. Si dice che il duca sia molto generoso con poeti e pittori; che investa gran parte del suo patrimonio in questo tipo di cose, insomma».

L'Arianti aveva colpito nel segno. Il motivo per cui De Tatti si era trasferito a Mantova era proprio quello: si trattava di un ducato ricco, che dopo la morte di Guglielmo Gonzaga stava tornando al mecenatismo e ai fasti di Isabella d'Este. E il merito era del giovane duca Vincenzo: dopo aver ereditato dal padre una fortuna di ventuno milioni di ducati, la stava dilapidando in feste, ricevimenti, sfarzo e anche – ed era quello l'aspetto che più interessava a De Tatti – in arte.

«Se accetterete di consegnare una mia missiva riservata, farò in modo di farvi avere un invito per il ricevimento di domenica prossima a palazzo del Te», aveva concluso il conte. «Una volta lì, chi può dirlo, potreste conoscere qualcuno che conta».

De Tatti non ci aveva messo molto ad accettare, anche perché assieme alla lettera aveva ottenuto la promessa di cinquanta scudi. Più o meno quanto gli sarebbe bastato per vivere un paio di mesi. A nulla erano valse le ulteriori raccomandazioni sul fatto che la sua missione fosse "alquanto delicata", perché connessa a "questioni di Stato". Tutto passò in secondo piano, esattamente come il suggerimento di rimanere lontano dai ficcanaso del duca.

«Maestro De Tatti?». Il servitore che venne ad aprire il portone della torre si era chiaramente appena svegliato. Aveva indossato frettolosamente un giustacuore e sembrava appena sbucato dal mondo dei sogni.

«Perdonate l'ora», si scusò il pittore. «Ho necessità urgente di parlare con il conte Arianti».

«Veramente... il padrone è da poco rincasato dal ricevimento del duca».

«Avvisatelo che sono qui», ingiunse De Tatti, perentorio come se si fosse trovato davanti uno dei servi che non aveva mai avuto. «Sono certo che per me troverà un momento».

«Ecco il più grande pittore di Mantova». Un'esplosione catarrosa, seguita da un profondo e vibrante accesso di tosse, irruppe nel colloquio sulla porta. Il conte Filippo Arianti era in cima alla scala, con una sopravveste di seta a metà coscia che lo faceva sembrare ancora più alto di quanto in realtà non fosse. I lunghi capelli sciolti gli scendevano diritti lungo le spalle, ma sulla fronte alta e glabra si diradavano fino a formare un piccolo ciuffo pettinato all'indietro.

«Gioele, fatelo pure entrare, per il maestro un momento lo si trova sempre».

De Tatti si profuse in un inchino e seguì il servitore, che lo accompagnò in un salottino al primo piano. Non era quello, più grande, dove il pittore aveva realizzato il suo primo affresco mantovano, ma doveva essere comunque stato di un certo pregio: adesso, tuttavia, gli stucchi, una volta bianchi e oro, erano scrostati e gli angioletti che incorniciavano i dipinti rifiutavano di riflettersi sul pavimento tarlato.

«Avete completato la missione?», ruppe la quiete rigida il conte. Ma le parole gli si disintegrarono in gola, interrotte da altri colpi di tosse: suoni laceranti dal profondo della cassa toracica, degni più di un minatore che di un nobile.

De Tatti attese che l'attacco terminasse, domandandosi nel frattempo se davvero l'Arianti fosse in qualche maniera responsabile della sparizione di madame Boniforte. Conosceva i modi alteri del nobile, ma era davvero ipotizzabile che avesse fatto rapire la sua mecenate per avere un appiglio con lui? Un modo schietto per ricattarlo se non avesse adempiuto alla sua "missione"? Era certamente vero che, senza di lei, De Tatti non era nessuno. L'Arianti lo sapeva bene ma il punto era un altro: cosa mai poteva contenere la missiva che doveva consegnare, per spingere il conte a un'azione simile?

Per un istante, il pittore si pentì amaramente di avere accettato con tanta superficialità quell'incarico. Ormai però era troppo tardi...

«Purtroppo ho avuto un problema con il vostro biglietto», misurò le parole alla fine. «L'ambasciatore mi ha fatto recapitare un messaggio». Così dicendo, mostrò la piuma con la scritta.

Il conte apparve sinceramente stupito. Indugiò a lungo, senza proferire parola, sul breve testo nero. «Questo potrebbe essere un problema», sentenziò alla fine. Si avvampò di rabbia, che cercò di mascherare alzandosi in piedi e andando alla bifora. «Non era...». La tosse lo interruppe di nuovo. «Non era questo... che vi avevo chiesto. Mi ero raccomandato di essere attento».

De Tatti deglutì amaro. «Avete ragione e mi scuso. Ma non c'è proprio stata l'occasione di avvicinare l'ambasciatore». Fece una pausa, per saggiare le sue parole sul nobile, ma non riuscì a interpretare il suo stato d'animo. Decise di inserire nella conversazione ciò che più gli premeva. «Anche perché sono stato chiamato dai servitori di madame Boniforte e ho dovuto lasciare ben presto la festa».

«Va bene». Il conte si schiarì la gola. «Va bene. Il biglietto vi dà un nuovo appuntamento fra quattro giorni. Possiamo aspettare». Tornò al divano e si accomodò di fronte al pittore, accavallando le gambe. La sua temporanea ostilità sembrava recedere solo di fronte alla soluzione raffazzonata che De Tatti gli aveva messo davanti. «Giovedì andrete alla Pratella e completerete la missione. Così come programmato. Così come *avreste già* dovuto fare».

A quelle parole il giovane rimase interdetto. Non poteva accusare l'Arianti di alcunché. Oltretutto, il fatto che avesse completamente ignorato l'aneddoto della chiamata dei servitori di Rita era indicativo. Non sapeva nulla di madame Boniforte, e di certo sembrava non gli interessasse nulla di lei.

Meditò di essere più esplicito. Ma cosa avrebbe dovuto chiedere? «Avete rapito voi la mia unica fonte di reddito per essere sicuro che io consegnassi la vostra lettera?». Mentre ancora rifletteva su come affrontare il discorso, il conte lo prese alla sprovvista, quasi avesse digerito solo ora le sue parole. «Come avete detto, poc'anzi? Siete stato chiamato dai servitori della vostra *nuova amica*?».

Nuova amica.

L'Arianti, dunque, sapeva?

«È così infatti», ammise il pittore.

«Spero stia bene. Non l'ho vista al ricevimento del duca, ora che ci penso».

«In effetti ha avuto un contrattempo». Mentre lo diceva, De Tatti ebbe un fremito. Quell'uomo era indecifrabile. Se un minuto prima avrebbe giurato che non c'entrava nulla con la sparizione di Rita, adesso avrebbe detto l'esatto contrario. E la conferma arrivò con la frase successiva, che gli mise i brividi.

«Be', i contrattempi accadono», sussurrò mellifluo il conte. «Voi risolvete il mio problema… e poi vedrete che… vedrete che… anche i vostri problemi si risolveranno».

Più o meno nello stesso momento, non molto distante, legata nell'ombra di uno scantinato, madame Rita Boniforte cominciò a tremare per la paura. Aveva appena udito gli ultimi respiri della giovane che l'aveva preceduta sul tavolo dell'aguzzino e si domandò se la prossima vittima sarebbe stata lei.

Capitolo 5

Palazzo Ducale, lunedì 19 marzo 1590.
Metà mattina.

“La più grande vittoria è quella che non richiede nessuna guerra”. Mentre superava la porta del castello, diretto a palazzo Ducale, monsieur Antoine de La Sablière si ripeteva quella frase come un mantra. L’aveva messa in pratica in ogni missione diplomatica che gli era stata affidata e contava di riuscirci anche in quell’occasione.

Accompagnato da due picchieri della prima compagnia di Francia, avanzò nel grande cortile con passo marziale. Alto, slanciato, con la mandibola squadrata e una barba corta e riccia, aveva lui stesso l’apparenza di un soldato. Indossava un lungo mantello aperto sul davanti e foderato di pelliccia, una sopravveste di seta e brache rigonfie sulle cosce. La spada che pendeva al suo fianco tintinnava.

La sua destinazione era l’austera torre del castello, alla mancina del campanile di mattoni di Santa Barbara, che emergeva sopra lo slanciato porticato della cancelleria. Era la seconda volta che ci andava nell’arco di due settimane, e quella mattina, nel bene o nel male, sarebbe stata certamente l’ultima.

Ormai, il duca Vincenzo doveva aver preso una decisione. Con ogni probabilità aveva sguinzagliato le sue spie e le aveva mandate a Milano e Torino, per cercare di capire se l’ambasciata portata proprio da de La Sablière era attendibile.

«Conoscete le mire dei Savoia», aveva esordito alcuni giorni prima l’ambasciatore francese. «Hanno abbandonato l’idea di estendere i loro territori verso Parigi e ora pare vogliano concentrarsi sull'Italia».

Il duca Vincenzo, molto più avvezzo alle feste, ai giochi e al divertimento, che alle questioni politiche, aveva ascoltato in silenzio. Da sempre i Gonzaga avevano costruito le loro fortune grazie a un'altalenante scelta degli alleati e quindi la proposta dei francesi andava valutata con attenzione. Il ducato, infatti, aveva il problema della contiguità territoriale, visto che tra Mantova e il Monferrato il territorio era spezzato in due dai possedimenti spagnoli a Milano. Il Monferrato, oltretutto, essendo un crocevia importante tra il Nord Europa e il porto di Genova, era sempre stato un problema: solo con grande fatica e con il benestare dell'imperatore, suo padre Guglielmo era riuscito a sottrarlo alle mire delle corti confinanti.

«I Savoia non oserebbero mettersi contro Filippo II di Spagna», aveva risposto Vincenzo all'ambasciatore. «Il ducato di Milano è un limite troppo arduo anche per le loro brame».

L'ambasciatore aveva annuito, ma era chiaro che non era d'accordo con il duca Gonzaga. «Vostra altezza», disse, con sussiego. «L'analisi che fate è figlia del buon rapporto che conservate con gli spagnoli. Vi do ragione quando dite che i Savoia non toccherebbero i confini con Milano. Il Monferrato però è proprio alle porte di Torino…».

Vincenzo aveva scacciato quell'osservazione con un gesto infastidito della mano e aveva congedato l'ambasciatore.

«Vi ringrazio per le informazioni che mi avete portato», lo liquidò, saccente. «Penserò alla vostra proposta e vi farò sapere». Si era alzato in piedi e poi aveva sfoderato uno dei suoi grandi sorrisi. «Mi dicono che siete un ottimo giocatore alla racchetta. Se nel frattempo vi sfidassi a una partita?».

Dieci giorni più tardi, l'ambasciatore stava salendo lo scalone di marmo di Enea che dava accesso alla Corte Nuova. Dopo la partita, il duca l'aveva finalmente riconvocato e lo aveva fatto attendere nella splendida sala di Manto.

Quando vi entrò, scortato dai fanti dei Gonzaga, rimase folgorato dallo splendore di quell'immenso locale, alto e arioso come la navata di una cattedrale. Traboccava di stucchi e dipinti ed era dominato da un pomposo soffitto a cassettoni decorati che si riflettevano sul pavimento. Gli affreschi alle pareti coprivano tutto il primo ordine, sotto le finestre, ed erano un tripudio di colori che raccontavano – gli avevano spiegato – la nascita della città e le imprese dei Gonzaga.

Alcuni nobili erano in attesa come lui di avere udienza e sostavano davanti ai dipinti a olio raffiguranti la fuga da Tebe. Sul lato opposto, un gruppo di funzionari in abiti neri discuteva a bassa voce. De La Sablière attraversò la stanza nel brusio e andò verso una finestra affacciata sul presbiterio di Santa Barbara. La prima volta che era stato lì non aveva dovuto aspettare molto, anche perché sapeva che il duca non amava quel tipo di colloqui. I maligni, senza tema di smentita, asserivano che prediligesse stare più con i suoi cavalli che con i patrizi della corte.

«Monsieur Antoine de La Sablière», lo chiamò uno degli attendenti in livrea, davanti all'imponente portone.

Il francese lisciò il farsetto alla massimiliana con le mani e si mise sull'attenti.

«Seguitemi, sua altezza vi attende».

Superarono un'infilata di stanze, tutte adorne di arazzi in fili di lana e seta, puttini in oro, marmi policromi, e andarono verso il castello di San Giorgio. Percorsero pochi gradini e dopo un'ulteriore breve attesa, fu introdotto in quella che era chiamata *Camera Picta*, ovvero camera dipinta. E il nome non era affatto casuale, visto che anche lì tutte le pareti del piccolo e buio locale erano affrescate con superbe opere del Mantegna.

Sotto una volta rivestita con un mosaico lucente, il duca sedeva annoiato accanto al camino acceso. Di fianco a lui, su un tavolo, campeggiavano imbreviature e documenti in carta pergamena. Aveva un viso contrito, come se si trovasse lì contro il suo volere, e carezzava il pizzetto a punta tra pollice e indice.

«Vostra grazia», si inchinò de La Sablière, facendo un ampio gesto con la mano. Il suo mantovano era fluente, anche se la morbida inflessione della pronuncia francese si faceva chiaramente distinguere. «Sono venuto prima che ho potuto».

Vincenzo si alzò senza salutare. Indossava una sopravveste elegante, abbottonata sul davanti e foderata di ermellino. Sotto il ricco colletto, due medaglie pendevano dalla grossa collana sul petto.

«Sapete che questa era la camera da letto del mio avo Ludovico II?», comincio il duca, voltandosi verso la finestra affacciata sul lago di Mezzo. «Io preferisco usarla come stanza per pensare. Mi apre le porte sul mondo». Picchiettando con il dito sul vetro, indicò il ponte San Giorgio, che diviso in due dalla darsena collegava la città alla terraferma. In quel momento stavano sopraggiungendo carrozze e carri di mercanti provenienti dai mansi circostanti.

L'ambasciatore, sull'attenti al centro della stanza, spostò il peso da un piede all'altro. Non capì cosa intendesse il duca, ma sapendo che a volte era piuttosto intemperante preferì rimanere in silenzio.

«Questo per dire che le cose cambiano», precisò il Gonzaga. «La mia famiglia calpesta i corridoi di questo palazzo da duecentocinquant'anni. Abbiamo sempre scelto con cura i nostri alleati e mai ci siamo schierati apertamente come voi proponete, con una potenza o con un'altra».

De La Sablière deglutì. Quella premessa così netta non sembrava presagire nulla di buono.

«Tuttavia», ammonì il duca, «l'informazione che mi avete portato ha certamente avuto il dono di farmi riflettere. Il Monferrato è una terra difficile, lo sappiamo tutti».

«Vostra altezza, se mi permettete: il problema non è il Monferrato, che è possedimento a voi fedele... ma i Savoia e soprattutto la Spagna, che non potrebbe lasciare loro campo libero».

Vincenzo si voltò e guardò il suo ospite con il mento talmente alto da sembrare che stesse esaminando l'attaccatura dei capelli dell'ambasciatore. «In tutta sincerità, *monsieur*, la nostra alleanza con Filippo II è stabile e duratura, e non ho motivo di credere che verrebbe violata. Per quanto io creda alle vostre parole e alle informazioni che mi avete portato da Parigi, è prematuro fare la scelta che mi chiedete».

«Comprendo, vostra altezza». Il francese cercò di sfoderare tutta la persuasività di cui disponeva. «Il punto, tuttavia, non è cosa gli spagnoli desidererebbero, ma cosa sarebbero costretti a fare per opporsi alle mire espansionistiche dei Savoia».

«E dunque mio zio Ludovico, duca di Nevers e di Rethel, a voi francesi tanto caro, sarebbe la soluzione?»

«Non è un mistero che vostro zio è vicino alla corona di Francia e che ci siano stati dissapori con vostro padre. Ma è passato del tempo e il nuovo duca siete voi». De La Sablière fece appello a tutto l'eloquio di cui disponeva. «Non sarebbe oltretutto la prima volta che il duca di Mantova cede la reggenza a un suo familiare. Ricordo ad esempio che vostro padre ne affidò il governo a vostra zia Isabella. Dopotutto, il Monferrato è lontano e voi siete qui; questa soluzione permetterebbe alla vostra famiglia di mantenere il potere e, visto il rapporto di vostro zio con Enrico IV, scoraggerebbe i Savoia».

Vincenzo fece un gran respiro con il naso, intendendo così mostrare tutta la sua esasperazione. Con che coraggio gli veniva fatta una proposta simile? Cedere il Monferrato a suo zio, e quindi di riflesso ai suoi amici francesi, a fronte di una minaccia dei Savoia del tutto ipotetica? Lo avevano preso per uno stolto o uno sprovveduto?

«Ho ben compreso la proposta del vostro sovrano», specificò il duca. «L'ho seriamente valutata, proprio per rinsaldare la nostra alleanza. Perdonate la franchezza, però: proponete la soluzione a un problema che oggi non esiste».

«Esisterà, vostra altezza. Le informazioni che vi ho portato sono attendibili e sono certo che le vostre fonti le avranno verificate: Casale è in pericolo e voi avrete presto bisogno di un alleato forte».

«In ogni caso», lo interruppe Vincenzo alzando la mano, «non intendo designare al governo del Monferrato mio zio o chiunque altro. Non dopo ciò che ha fatto mio padre per mantenere quei territori tra i nostri possedimenti. Ringraziate il vostro sovrano, per l'amicizia che ci ha offerto, e portategli i nostri saluti».

De La Sablière si portò la sua mano alle labbra e fece un bell'inchino. «Ringrazio voi, vostra altezza», sibilò, con una punta di mestizia nella voce. «Riferirò la vostra decisione».

Pochi minuti più tardi, mentre scendeva le scale del castello, l'ambasciatore provava un misto di rabbia e delusione. Era perfettamente prevedibile che il giovane e vulcanico Vincenzo non accettasse. Far passare il messaggio che i piemontesi erano interessati al Monferrato, e che quindi i Gonzaga avrebbero avuto bisogno dell'aiuto francese, non era certo impresa facile. Una risposta positiva, però, avrebbe risolto ogni problema all'origine: era un tentativo che un buon diplomatico doveva effettuare.

"La più grande vittoria è quella che non richiede nessuna guerra", rifletté de La Sablière. Questa volta, purtroppo, la guerra andava combattuta...

Ripensò al messaggio allegato alla piuma di pernice e si compiacque di averlo fatto consegnare al ricevimento. "Non oggi. Giovedì all'ora dell'Ave Maria. Vediamoci alla porta della Pratella", diceva. Bene, mancavano solo tre giorni.

Capitolo 6

Da qualche parte in città. Contemporaneamente.
Metà mattina.

La sega si conficcò nella carne, provocando una lunga lacerazione sul collo. Il sangue colò, schizzando sul muro e insudiciando gli abiti dell'aguzzino.

L'uomo indossava un grembiule di pelle da macellaio e dei guanti fino ai gomiti, ma evidentemente non era pratico di quello strumento. Lo mosse avanti e indietro nella ferita che aveva aperto sotto il mento della giovane Costanza Monticelli, ma la testa si rifiutò di staccarsi.

«Calma», si disse. «Riprova».

Si chinò sul cadavere ormai freddo della ragazza e tentò di trascinarlo al bordo del tavolo, in maniera che il cranio fosse a sbalzo. I capelli della giovane ricaddero nel vuoto. Impiastricciati di sangue danzarono nell'oscurità come una bandiera ammainata.

Riprese la sega tra le mani e tastò con i polpastrelli per individuare il punto esatto. Riprovò.

«Uno; due; tre; quattro». La testa era completamente riversa all'indietro, in una posizione innaturale, tuttavia le vertebre erano ancora collegate alla nuca. Ricominciò a segare, con il *tic-tic* delle gocce di sangue che cadevano sul pavimento, a fare da contraltare al battito del suo cuore.

Sudato fradicio, completamente imbrattato, si fermò dopo alcuni interminabili minuti. Incredibilmente, il capo deturpato della giovane era ancora lì, attaccato al busto per pochi brandelli di pelle. Nel suo viso non vide altro che il pallore della morte ma se non l'avesse ritenuto impossibile, avrebbe persino giurato che lo stava sbeffeggiando dall'oscurità.

Un rumore di catene lo distrasse.

Si voltò e illuminò davanti a sé con il candelabro. Madame Rita Boniforte era a pochi metri, assicurata al muro. Era seduta per terra con la testa fra le ginocchia e le mani sulle orecchie. Piangeva dalla sera precedente, quando la donna sul tavolo aveva esalato l'ultimo respiro.

«Abraamo stese la mano e prese il coltello per sacrificare suo figlio», provò a rassicurarla l'aguzzino, come se le parole della *Genesi* potessero in una certa qual maniera giustificare le sue azioni.

Un singulto, seguito dal tintinnio della catena, furono l'unica risposta dal buio. Poi ci fu ancora silenzio.

Tic-tic.

Tic-tic.

L'uomo grugnì. Il rumore delle gocce di sangue che rimbalzavano sul pavimento di pietra gli ricordò che aveva un macabro lavoro da terminare. Non aveva scelta, purtroppo. Se voleva sperare di farla franca doveva per forza proseguire.

Si voltò e infilò nuovamente la sega nella voragine nauseabonda aperta sul collo. Tra le carni maleodoranti, le ossa della spina dorsale erano lì in bella vista, troppo dure per essere segate dalla sua mano non esperta. Per questo aveva provato a tagliare i visceri tra i tessuti molli. Forse però c'era una soluzione più veloce.

Poggiò la sega per terra e andò alla parete, dove erano allineati alcuni attrezzi da mezzadro. Afferrò un grosso martello e lo riportò al tavolo.

Il primo colpo non ebbe l'esito sperato. Percosse il cadavere al mento e oltre a uno scricchiolio sinistro non ottenne risultati. Con il secondo fendente la testa della povera Costanza, invece, si staccò e rotolò proprio accanto ai piedi della Boniforte.

Tic-tic.

Tic-tic.

Mentre riprendeva fiato, pregando che la povera anima fosse finalmente consegnata all'abbraccio del Cristo, il corpo acefalo continuava a sanguinare. Il fatto che il cuore si fosse fermato da tempo ebbe l'effetto tuttavia di non fare ingrandire troppo la pozza ai piedi del tavolo.

«Alzatevi, madame Boniforte», ruggì a un certo punto l'aguzzino, mentre raccoglieva la testa della Monticelli e la infilava in un sacco. «Ora tocca a voi».

Capitolo 7

Palazzotto Donati, quartiere San Nicolò. Due ore dopo. Mezzodì.

Il cucchiaio vagò per il piatto, spostando il cibo ma lasciandolo praticamente intatto. Bianca Donati non aveva appetito.

Si lasciò cadere sullo schienale e indugiò sulla tavola imbandita. Come al solito, i domestici avevano apparecchiato solo per lei su una tovaglia di bisso bianca, sistemando con geometrica precisione fini porcellane e posate d'argento. Aveva chiesto che le fosse servita la *tredura*: pane ammollato nell'acqua, lardo, porri, uova e zafferano. Sebbene fosse il suo piatto preferito – a dispetto di chi non lo riteneva adatto a una nobildonna – in quel momento, tormentata com'era dalle inquietudini, non le andava affatto.

Allontanò il piatto e scrutò fuori dall'imponente polifora, al di là delle tende di mussola. Nuvole bianche si muovevano lentamente verso il campanile della chiesa di San Cristoforo e dalla strada, di tanto in tanto, si udivano le urla dei cocchieri. Il palazzo di San Sebastiano era poco distante e ne scorgeva il tetto. Era tra quelle mura, volute da Francesco II Gonzaga come dimora di svago, che il duca Vincenzo le aveva affidato l'incarico.

Già, l'incarico.

Più ci pensava, più si convinceva di non essere riuscita a venire completamente a capo della questione. Se monsieur de La Sablière nascondeva qualcosa, lo faceva molto bene. A poco era valso seguirlo per tutto il suo soggiorno mantovano e poi durante la festa a palazzo del Te. Il francese non si era intrattenuto con nessuno degli ospiti e praticamente era rimasto da solo per l'intera durata del ricevimento. Non c'era stato nulla di insolito.

"No", si disse Bianca. Si alzò da tavola e con il crepitio del fuoco fra le pieghe dell'ampia zimarra ricamata, si mosse fino al camino. No, qualcosa di insolito c'era stato eccome: più volte, durante la partita, l'ambasciatore si era voltato verso il pubblico invece di concentrarsi sulla *balletta*. Non ne poteva essere certa, ma le pareva avesse guardato con insistenza uno spettatore in particolare: il pittore Giulio De Tatti. Lei si era così avvicinata al giovane e aveva notato che teneva tra le mani una lettera sigillata con la ceralacca. Non era molto come indizio, ma poco dopo De Tatti si era messo alle calcagna dell'ambasciatore, come se cercasse un momento per avvicinarlo. L'aveva seguito a distanza per tutto il cortile e a un certo punto era successo qualcosa di strano: un inserviente con mano lesta aveva infilato addosso al giovane qualcosa. Bianca aveva subito pensato a un messaggio, così si era avvicinata.

«Voi siete il varesino, non è vero?», lo aveva fermato, domandandogli con civetteria delle sue opere. Da vicino era riuscita a osservare meglio la lettera che il giovane pittore tentava di nascondere sotto il mantello, e quello strano oggetto. A ben guardare, si trattava di una piuma, infilata con destrezza tra il colletto merlettato e le lattughine della camicia: arrotolato al calamo si notava distintamente un pezzetto di carta pergamena. Avrebbe voluto saperne di più, e certamente ci sarebbe riuscita, tuttavia quando il pittore si era accorto di avere addosso la piuma era scappato in tutta fretta.

O de La Sablière era estraneo agli accadimenti che riguardavano De Tatti, oppure nascondeva qualcosa ma era troppo furbo per farsi scoprire. E quello era esattamente il dubbio che tormentava anche il duca Vincenzo, che fin dal suo primo incontro con l'ambasciatore le aveva affidato l'incarico.

«Tenetelo d'occhio, diletta nostra. Voglio sapere chi vede, cosa si dicono e se complottano alle mie spalle», erano state le esatte parole del duca. *Quello* era l'incarico…

Un delicato bussare alla porta la richiamò al presente.

«Avanti».

Sulla soglia comparve un domestico di mezz'età, alto, magro, distinto. Allungò le mani per porgerle un vassoio d'argento su cui era adagiata una lettera sigillata in ceralacca. «L'ha portata un valletto di palazzo Ducale», spiegò quando ebbe terminato di profondersi in inchini.

«Grazie». Bianca afferrò il plico tra le esili mani e portò il sigillo a favore di luce. Conosceva bene quell'emblema, con la corona da arciduca e le armi d'Austria a fare bella mostra sulle aquile crociate. Era quello di Vincenzo. «Grazie, Armando, puoi andare».

Bianca tornò accanto alla bocca del camino, dove le braci rosse lampeggiavano ferrigne, e ruppe il sigillo.

Vincenzo, per la grazia di Dio,
duca di Mantova et di Monferrato

Diletta nostra: abbiamo da poco terminato una sgradevole conversazione con il comune amico. Non ha fatto altro che insistere su quanto sarebbe per Noi conveniente accettare la proposta di Enrico IV e cedere il Monferrato a Nostro zio.

Come abbiamo avuto modo di dirVi, le nostre fonti a Casale riferiscono che non ci sono anomali spostamenti di truppe piemontesi, o ricognizioni di spie. Carlo Emanuele, per quanto io non disdegni chiamarlo testa di fuoco per la sua attitudine all'armi, non è interessato al Monferrato. Almeno per ora. *Rebus sic stantibus*, il francese Ci ha mentito. La ragione della proposta è presto detta: preferiscono che Noi rinunciamo da soli, piuttosto che schierarsi apertamente.

A questo punto, se non altro, hanno chiarito a cosa mirano. Non crediamo di essere paranoici, ma un sovrano dovrà pur esserlo, talvolta. Mi domando se è possibile che, indipendentemente dalla Nostra volontà, essi bramino comunque per Nostro zio, a loro fedele, sul trono del Monferrato. E che Dio ci scampi, forse anche su quello di Mantova?

Dovete scoprirlo. Spero che abbiate fatto progressi in tal senso, perché il tempo scarseggia: se queste sono le mire dei francesi, da soli non possono riuscirci. Ci sarà quindi qualcuno, qui a Mantova, che in combutta con loro, trama contro di Noi. Probabilmente l'ambasciatore lo incontrerà o riceverà un suo messaggio. Dobbiamo sapere chi è. Dobbiamo conoscere i nomi prima che l'amico torni a Parigi.

E naturalmente, se davvero questi nomi esistono, a Parigi non dovrà mai arrivarci.

Datum in Mantova, lì XIX marzo 1590.

Alla diletta nostra Bianca Donati da San Miniato.

(firmato) V. Gonzaga

Bianca si dondolò sulle gambe, le nocche premute sulla fronte per riflettere. Vincenzo era davvero paranoico o poteva avere ragione? Davvero qualcuno tramava con i francesi contro il duca?

Rilesse più volte l'ultima frase per essere certa di avere ben compreso. "Se davvero questi nomi esistono, a Parigi non dovrà mai arrivarci...".

Non era la prima volta che riceveva ordini simili. Prima che l'ambasciatore tacesse per sempre, doveva fare però un'ulteriore verifica...

La mente le tornò a De Tatti, alla lettera e a quella strana piuma.

Capitolo 8

Palazzo del Podestà, quartiere San Pietro. Alcune ore più tardi. Tardo pomeriggio.

Nicola Scarpetta detto Nico, il figlio del maniscalco, era preoccupato: da quattro interi giorni la sua Costanza non si faceva viva. Da quando era rimasta ferita alla gamba alla filanda, era solita passare a trovarlo ogni volta che andava a farsi medicare all'Ospedale Grande. Invece, dal venerdì precedente, niente. Era come scomparsa nel nulla.

Nico era andato a cercarla anche dagli Ippoliti, i nobili dai quali era a servizio. Anche lì, il maestro di casa non aveva sue notizie da quattro giorni: il giovedì precedente si era recata al pozzo a prendere l'acqua, aveva detto, e non era più tornata.

Cosa poteva esserle accaduto? Era rimasta all'ospedale perché la ferita si era riaperta? Oppure si era semplicemente fermata per dare una mano alla sua balia? In effetti, quella era un'ipotesi ragionevole. Lei stessa era stata abbandonata davanti alla porta grande di San Lorenzo; in quel grande edificio, riservato non solo ai malati e ai poveri ma anche agli esposti, i bambini abbandonati, aveva trascorso gran parte della sua giovinezza.

Per togliersi anche quel dubbio, Nico era arrivato fino alla contrada del Corno, ma nel braccio nord dell'ospedale nessuno l'aveva vista di recente.

Cos'altro poteva fare? Gli esecutori di giustizia non si sarebbero certo occupati di una sguattera scomparsa; forse però c'era una persona a cui poteva chiedere aiuto: il notaio criminale Ranuccio

Gallerani. Con ogni probabilità non era il suo campo, tuttavia lo conosceva da lunga data perché suo padre era stato il maniscalco delle scuderie. Quando era ragazzino, era stato perfino invitato a giocare con i suoi due figli, pace all'anima loro. Inoltre, passava per una brava persona, istruito e disponibile ad aiutare anche il popolino, quando ne aveva occasione.

Così, quel pomeriggio, indossati abiti acconci e sistemati i capelli, aveva attraversato piazza de Mercanti ed era salito al primo piano del palazzo del Podestà. Si era seduto su una sedia in un lungo corridoio e aveva atteso che il suo conoscente lo ricevesse.

«Nico, sei proprio tu?», si era rivolto a lui il Gallerani, dinanzi alla porta socchiusa di un ufficio. Si era fatto anziano, con una barba bianca e una cuffietta nera a proteggergli il capo.

Nico era scattato all'impiedi e girando il cappello tra le mani si era inchinato. «Eccellentissimo messer Gallerani», aveva bofonchiato, «ho bisogno di voi».

Pochi minuti dopo, i due erano seduti l'uno di fronte all'altro in una stanza spoglia, con il pavimento e il tetto in legno. C'era una sola finestra, dalla quale si vedeva la torre dell'orologio, uno scrittoio di noce e un arazzo fiammingo con raffigurato un satiro alla parete.

«Nico, Nico», esordì Gallerani. Era notaio del maleficio presso la curia criminale: uno dei quattro notai alle dipendenze del capitano di Giustizia. Alcuni avevano sede nel palazzo vecchio. Altri, quelli che come lui si occupavano del banco dei malfattori, a palazzo del Podestà.

«Messer Gallerani, temo sia successo qualcosa alla mia... *amica*, Costanza Monticelli. È come scomparsa nel nulla».

Il vecchio sorrise, ma nella sua espressione non c'era nulla di divertito. Aveva un doppio mento pronunciato, la pelle coperta di macchie e rughe e labbra sottili nascoste dalla folta barba argentea.

Gli occhietti piccoli erano il ritratto stesso della melanconia e della costernazione. Eppure, pur essendo chiaramente una persona abituata a custodire misfatti e segreti, in qualche maniera richiamava uno spirito gentile.

«Le persone non scompaiono, Nico», lo rassicurò il notaio. «Di solito, quando non stanno bene in città, prendono la porta del Baluardo e vanno verso Venezia o Milano».

«Non Costanza. Non senza dirmelo... *E di sicuro non senza salutarmi un'ultima volta*».

Il notaio prese un respiro e si ritrovò a fissare il ragazzo. "Proteggo ancora i ricordi che ho di te. Non importa se tu non puoi più fare lo stesso, io ti penso sempre", rimuginò. Quel ragazzo gli ricordava Luca, con quella sua aria di sfida da giovane che si crede invincibile. Gli sembrava impossibile, ma anche in quel momento gli pareva di udire le voci dei suoi gemelli in cortile. E invece se ne erano andati ormai da quasi quindici anni...

«Quando l'hai vista l'ultima volta?», interrogò Gallerani.

«Pochi giorni fa».

«Parla più forte». Il notaio portò all'orecchio destro un corno d'osso. Non era completamente sordo, ma quello strumento, arrivato da Venezia attraverso la via della Seta, lo aiutava a sentire meglio quando gli interlocutori sussurravano. Come in quel caso.

«L'ho veduta venerdì», alzò la voce il giovane. «Era andata all'Ospedale Grande a farsi suturare una ferita che con il cauterio non era guarita, ed è passata a trovarmi».

«L'hai cercata, a casa sua, o dove lavora?»

«Certo che l'ho cercata», si risentì il giovane. «Lavora come sguattera dagli Ippoliti, in contrada Rovere. Anche loro non la vedono da giorni».

Gallerani tamburellò con le scarne dita sulla scrivania. «E quando l'hai vista non ti è parso che fosse strana? Magari turbata, triste?».

La mascella del giovane si irrigidì, come se quella domanda fosse per lui offensiva. «Assolutamente no!».

«Niente porta più infelicità che voler essere felici», mormorò tra sé Gallerani, dando fondo a una delle sue massime da filosofo di bassa lega. «Perché la felicità è come l'amore: se la si ricerca, fugge, se la si ignora, viene».

«State suggerendo che potrebbe essere fuggita perché era infelice?». Il giovane rizzò la schiena e la tenne talmente rigida che non toccò nemmeno lo schienale. «Eccellentissimo, io sono un uomo semplice. Mi piace *parlar in bon mantuan*. Mi piace parlare schietto; non è possibile sia scappata: avevamo fatto progetti insieme; non sono bello, lo so, e alcuni dicevano che se si era fidanzata con me era perché non ci vedeva bene. Ma non era così: tra noi c'era qualcosa di speciale».

«Non te l'avere a male, Nico: in amore l'esperienza non conta nulla. Se contasse nessuno amerebbe più. Tu sai cosa facciamo qui, giusto? Non ci occupiamo di persone andata via di casa».

«So bene che non cercate persone scomparse, ma le è successo qualcosa, ne sono certo. Voi vi occupate dei malefici, trovate i colpevoli e li condannate: sono qui proprio per questo».

Gallerani scosse il capo, rinunciando a controbattere. "Trovare colpevoli e condannarli". In poche parole, il giovane aveva riassunto l'intera vita del notaio.

Il sistema della giustizia mantovano negli anni era stato oggetto di numerose modifiche, apportate più o meno da tutti i duchi. C'era stata la soppressione di corti e funzioni e l'istituzione di altre, ma nella sostanza l'organizzazione non era poi mutata di molto. A sussidio del capitano di Giustizia dipendeva un satellizio strutturato con birri non graduati, caporali a capo dei fanti, bargelli e tenenti della squadra di città e di campagna. E poi c'erano i notai, i funzionari che si occupavano di istruire le carte, preparare i processi davanti ai numerosi giudici e sempre più spesso indagare sui delitti. Gallerani, ormai anziano, era il più perspicace. Spesso sembrava addirittura fiutare i colpevoli come un cane. Questa volta però, al di là di un innamorato deluso, non vedeva alcun maleficio su cui indagare.

«Dimmi di più di questa ragazza», lo incitò, più per far contento il giovane, che per reale interesse professionale. Posizionò il corno in direzione del ragazzo e con l'altra mano afferrò una piuma d'oca e la intinse nel calamaio.

«Castana, con le trecce, minuta, un grande sorriso, gli occhi... i suoi occhi...». Lo sguardo di Nico si illuminò. «È una ragazza speciale, insomma. Dovete trovarla».

Il Gallerani si fece ripetere il nome due volte e poi lo appuntò, insieme a una sommaria descrizione fisica, su un foglio di carta pergamena. Poi si alzò in piedi per congedare il ragazzo.

«Vi ringrazio, eccellenza, vi sono riconoscente». Nico si inchinò più volte, quasi prostrandosi. Se il notaio non gli avesse cinto le spalle, forse sarebbe persino arrivato a baciargli le mani. «So che la troverete».

«Stai tranquillo, Nico, chiederò ai birri di stare all'erta».

Lo accompagnò alla porta e quando il giovane uscì si limitò ad arrotolare il verbale e infilarlo in un archivio. Era abbastanza sicuro che la ragazza sarebbe tornata da sola dal suo amato o che non si sarebbe più vista in città. In un caso e nell'altro, non avrebbe mai più riletto quel foglio. Si sbagliava: ciò che stava accadendo proprio in quel preciso momento, non lontano dal palazzo del Podestà, lo avrebbe costretto a occuparsene ben presto...

Capitolo 9

Locanda Al Bel Gilè, quartiere San Jacopo, martedì 20 marzo 1590. Nel cuore della notte.

Giulio De Tatti si svegliò completamente sudato. Qualcuno stava bussando insistentemente alla porta della sua stanza.

In un batter d'occhio, i suoi incubi si trasformarono in realtà. I birri erano già arrivati ad arrestarlo?

Scattò in piedi, scostando le lenzuola, e attraversò il piccolo ambiente. Addossati alla parete c'erano uno scrittoio e un armadio tarlato, lì accanto, una brocca e un portacatino. La finestrella quadrata era piccola e coperta da un tendaggio drappeggiato, forse l'elemento di maggior pregio di quel tugurio da due soldi. Si affacciò e valutò se potesse saltare di sotto. Impossibile, era troppo in alto con il vicolo sottostante che si perdeva tra le ombre delle lanterne di rame decorato.

E dunque?

La sparizione di madame Rita Boniforte lo avrebbe trascinato in guai grossi. Che dietro quell'affare ci fosse il conte Filippo Arianti o meno, quello sarebbe stato l'epilogo. Ne era sicuro. A nulla sarebbe servito dire che non c'entrava niente. Lui era stato lì e lei era sparita, lasciando oltretutto una scia di sangue da fare accapponare la pelle. La loro relazione sarebbe certamente venuta a galla e da lì a poco i birri avrebbero avuto gioco facile: una ricca mecenate e uno spiantato pittore. Avrebbero detto che l'aveva uccisa, magari per impossessarsi del suo denaro o di qualche sua gioia.

Ancora colpi alla porta. Insistenti e decisi.

De Tatti deglutì. Non poteva fuggire e non poteva nascondersi nella camera a lungo, visto che il locandiere aveva certamente la chiave.

Fissò il catino da toeletta: l'acqua rifletteva la luce, proiettando delle ombre sul suo viso. La sera prima a dispetto delle nebbie della stanchezza non si era lavato neppure la faccia, convinto com'era che l'acqua portasse malattie. Si era limitato, come tutti, a cospargersi il corpo di zibetto per togliere i cattivi odori e si era messo a letto. Ma era stanco e con la barba in disordine. Essendo scappato in tutta fretta dalla Casa del Mercante, non indossava neppure abiti da notte. Inforcò la camicia gualcita del ricevimento, infilò le brache e andò alla porta.

«Chi è?», soffocò uno sbadiglio.

«Maestro De Tatti?».

Il pittore si immobilizzò con la mano sulla maniglia. La voce non era affatto di birri. Era femminile e delicata.

«Sono Bianca Donati, maestro», confermò infatti la voce. «Ho faticato parecchio a trovarvi: alla Casa del Mercante non volevano dirmi dove eravate, ma alla fine ho trovato gli argomenti per convincerli. Adesso fatemi entrare...».

De Tatti non indugiò oltre. Girò la chiave nella toppa e una lama di luce lattescente, proveniente dal corridoio, si disegnò sul pavimento.

«Madonna Donati», balbettò. «Cosa ci fate qui?».

La ragazza si lasciò andare a un sorriso maliardo. Era bellissima, pallida, con la pelle perfetta, i capelli tirati indietro a mostrare gli zigomi alti e le iridi dai riflessi nocciola, come una mela acerba. Indossava un abito di broccato verde, una sopravveste ricca di trine e ornamenti e un mantello che formava un breve strascico.

«Stavamo finendo un discorso, io e voi», ammiccò la dama, facendo un passo sul pavimento in legno della stanza. «Non lascio mai le cose a metà».

De Tatti non ebbe il tempo di replicare. Non aveva mai visto una donna così intraprendente e se non si fosse trovato in quella situazione lo avrebbe persino trovato sconveniente. Oltretutto, con i problemi che aveva, non aveva certo necessità di intrattenersi con lei. Da quelle situazioni, per esperienza, arrivavano sempre guai. Ciò nondimeno... le lusinghe di madonna Donati al ricevimento... i suoi sguardi... quella sensazione che lei fosse in qualche maniera interessata a lui o alla sua arte. Non provò neanche a opporsi e ignorò tutte le cautele che aveva usato a palazzo del Te. Intima o meno del duca, adesso era lì davanti a lui. Un istinto ancestrale, che dopo i traumi del suo matrimonio non sospettava neppure di possedere più, prese il sopravvento.

"L'uomo è uomo", si disse, non credendoci forse neppure lui. Le fiamme guizzarono illuminando i suoi occhi. Buttò le braccia al collo della donna e constatò che anche lei aveva in mente lo stesso identico epilogo.

La portò dentro, la prese in braccio e l'adagiò sul letto. Per fortuna, l'unico lusso a cui si era abbandonato all'arrivo alla locanda era stato far cambiare le lenzuola all'oste. Quello l'aveva considerato uno spreco incomprensibile ma si era zittito quando De Tatti gli aveva messo sul banco un testone d'argento. Ecco: chi aveva ragione adesso a voler cambiare le lenzuola?

Sorrise, si slacciò la camicia e, ancora titubante, chiuse la porta.

Quando l'alba non aveva ancora cominciato a schiudersi, Bianca Donati si alzò dal letto. De Tatti russava sonoramente, abbandonato e soddisfatto sul morbido guanciale.

Completamente nuda, con un soffio di luce del camino che danzava sulle sue curve perfette, si avvicinò allo scrittoio. Era contenta per come si era messa la vicenda. Era stato persino più facile del previsto e dopotutto non le era neppure dispiaciuto.

Gli abiti del pittore erano in parte adagiati per terra, e in parte sull'unica sedia. Se De Tatti aveva ancora con sé la lettera, doveva essere lì, visto che da quanto aveva appurato si era rifugiato in quella bettola subito dopo il ricevimento.

Frugò lentamente nel mantello e nelle calzebrache senza trovare nulla. Il farsetto di velluto era sistemato ordinatamente sullo schienale della sedia. Lo testò con le mani ma dovette fermarsi di colpo.

«Promettimi... che non ti arrabbierai», mormorò De Tatti.

La Donati si voltò circospetta e con pudore coprì il seno nudo con la mano. Ma il pittore non poteva vederla. Dormiva e blaterava nel sonno.

«Devo dirti una cosa... Solo tre volte... Anch'io ho talento... nonno».

Un lieve sorriso le si dipinse sul viso. Quell'uomo era evidentemente tormentato dalla fama di suo nonno, con la quale sembrava in perenne competizione. Si voltò e continuò la sua ispezione del farsetto. Anche quello sembrava non celare nulla. Stava per desistere quando però, all'altezza del fianco, i suo polpastrelli sfiorarono qualcosa di più duro. Un sigillo in ceralacca.

Lo estrasse con delicatezza e subito riconobbe l'involto che De Tatti aveva tenuto in mano durante il loro ultimo incontro. Portò la lettera a favore della luce del camino e riconobbe seduta stante il simbolo impresso nella ceralacca: un'aquila con una lepre tra gli artigli, sormontata da una croce.

Quel simbolo presagiva guai seri. Si domandò quale potesse essere il collegamento tra De Tatti e la famiglia che gli aveva evidentemente affidato quello scritto. Non aveva molta scelta, per saperlo doveva leggerla, anche se farlo significava rompere il sigillo.

Piegò la carta, spezzò la ceralacca in due e aprì l'involto. Girò il foglio verso il camino e lo studiò meglio:

D	E	U	S	U	C	R	B	E	Z	U	R	I	T	I
C	R	E	X	A	L	R	V	I	B	E	U	R	G	O
A	P	R	E	X	P	D	E	U	S	I	A	N	Z	I
R	E	X	S	T	D	E	U	S	R	O	Z	Q	Z	I
M	U	O	R	O	E	Z	Z	I	O	R	H	O	C	C
R	O	O	B	X	E	R	Y	B	T	R	E	G	H	I
R	R	O	S	X	M	A	G	O	P	L	N	A	N	O
T	H	H	H	A	P	O	N	T	R	A	B	V	E	L
R	E	X	Y	J	G	U	A	R	R	E	T	T	Q	I
D	E	U	S	E	U	S	T	O	H	R	I	D	U	X
D	E	U	P	Z	O	D	R	I	N	O	G	T	T	I
S	B	X	C	A	U	J	E	F	F	I	I	D	I	U
V	E	L	V	E	L	U	T	A	L	A	H	C	S	A
S	A	N	C	T	U	S	F	P	I	O	R	E	Q	E

Si trattava ovviamente di un messaggio cifrato. Lo riguardò più volte come se stesse facendo di conto, ruotando la carta e cercando di trovare degli indizi su come interpretarlo. Sembrava un codice polialfabetico, forse poteva trattarsi del famoso *cifrario di Cesare* o di un suo derivato. Su due piedi non riuscì però a stabilirlo con certezza.

Provò a cercare ancora tra gli abiti del pittore. Visto che il mittente era ben individuabile dal simbolo in ceralacca, era improbabile che insieme alla lettera ci fosse anche la chiave per poterla leggere. Ma tanto valeva provare a cercare. Guardò da capo in tutti gli abiti senza rinvenire nulla di utile. Trovò però, nella scarsella, un bigliettino che le era sfuggito alla prima ispezione. Era in francese, arrotolato a una piuma, e diceva: “Non oggi. Giovedì all’ora dell’Ave Maria. Vediamoci alla porta della Pratella”.

La mente le andò al ricevimento a palazzo del Te. Il De Tatti era scappato via appena si era accorto di avere addosso quel messaggio. Il destinatario della missiva in codice, evidentemente fiutando il pericolo, aveva rimandato l'incontro all'ultimo momento. Non c'era firma, ovviamente. Il suo istinto, e il fatto che il messaggio fosse in francese, però le diceva che poteva avere a che fare solo con Antoine de La Sablière. Era quindi davvero lui, l'ambasciatore, colui che doveva ricevere il testo cifrato da De Tatti?

Rimise apposto la piuma e tornò a concentrarsi sul crittogramma. Era impossibile comprenderlo senza un attento studio e non aveva altro tempo da perdere.

Tirò a sé un foglio di carta pergamena dallo scrittoio e con penna d'oca e calamaio cominciò a copiare le lettere a una a una. Scrisse più veloce che poté, rispettando l'ordine esatto dell'originale, e si dovette fermare solo una volta, quando in corridoio udì dei passi. Ma era un falso allarme, i rumori si spensero in pochi istanti verso la scala di legno.

Tirato un sospiro, completò il lavoro, ripiegò il biglietto originale e lo rimise al suo posto. Il pittore si sarebbe accorto ben presto che il sigillo era stato rotto e avrebbe subito pensato a lei.

Pazienza, si disse, mentre raccattava i suoi abiti dal pavimento.

Prima di uscire dalla stanza, con la copia del messaggio tra le mani, dette un ultimo sguardo a quel giovane ingenuo. "Se gli uomini fossero stati tutti schietti come lui, il mondo sarebbe stato certamente un posto migliore".

Capitolo 10

Ponte dei Mulini, fuori dalle mura. Alcune ore più tardi. Poco dopo l'alba.

Per una città che sorgeva tra le paludi, infestata da insetti e zanzare, il semplice timore delle epidemie costituiva un pericolo ancora più infido delle guerre. Per tale ragione, fin dai tempi di Ludovico II, era stato costituito l'ufficio delle bollette. Il suo compito era quello di registrare ogni nuovo arrivato, segnalando al cerusico ogni eventuale sospetto di malattie infettive.

Quella mattina, il capo di compagnia addetto al registro era messer Antonio D'Assisti. Di mezza età, avvolto in una cappa nera per difendersi dalla guazza dell'alba, stava seduto distrattamente a un tavolino, davanti alla porta del Ceppetto di Sopra. Il ponte, che collegava la città al Porto Fortezza, era gremito di mercanti in fila per varcare i bastioni, a bordo di carrozze, carri, carretti e muli.

«Avanti!», gridò al frate elemosiniere che aveva appena registrato.

Dalla fila, i fanti fecero avanzare lentamente un giovane con al seguito una bambina.

«Nome? Motivi del viaggio? Quanto vi fermate? Quando ripartirete? Siete in salute?».

L'uomo, in stretto dialetto mantovano, rispose solertemente a tutte le domande: provenivano, a quanto dichiarato, dalle campagne attorno al Roncoferraro e portavano stoffe importate dall'Oriente. Sarebbero rimasti in città solo per due giorni. Stavano bene.

«Avanti».

Dalla fila, si mosse un carretto trainato da un cavallino baio. Sopra c'era un anziano con la barba bianca, il capo coperto da un turbante e le mani intirizzite.

«Nome? Motivi del viaggio? Quanto vi fermate? Quando ripartirete? Siete in salute?».

L'uomo indugiò. Si voltò, per capire quanti altri viandanti attendevano dopo di lui. Il ponte, coperto da una tettoia in legno, era lungo e i visitatori rumorosi e in lento movimento si perdevano a vista d'occhio.

«Mi avete sentito?», lo fissò il capo compagnia. Ma l'esitazione di un istante prima lo mise in tensione. «Il vostro nome?».

L'uomo tossì. Niente da far allarmare il medico, ma sufficiente per attirare l'attenzione dei fanti, che si avvicinarono, facendo tintinnare le corazze. «Rispondete».

«Mi chiamo Vitiello, vengo da Napoli...». L'anziano strattonò le redini. Il cavallino stava muovendo la testa su e giù, nitrendo per scacciare le mosche. «C'è qualcosa che dovrei dirvi, prima...».

Antonio D'Assisti non capì cosa intendesse lo sconosciuto e inarcò un sopracciglio. «Non abbiamo tutta la mattina. Parlate...».

L'uomo sembrò prendere coraggio. «Dalle mie parti si preferisce tenere la bocca chiusa. Però visto che prendete i dati di tutti, ho pensato che sarebbe meglio dirvelo prima».

«Dire cosa? Cosa intendete?»

«Non vorrei che poi, quando ve ne accorgerete, veniste a cercarmi... per darmi la colpa». Abbassò gli occhi, ma il suo viso attento sembrava quello di una volpe, furba e predatrice. «A me, o a uno di quelli a cui state prendendo il nome».

D'Assisti si alzò in piedi e si avvicinò al carretto. L'uomo era chiaramente affaticato da un lungo viaggio. Spaventato, forse, ma non certo in preda ai fumi dell'alcol. «Ci accorgiamo di cosa?»

«Poco più su, accanto ai piloni della Rotta, ho visto qualcosa, forse un... cadavere».

«Come avete detto?»

«Sono passato poco fa: c'era un asino carico di sacchi di farina davanti a me, quindi andavo piano...», raccontò l'anziano, così velocemente che sembrava volersi togliere un peso. «E l'ho visto: un *cadavere* incastrato tra i piloni del ponte e il canneto».

Pochi istanti più tardi, l'anziano, due fanti e il capo di compagnia D'Assisti stavano percorrendo il ponte dei Mulini in senso opposto. A circa metà, l'assito terminava e per passare oltre bisognava attraversare un lembo di terra, fiancheggiato da briccole e da una distesa infinita di canne.

«Eccola», indicò l'anziano ai fanti.

D'Assisti dovette socchiudere le palpebre per difendersi dai raggi obliqui del sole che stava sorgendo sulla palude. I riflessi dell'acqua increspata del Mincio creavano strani giochi di luce. Anche così, tuttavia, si scorgeva distintamente un cadavere, che ondeggiava lento in un anfratto: era una donna, nuda, giovane, gonfia come se fosse stata nell'acqua per ore o giorni interi, e soprattutto… senza testa.

Capitolo 11

In navigazione sul Mare Internum Nostrum, 36 d.C.
1554 anni prima... Tre anni dopo la morte del Nazareno...

Una piuma bianca si posò sul ponte della nave. Doveva appartenere a un gabbiano, si disse Quinto Cassio Longino affacciato a prua. Ciò significava che la destinazione era vicina. Il viaggio dalla città d'Isauria, la sua terra natale in Asia Minore, non era stato affatto agevole. Così come la sua permanenza una volta abbandonato l'esercito a Gerusalemme.

«*Vere iste Filius Dei erat*», aveva mormorato sotto la croce di Gesù, dopo il miracolo che l'aveva coinvolto. «Davvero costui era Figlio di Dio». Da quel momento, gli eventi erano precipitati. Era ormai la *Parascève* e il sabato ebraico incombeva sui tre condannati crocifissi. Così, un membro del sinedrio, tale Giuseppe di Arimatea, aveva chiesto di poter deporre il corpo di Gesù in un sepolcro. Pilato aveva acconsentito e i seguaci del Nazareno lo avevano avvolto in un lenzuolo e adagiato in una tomba scavata nella roccia.

Quella notte Longino non aveva dormito ed era rimasto in ginocchio a ripensare a quanto gli era accaduto. Gli avvenimenti prodigiosi a cui aveva assistito potevano cambiare il corso della storia dell'impero in Giudea. Non aveva tuttavia ancora assistito a tutto: tre giorni più tardi, infatti, a Gerusalemme aveva cominciato a girare la diceria che Gesù di Nazareth fosse addirittura risorto.

Accorso sul luogo della sepoltura, Longino aveva parlato con il centurione Petronio, che era stato messo a guardia del sepolcro. Lo stesso suo commilitone era senza parole, commosso e tremante:

gli raccontò che durante la notte del sabato i soldati di picchetto avevano visto due uomini avvolti in un'aura lucente come il crisolito. Scesi dal cielo, avevano fatto rotolare il masso che chiudeva il sepolcro e vi erano entrati. Poco più tardi, erano usciti in tre.

«Pilato ha ordinato di non raccontare questi eventi a nessuno», gli aveva riferito Petronio, imperioso come un padrone che chiama il suo cane.

«Tu credi che il terzo uomo fosse Gesù, non è vero?»

«Se non lo fosse, perché mai dovremmo tacere?».

Petronio aveva ragione. Se il prefetto aveva ordinato di non rivelare quanto accaduto, era per due motivi. Il primo era la consapevolezza che le voci potessero essere vere, e il secondo, molto più terreno, era la paura. Paura dei seguaci di Cristo e di una sollevazione popolare che avrebbe potuto rompere il delicato equilibrio tra romani ed ebrei. Paura di trovarsi contro scribi e farisei e di doversi giustificare con Roma di eventuali disordini. E, chissà, forse paura anche per sé stesso, che detenendo lo *ius gladii* aveva mandato a morte un predicatore ora risorto.

«Davvero costui era figlio di Dio?», si domandò per la seconda volta Longino. Era stato testimone di due miracoli, uno più strabiliante dell'altro. Adesso capiva il grande seguito che il Nazareno si era conquistato. A quel punto, lui stesso convertito alla fede professata da Gesù, si disse che non poteva permettere che quanto accaduto fosse dimenticato. La parola del Salvatore doveva essere diffusa in ogni angolo dell'impero e solo lui, testimone di quei fatti, poteva predicarla. Per farlo, aveva però bisogno di una prova tangibile, di qualcosa che potesse essere toccato con mano dai più scettici.

Mentre le autorità religiose ancora discutevano attorno al sepolcro vuoto, Longino era così risalito sul colle dove svettavano le croci conficcate nel terreno. Aveva raccolto la spugna imbevuta di vino e fiele con la quale avevano dato da bere a Gesù e aveva afferrato un secchio. Nei pressi della croce centrale, nel punto esatto in cui si trovava quando gli aveva trafitto il costato, la terra era più scura, ancora intrisa di sangue. Si era inginocchiato e l'aveva raccolta, depositandola delicatamente nel secchio. Incredibilmente, a mano a mano che scavava con le mani, il sangue si liquefaceva, separandosi dal terriccio. Per essere sicuro di non lasciare nel terreno neanche una goccia, aveva travasato il liquido denso e purpureo in una brocca e poi aveva finito di riempire il contenitore.

Alla fine, stanco ma felice, si era alzato e, non visto, si era allontanato dal Golgota con la brocca e il secchio.

Pochi giorni dopo, aveva abbandonato l'esercito e in groppa al suo ronzino aveva lasciato per sempre la Giudea.

«Cosa faremo una volta arrivati?», domandò Petronio, poggiato alla battagliola della liburna. Sotto il cielo terso sembrava non muoversi nulla, eccetto le onde che percuotevano i fasciami dello scafo. «Cosa ti induce a credere che questa volta le cosa andranno meglio?»

«Nelle *centuriazioni* troveremo terreno fertile. In tutti i sensi».

Petronio sghignazzò al doppio senso della battuta dell'ex centurione. Longino si riferiva al fatto che nella pianura italica, tra Cremona e Mantova, erano collocate le centuriazioni: appezzamenti di terra che venivano assegnati da Roma ai suoi veterani come premio per la carriera militare. In quelle terre, le sue prediche rivolte a ex soldati ora contadini avrebbero avuto fortuna migliore che in Anatolia.

«Isauria non era il luogo adatto per diffondere la parola», gli diede ragione Petronio, alludendo ai tre anni trascorsi con Longino in Asia minore, dopo la fuga da Gerusalemme. «Quei barbari non intendevano ascoltare prediche».

«Vedrai che appena saremo giunti a destinazione avremo miglior fortuna». Ammirando i flutti infrangersi sulla prua, si sedette sull'impavesata. Adesso la linea di terraferma, che cabotando non avevano mai abbandonato del tutto, era seminascosta da una foschia azzurrina.

«Credi che *quella* servirà?». Petronio, in piedi, indicò con il mento la cassa posizionata accanto ai calzari impolverati di Longino.

L'ex legionario poggiò il palmo sulla cassetta di piombo. All'interno erano custoditi la terra, il sangue e la spugna, le reliquie che aveva raccolto sul Golgota. Sopra campeggiava la scritta *Iesu Christi Sanguis* – sangue di Gesù Cristo –, pronta per impressionare i suoi futuri discepoli. «Gli uomini sono increduli per natura». Accennò a un timido sorriso. «Ma davanti a un sangue miracoloso, dovranno credere alle mie parole oltre a quelle del Signore».

Alcuni giorni più tardi, al calar della notte, la galea entrò nel porto di Brindisi. La baia era gremita di navi alla fonda, ombre allungate che ondeggiavano lievi a un vento freddo che si insinuava sotto le vesti. Da lì, una volta sbarcati, avrebbero proseguito a cavallo fino alle paludi di Mantova.

Capitolo 12

Ponte dei Mulini, fuori dalle mura, martedì 20 marzo 1590.
Prima mattina.

Un omicidio così efferato non era avvenimento comune in una città come Mantova. A chi poteva essere affidata la ricerca dei colpevoli, si erano domandati il capitano di Giustizia e il podestà, tirati giù dal letto in tutta fretta? La risposta era stata quasi ovvia: l'anziano e acciaccato notaio criminale Ranuccio Gallerani. Uomo mite, soprannominato il Filosofo a causa delle massime spicce che usava elargire ai suoi attendenti, era l'unico con l'esperienza necessaria. L'unico che in passato si era distinto per un fiuto inarrivabile nella ricerca dei criminali.

Due ore dopo il ritrovamento, così, il Gallerani, sudato, affaticato e zoppicante, era sceso dalla carrozza e aveva percorso a piedi l'ultimo tratto del ponte. Il parapetto di pietra e legno era presidiato dal bargello di città Lauro Lemma, un uomo robusto dai lineamenti gentili. Di carnagione rubizza e barba e capelli color rame, sembrava avere una vocazione innata al comando. In quel momento parlava con alcuni militari, i cui elmetti sfolgoravano al sole.

«Eccellenza, grazie di essere accorso così in fretta», gli andò incontro il capo di compagnia D'Assisti. Subito dopo il ritrovamento aveva deciso di chiudere il ponte e dirottare gli arrivi in città verso il lago di Sotto.

«Non vi nascondo che ritenevo di non essere la persona più adatta», ribatté il notaio, con spirito. Indossava una toga nera con appuntati alcuni cammei, ed era talmente lunga che lo faceva sembrare basso e gobbo più di quanto non fosse. «Tuttavia, quando ti viene data la possibilità di scegliere se avere ragione o essere gentile, è meglio essere gentili».

D'Assisti conosceva il notaio solo di fama ma da quella prima battuta capì perché lo chiamavano scherzosamente il Filosofo. «A ogni modo, vi ringrazio; quando si scoprirà che il corpo è senza testa, la gente comincerà a parlare. Senza contare che priva di volto com'è, non sarà neppure facile capire chi sia la vittima. Proprio per questo il capitano di Giustizia vuole che la cosa sia risolta velocemente». Si voltò di scatto. A poche tese da lui, un crocchio di maggiorenti confabulava a bassa voce. Alcuni erano intabarrati in cappe nere, due, invece, erano abbigliati con mantelli rossi e cappelli a tesa larga con una gran piuma candida. «Conoscete già messer Eleuterio Bonaccini e messer Francesco Pavese, medico fisico e il chirurgo dell'Ospedale Grande?».

Gallerani, le mani dietro la schiena come un prete di campagna, li salutò con un impercettibile movimento del capo. Li conosceva: il chirurgo abbastanza bene, il medico fisico, Bonaccini, solo di nome. Il vederli, comunque, lo rallegrò, perché nei casi di omicidi la prassi investigativa richiedeva che il corpo fosse esaminato da un medico e da un chirurgo prima della sepoltura. Il fatto che fossero già lì semplificava di molto le cose.

«Avete cercato la testa?», si informò Gallerani, tamponandosi la fronte imperlata di sudore con un lembo della toga. «Avete guardato nel canneto? Sotto i piloni del ponte?»

«L'abbiamo cercata, eccellenza», riferì D'Assisti, corrucciato. «Qui intorno non l'abbiamo trovata. Il lago e la palude sono grandi però…».

Il lago e la palude sono grandi.

Quanto era vero, in una città circondata dall'acqua e con le paludi e le campagne circostanti collegate solo da ponti o da barche.

«Va bene», concluse il Gallerani, che nonostante gli anni di esperienza appariva alquanto a disagio di fronte a quello spettacolo di morte. Poi si rivolse ai fanti in attesa di ordini. «Lorsignori, in attesa che la testa venga rinvenuta, se il curato è d'accordo possiamo estrarre il cadavere».

Sotto gli aironi che descrivevano cerchi nel cielo, subito dopo si incamminò sull'assito avvicinandosi alla Rotta: si trattava di un passaggio a forma di mezzaluna, al centro del lago, che collegava i due monconi in legno del ponte. Il corpo nudo galleggiava prono in mezzo all'acqua acquitrinosa, tra fango, erbacce ingiallite e culmi di un canneto. Se volevano evitare che si putrefacesse, dovevano toglierlo da lì prima che arrivasse la calura di metà mattina.

L'unico religioso presente, voltato dalla parte opposta per non vedere il corpo, si fece il segno della croce e benedì le povere spoglie. Subito dopo alcuni coadiutori, aiutandosi con delle cime, si immersero fino alla vita nel lago e con non pochi sforzi riuscirono a estrarre il cadavere. La ragazza venne adagiata all'ombra della pergola che copriva il ponte e le sue spoglie composte. Le nudità vennero subito coperte pudicamente.

«È molto giovane», constatò il Gallerani, un sobbalzo inaspettato nella voce. Si commosse e per evitare di essere veduto, si voltò verso la città. Oltre le mura, il sole si stava alzando sulle torri, sui campanili e sulla sublime cupola di Sant'Andrea, che restituiva barbagli d'oro e d'argento. «Che età credete potrebbe avere?»

«Quindici o sedici anni», fu la risposta del chirurgo Pavese, il più giovane dei due sanitari. Alto e magro, aveva una mascella appuntita e parlava mentre verificava il drappo sul cadavere. «Siete d'accordo, messer Bonaccini?».

Il medico non rispose. Come tutti i medici fisici era poco abituato ad avere a che fare con i cadaveri. L'arte della medicina si distingueva infatti in due collegi: quella dei chirurghi e quella dei medici; entrambi erano considerati colonnelli alla pari, ma mentre il chirurgo materialmente operava sui malati, al medico fisico competevano solo le diagnosi dei vivi.

«Messer Bonaccini, cosa ne pensate?».

Il medico alzò la tesa del cappello. Era più basso e anziano del suo collega, con un addome prominente e il doppio mento che sprofondava tra le spalle. Si fece coraggio e si avvicinò al corpo, sollevando il telo quel tanto da poter vedere le gambe della ragazza. «A quanto sembra il cadavere presenta molte ferite. Tagli, lividi, graffi. Alcuni recenti e altri meno».

Anche Francesco Pavese si avvicinò e sollevò il drappo nel punto in cui ci sarebbe dovuta essere la testa.

«Qual è il vostro parere, messer Pavese?»

«La persona che ha troncato la testa a questa ragazza non aveva esperienza con la chirurgia». Indicò i graffi più evidenti sul collo tranciato a metà. Tutt'intorno alla ferita, il sangue era rappreso e le ossa della spina dorsale, che fuoriuscivano dal tronco come lische di un pesce, erano scheggiate e spezzettate. «Hanno usato una sega, forse. Qualcosa di troppo piccolo però. Chi ha un minimo di nozioni di dissezioni di cadaveri, o solo chi avesse letto *De humani corporis fabrica* lo saprebbe bene». Il Pavese si riferiva al noto libro di Andreas van Wesel, in cui venivano gettate le basi dell'anatomia moderna. Era stato proprio il medico fiammingo, dopo anni di studi a Parigi, a contestare le nozioni di anatomia di Galeno e Ippocrate, fino ad allora accettate. Grazie a lui, i segreti più reconditi del corpo umano erano ora conosciuti… ma l'assassino evidentemente non lo sapeva.

«È deceduta a causa della decapitazione o era già morta prima?», cercò di capire questa volta D'Assisti. Anche lui aveva cominciato a sudare, ma era più per il disagio che per il caldo che stava lentamente salendo dalla laguna.

«Difficile dirlo. Senza poter esaminare la testa non possiamo sapere se era ancora viva quando le è stata tagliata».

«Non sono d'accordo», si intromise il Pavese. «Il corpo è stato in acqua per diverse ore, quindi il lago lo ha ripulito. Da quanto si vede, tuttavia, il sangue fuoriuscito non è abbondante».

«E quindi?», intervenne il Gallerani.

«A mio parere era già morta quando le è stata tagliata la testa. Se non fosse così, il cuore avrebbe continuato a pompare sangue e intorno alla ferita ce ne sarebbe molto di più».

«Se era già morta quando l'hanno gettata in acqua, è improbabile che l'abbiano buttata dal ponte», ipotizzò D'Assisti. «Avrebbero attirato l'attenzione. Un corpo inanimato è pesante: è più facile che sia stata immersa a riva. Il problema è cercare di capire se dal lato della città o dalle campagne. Se era mantovana o *foresta*».

Gallerani, riacquistato il contegno che si confaceva al suo ruolo, si mosse lentamente. Sempre tenendo le mani dietro la schiena si avvicinò al medico. «Poco fa, messer Bonaccini, accennavate alle ferite della ragazza. Dicevate che alcune erano più recenti e altre meno».

«È così infatti», confermò il medico fisico. Il lenzuolo era ancora scostato e sulle gambe allineate come i denti di un pettine, i segni erano evidenti anche a un occhio non allenato. «Ci sono escoriazioni e graffi che potrebbero evocare uno sfregamento recente. Chissà, magari un tentativo di fuga, o una caduta». Scostò il mantello scarlatto e si avvicinò alla coscia destra. «Questa ferita invece è più vecchia, è stata cauterizzata e poi suturata. Forse si era riaperta».

«Come avete detto?».

Bonaccini lanciò un'occhiata dietro la sua spalla, contemplando il notaio. Gallerani non aveva sentito le sue parole, oppure le aveva udite e gli erano parse in qualche maniera sconvenienti?

«La ferita è stata cauterizzata», ripeté.

«E poi è stata anche suturata?».

Il medico si accigliò. Non comprendeva il perché di tanta attenzione a quella banale sutura. Dopotutto, fin dai tempi di Henri de Mondeville, cucire le ferite con fili di seta era una pratica comunemente accettata.

«Posso solo fare un'ipotesi», azzardò il sanitario. «Probabilmente la ferita cauterizzata non era guarita correttamente e quindi poi era stata suturata».

"Era andata all'Ospedale Grande a farsi cucire una ferita che con il cauterio non era guarita". Le parole di Nico Scarpetta, il figlio del maniscalco, tornarono prepotentemente in mente al Gallerani.

Perplesso, diede un'ultima scorsa al corpo inanimato della ragazza. Era possibile che...?

Capitolo 13

Palazzo Ippoliti, quartiere San Nicolò. Un'ora più tardi. Metà mattina.

Il bargello Lemma bussò al portone di un palazzo signorile della contrada della Rovere. Gallerani, dietro di lui, nel frattempo rifletteva.

"Poveretta". Più pensava a quel corpo martoriato, più gli si stringeva il cuore. E dire che di cadaveri ne aveva visti molti, nella sua lunga carriera. Alcuni composti, altri pugnalati, deturpati o perfino mangiati dai cani. Non era per il corpo in sé, o forse era anche per quello. Ciò che gli aveva fatto muovere le farfalle nello stomaco era stato tutto l'insieme: il fatto che fosse martoriato, che fosse senza testa e soprattutto il fatto che fosse ancora giovane.

Quindici o sedici anni.

Non si può morire a quindici anni, quando ancora non si è iniziato a vivere. *Non si dovrebbe* morire a quindici anni.

Cercò di scacciare quei pensieri, ma più tentava di concentrare la sua attenzione altrove, più le ferite di quel corpo bianco gli tornavano in mente.

«Eccellenza». Sull'uscio del palazzo comparve un giovane domestico in livrea, giustacuore di velluto e capelli pettinati all'indietro. «Desiderate conferire con il barone Ippoliti?».

Gallerani, che stazionava di fronte a un leone di pietra eretto a sentinella all'angolo dell'edificio, avanzò di un passo. La strada era deserta e il palazzo di tre piani, con la facciata ingentilita da colonnine e bassorilievi, proiettava una lunga ombra sul selciato.

«Non è necessario disturbare il barone. Portiamo brutte notizie e se possibile vorremmo scambiare due parole con il maestro di casa».

Il domestico prese a sbattere le palpebre insistentemente.

«Si tratta di una vostra sguattera», spiegò il Gallerani. «Tale Costanza Monticelli. È occorsa una disgrazia».

«Prego, eccellenza, accomodatevi», si scosse immediatamente il giovane. Spalancò il portone e chinò il capo in un lungo inchino. «Vi chiamo subito messer Giacomo. Devo però avvisare anche la padrona della vostra presenza».

Il Gallerani entrò nell'androne del palazzo insieme ai birri che lo accompagnavano. Seguirono il domestico lungo un corridoio fino a un salottino, il tintinnio delle armi che echeggiava nella casa. Sul soffitto a volta campeggiavano affreschi che ardevano sulle tinte del rosso acceso: scene religiose, per lo più, cinte da stucchi dorati. Il pavimento era un pregiato mosaico veneziano.

«Il maestro di casa arriverà in pochi istanti», dichiarò il giovanotto, mentre socchiudeva delicatamente la porta. I suoi passi frettolosi si spensero immediatamente per le scale.

Ci fu un momento di requie, in cui né i birri né Lemma parlarono, limitandosi a guardarsi attorno. Gallerani ne approfittò per sedersi su una cassapanca per far riposare le gambe. Erano i dolori alle articolazioni tipici dell'età, ma dovendo portare sempre con sé il corno per sentire meglio, spesso si rifiutava di usare anche un bastone. Nel frattempo, il fervore rumoroso di garzoni e domestiche nella corte sottostante occupò il silenzio.

«Notaio Gallerani». Una voce di donna, squillante e decisa, lo colse alle spalle.

Il ministro di Giustizia si voltò e si ritrovò davanti la baronessa Marina Eleonora Ippoliti in persona. Aveva circa una sessantina d'anni, ma se non fosse stato per le rughe attorno alla bocca, poteva dimostrarne dieci di meno. I capelli raccolti sulla nuca facevano risaltare il suo piglio altero. Indossava un abito così pregiato che il tessuto brillava come un'armatura. «A cosa dobbiamo questo onore?»

«Baronessa, non intendevamo creare disagio alla vostra tranquillità».

«Mi dicono che portate brutte notizie su Costanza, è così?». La donna fece un passo avanti ed entrò nel cono di luce del camino, che scoppiettava alla sua destra. A Gallerani parve a dir poco turbata. «Non la vediamo da giorni, eravamo preoccupati. Cosa le è accaduto?».

In quell'istante, comparve sulla porta anche il maestro di casa, anziano, alto e segaligno, con un vestito scuro impettito come si confaceva a un buon domestico.

«Temo sia morta, contessa», comunicò, asciutto, Gallerani. «Abbiamo trovato il suo cadavere nel lago di Mezzo, nei pressi del ponte dei Mulini».

«Siete sicuro che sia proprio lei?»

"È lei, possa Dio avere pietà della sua anima. È lei, è lei". Le parole del povero Nico, pronunciate poco prima, bussarono nelle membra del notaio come pugnalate. Il giovane, fatto chiamare immediatamente dal Gallerani sul ponte, era caduto in ginocchio. Piangente e tremante, aveva confermato senza ombra di dubbio che il corpo della ragazza, benché senza testa, apparteneva certamente alla sua Costanza: determinante era stata proprio la ferita alla coscia, cauterizzata e poi suturata.

«Temo sia lei, purtroppo, contessa». Gallerani giunse le mani. «Ho saputo che lavorava qui da voi, e volevo sapere quando è stata l'ultima volta che l'avevate veduta».

La contessa rimase in silenzio, mordendosi il labbro inferiore. Si voltò verso il maestro di casa, per fare in modo che fosse lui a rispondere.

«Venerdì», proclamò quest'ultimo, con tono grave. «La cuoca l'aveva mandata al pozzo, qui vicino, a prendere acqua fresca. Conosceva la strada a memoria».

«Povera Costanza», salmodiò ancora la padrona di casa, incredula. «L'avevamo presa con noi da quando era poco più che una bambina. Nonostante faticasse ancora a orientarsi, riusciva a rendersi utile». Alzò gli occhi umidi prima verso il bargello Lemma, silenzioso dietro il notaio, e poi verso il Gallerani. «Come è morta? Cosa le è accaduto? *Avevo chiesto che non fosse mandata da sola!*».

L'ultima frase echeggiò come un rimprovero a indirizzo del maestro di casa, che si limitò a tacere, mordendosi le labbra.

«Non lo sappiamo ancora con esattezza: stiamo cercando di ricostruire i suoi spostamenti. Che voi sappiate, aveva qualche spasimante deluso, o qualcuno che poteva volerle del male? Giudei per qualche prestito, magari?»

«Costanza? Niente affatto. Era una ragazza tutta casa e chiesa».

«Sarebbe troppo disturbo se vi chiedessi di esaminare i suoi effetti personali?»

«Guardate tutto ciò che ritenete utile per cercare di capire cosa le è accaduto», dispose netta la contessa, lanciando un'altra stoccata vero messer Giacomo.

Pochi istanti più tardi, il maestro di casa accompagnò gli ufficiali di giustizia nell'ala della servitù. C'erano tre stanzoni in tutto e quello delle donne, dove alloggiava Costanza, era il più prossimo alla porta che dava sulla corte. Il letto era in ordine, contornato da sponde di legno. Era fiancheggiato da un comodino a tre gambe e da un armadio, tutti con maniglie differenti sagomate.

«Non c'è altro da vedere?».

Messer Giacomo, le mani abbandonate lungo i fianchi, fece di no con il capo. Anche sul suo viso era possibile leggere una nota di tristezza. O forse era senso di colpa per qualcosa?

«Costanza dormiva qui», illustrò, con un filo di voce.

«Come dite?». Il notaio voltò il capo e portò il corno d'osso all'orecchio. Il maestro di casa sussurrava appena e Gallerani fu costretto a esortarlo a parlare più forte.

«Dormiva qui», ribadì quest'ultimo, con tono più alto ma senza perdere la sua insicurezza. «Quando è stata presa a servizio aveva un unico abito e un unico paio di scarpe».

Gallerani si sedette sul letto, aprì il cassetto ed esaminò a uno a uno i pochi averi della ragazza. Non c'erano lettere né libri. Si limitò a inventariare un pettine, un rosario, una boccetta di vetro contenente del liquido trasparente, uno stelo ripiegato in più parti e una candela quasi nuova. «Va bene», tagliò corto, seguendo il filo dei propri pensieri. «Potete indicarmi con esattezza a quale pozzo era andata, quando si sono perse le sue tracce?».

Capitolo 14

Quella sera stessa.
Diverse ore dopo l'Ave Maria.

Madame Rita Boniforte non aveva più lacrime da versare. Legata allo stesso tavolo su cui la ragazza che l'aveva preceduta era stata fatta a pezzi, non aveva nemmeno la forza di tremare. Forse non esisteva un perché di quella situazione, ma in ogni caso lei non se lo stava neppure più domandando. O più facilmente, non era in grado di comprenderlo.

Voltò il capo, ma l'oscurità che avvolgeva la metà della stanza non accennava a diminuire. Solo a tratti, nei momenti in cui l'uomo che la teneva segregata entrava e usciva dalla porta, si vedevano lampi di luce. Segno che al di là di quel muro scabro, oltre il piccolo mondo nella quale era costretta a stare, c'erano un corridoio e forse una scala illuminata.

Madame Rita provò a muovere le braccia intrappolate e subito un dolore ai polsi la fece desistere. Era stata fasciata alla meglio, ma ancora sanguinava. Ed era da quando era stata rapita a casa sua che l'emorragia non accennava a fermarsi.

Per un momento si ritrovò nella sua camera, con il sangue che schizzava dappertutto. Non era certa che quell'uomo avesse davvero voluto ferirla, ma era successo.

«State ferma, madame, e non vi accadrà nulla», le aveva bisbigliato piano, per essere sicuro che la servitù non potesse udirlo.

Era stata lei a farlo entrare. Anzi, a chiamarlo. Non era la prima volta che lo incontrava ma non poteva dire di aver mai avuto sospetti.

Fin da quando il suo povero marito l'aveva introdotto nei loro salotti, quell'uomo aveva ispirato fiducia. Con la sua parlata forbita, la sensazione di sapere sempre cosa fare, era parso affidabile e competente.

Quanto si era sbagliata.

«Adesso mi seguirete con calma, senza chiamare aiuto», le aveva ordinato, la mano pelosa poggiata sulla maniglia della camera e l'altra che brandiva un coltello a falcetto.

Ed era stato in quel momento che qualcosa doveva essere andato storto. Lei era una donna abituata a comandare e mai avrebbe accettato una situazione del genere. Si era mossa repentinamente e mentre provava a eludere l'uomo, il polso le si era ferito con il coltello. Il sangue aveva schizzato dappertutto, sugli arabeschi giallo oro, sugli stendardi, sul dipinto appeso al muro, sulle lenzuola, persino sull'austero mobilio. La vista le si era appannata ed era caduta in ginocchio. Poi il buio l'aveva avvolta e aveva ripreso conoscenza in quella cella. Era dolorante, legata con una catena e con l'uomo che conosceva bene intento a segare la testa a una ragazzina completamente nuda.

Per fortuna a lei non era toccata la stessa sorte, forse per rispetto del suo lignaggio. Le aveva lasciato addosso la sottana candida, che adesso odorava di sangue e urina. O forse non l'aveva spogliata perché per lei aveva altri progetti?

Madame Rita si domandò ancora cosa volesse quell'uomo. Ma più se lo domandava, più la consapevolezza che non sarebbe uscita viva da lì s'impossessava di lei. Era una donna pragmatica, che era stata in grado di perpetuare gli affari del suo defunto marito. Il mercante. *Non* il mercante che aveva dato il nome al suo splendido palazzo, giunto a Mantova al tempo di Ludovico III Gonzaga, ma pur sempre un suo degno erede.

Lei, sola, aveva tenuto in piedi i commerci di tessuti con tutte le corti del Nord Italia, da Milano fino a Venezia e Genova. Aveva accumulato una fortuna da migliaia di ducati e aveva superato lo scetticismo di tutti quelli che non tolleravano una donna in una situazione di potere. Era abituata a comandare e pretendere, con una schiera di paggi e domestici pronti a esaudire ogni suo desiderio. E con un giovane amante che credeva l'avrebbe fatta sentire più desiderabile e bella.

Eppure a nulla era valso tutto ciò. Senza che nessuno si accorgesse della situazione, quell'uomo che lei stessa aveva ammesso in casa sua era stato in grado di spezzarle l'esistenza.

No. Il suo senso degli affari, la sua materialità, il saper vedere le cose come stanno al di là delle apparenze le suggerivano che non l'avrebbe lasciata uscire viva. L'aveva visto uccidere una ragazza e poi tagliarle la testa. Sapeva chi era, dove lavorava, chi frequentava. Non le avrebbe mai permesso di andarsene con le sue gambe. Era un fatto.

«Come vi sentite?».

Madame Rita voltò il capo verso la luce. Eccolo, non se ne era accorta ma era tornato, con i suoi passi lenti e cadenzati. Aveva una scatoletta di legno grezzo in una mano e la sega nell'altra, che cercava di nascondere dietro la schiena.

«Abraamo stese la mano e prese il coltello per sacrificare suo figlio», pregò piano, ripetendo a memoria il passo della *Genesi* che gli era più caro.

«Posso pagarvi», provò a titillarlo lei. Ma ci aveva già provato e non era servito a nulla. A quell'uomo, che conosceva i suoi punti deboli, interessava qualcos'altro. La prova era che stava praticando su di lei gli stessi strani riti che aveva eseguito sulla giovane che l'aveva preceduta. Satana. C'era Satana dietro quei movimenti studiati e ripetitivi. Gli zigomi le bruciavano, ma non aveva più lacrime da versare.

Lo vide appena affondare le mani nella scatola e poi avvicinarsi a lei. Lo udì imprecare più volte e non capì subito cosa stava facendo. Ben presto, però, un freddo che non aveva mai provato in vita sua si impossessò del suo corpo. Spasmi terribili la costrinsero a tendere la schiena, come un arco pronto a scoccare la sua freccia. Il respiro diventò affannoso e il cuore prese a battere come le ali di un passerotto. E in pochi attimi, l'ultimo refolo le si spezzò in gola.

Quando l'aguzzino, avvampato di rabbia, afferrò la sega, pochi minuti più tardi, la sua anima era già salita al cospetto di Nostro Signore.

Capitolo 15

Piazza della Fiera, quartiere San Nicolò, mercoledì 21 marzo 1590. Prima mattina.

I banchi di nebbia dell'ultima notte d'inverno gravavano ancora sugli edifici, quando Ranuccio Gallerani raggiunse la chiesa di Santa Caterina. Davanti ai portoni chiusi erano accampati elemosinieri con facce rassegnate e provate dagli stenti. Il duca Vincenzo non li tollerava e da tempo aveva avviato una campagna per farli sloggiare fuori dalle mura. Non era tuttavia impresa facile perché questi, spinti dalla fame, erano più lesti a tornare di quanto le guardie riuscissero a farli sgomberare.

Il notaio non era lì per loro, o meglio non solo... In ogni caso li ignorò e si voltò altrove. Zoppicando per i dolori alle gambe, si diresse verso il punto in cui era stata mandata la povera Costanza l'ultima volta che era stata vista in vita. Incrociò rari passanti, che a capo chino trottavano dritti alla loro meta e oltre scorse un gruppo di birri. Erano fermi di guardia, sul lato sinistro della piazza, nell'esatta direzione del porto della Catena. Dietro di loro c'era il pozzo: protetto da un tetto in coppi, fiancheggiato da muretti in mattoni rossi e coperto da un tavolato in legno.

Senza neanche rendersene conto, mentre si avvicinava, la sua mente cominciò a vagare indietro nel tempo, a quando quelle travi erano state posizionate. Era l'autunno di quel maledetto 1575, quindici anni prima, e i portoni delle case venivano marcati con croci rosse mentre i morti si ammucchiavamo agli angoli delle strade.

In seguito l'avevano chiamata peste di San Carlo, ma all'inizio nessuno aveva capito cosa stesse realmente succedendo.

Tutto era cominciato con delle banali febbri. I cittadini si erano recati in massa all'Ospedale Grande, ma quando erano diventati troppi i medici avevano lanciato l'allarme.

Nel giro di pochi giorni migliaia di persone si erano ammalate manifestando i primi sintomi della peste.

Pensando che il morbo fosse portato dall'acqua insalubre, alcuni chierici avevano insistito affinché i pozzi fossero chiusi. Così era stato fatto, con grate di ferro e travi inchiodate che impedivano di estrarre l'acqua. Naturalmente non era stata la sola precauzione: la città aveva serrato le sue porte quasi subito, filtrando gli ingressi, costruendo barriere e limitando al minimo i commerci. Ma il morbo era già all'interno delle mura, e aveva cominciato a mietere le sue vittime.

In massa si erano tutti precipitati al lazzaretto senza trovare alber go. Si erano così riversati per i vicoli battuti dal vento, provocando disordini e contribuendo ancora di più alla diffusione della malattia. Neppure i più fortunati che erano riusciti a fuggire nelle campagne avevano avuto scampo: implacabile, la peste li aveva raggiunti anche lì. Per poi diffondersi a macchia d'olio in tutto il Nord Italia.

In meno di due anni, tra il '75 e il '77, un numero esorbitante di persone si erano ammalate ed erano morte. A nulla era valsa l'intercessione di papa Gregorio XIII che aveva chiesto l'intervento divino, o la costruzione delle *nova chiesa* a Venezia. Mantova, che contava in quel periodo più di sessantamila abitanti, aveva allineato oltre seimila morti, Milano diciottomila, Venezia cinquantamila. Ogni famiglia aveva concesso il suo triste tributo al morbo e anche quella di Gallerani non era stata da meno: tra i cadaveri dei suoi cari, c'erano infatti anche la moglie Paola e i due figli gemelli Luca e Matilde, di appena sedici anni.

Per quanto lui stesso avesse cercato di limitare i contatti con l'esterno e avesse fatto bollire gli abiti per purificarli, la febbre li aveva sfregiati ugualmente.

Riversi nei loro letti, madidi di sudore e con i bubboni a tempestarne le membra, se ne erano andati in pochi giorni. Gli stessi medici si erano dichiarati impotenti: avvolti dalle tonache nere e con le maschere a forma di becco, li avevano visti solo da lontano e si erano limitati a chiamare i monatti.

Una mattina, dopo che l'ultimo afflato li aveva portati via a distanza di un'ora l'uno dagli altri, erano giunti sotto casa. Il campanaccio aveva suonato e le voci burbere avevano cominciato a rincorrersi per le scale.

Gallerani si era affacciato al finestrone merlato, in preda a mille emozioni contrastanti. Lo spettacolo che gli si era parato dinanzi lo aveva fatto trasalire ancora di più: cadaveri su cadaveri, ammassati gli uni sugli altri sopra un carro; donne, uomini, bambini, con braccia e gambe che sporgevano disordinatamente come rami flosci.

I monatti erano saliti al primo piano e, senza il minimo riguardo per il suo ruolo, avevano portato via i corpi di Paola, Luca e Matilde. Buttati sugli altri cadaveri come sacchi, il cavallo affaticato aveva nitrito e poi era ripartito. Si era fermato davanti alla porta successiva. E poi alla successiva ancora. E in pochi minuti, Gallerani, miracolato davanti alla caducità della vita, era rimasto solo.

«Avete chiesto se qualcuno ha veduto quella povera ragazza?». Il notaio cancellò quei ricordi e si rivolse distrattamente al tenente, che lo attendeva di fronte al pozzo.

«I mendicanti non erano qui venerdì», replicò quest'ultimo. «Le botteghe erano già chiuse, e dai palazzi nessuno ricorda di aver visto qualcosa di insolito».

Il notaio sbuffò ma il linguaggio del corpo del tenente gli suggeriva ci fosse dell'altro.

E infatti, dopo un indugio, il militare si liberò del suo peso: «C'è però una donna, una domestica della Casa del Mercante, che chiede di voi».

Gallerani alzò lo sguardo, stupito. «La Casa del Mercante? E cosa ci fa qui?». L'edificio, costruito da una ricca famiglia di commercianti brianzoli, era dalla parte opposta di Mantova, nei pressi della rotonda di San Lorenzo.

«Vi cerca da ieri», si giustificò il tenente. «A palazzo del Podestà le hanno detto che se non voleva aspettarvi, forse questa mattina vi avrebbe trovato qui. Pare porti notizie importanti...».

Il notaio criminale occhieggiò al pozzo e alle finestre dei palazzi signorili affacciati sulla piazza affollata di carrozze. La sua speranza che qualcuno, tra i residenti o magari tra gli elemosinieri, avesse visto il rapimento era risultata vana, quindi tanto valeva ascoltare la domestica. «È lei?», domandò, indicando con il mento canuto una donna in abiti consunti, circondata da tre birri. Non era giovane, ma il viso, con le labbra fini e la pelle tempestata di lentiggini rosse, aveva qualcosa di grazioso.

«Si chiama Giulietta Alborghetti. Dice di essere la cameriera personale di madame Rita Boniforte».

Il notaio la scrutò in tralice, raccolse le mani dietro la schiena e si avvicinò zoppicando su una gamba. «Siete la signora Giulietta?». Cercò di essere il più cordiale possibile. Per esperienza sapeva che un tono accondiscendente invece che aggressivo – che spesso era utile se si aveva di fronte un nobile – era più adatto a sciogliere la lingua del popolino.

«Eccellenza», si inginocchiò la donna, la voce rotta. «Ho sentito che avete trovato il cadavere di una donna senza testa... la mia padrona...».

«Calmatevi». Gallerani le cinse le spalle. «Calmatevi. Cosa ha a che fare la vostra padrona con le nostre indagini?»

«Eccellenza, io volevo venire a palazzo del Podestà subito, domenica sera... ma il maestro».

«Giulietta», la riprese indulgente. «Cominciate dal principio».

«La mia padrona, madame Boniforte, è scomparsa da domenica». Prese a piangere con maggiore insistenza, ma tra un singhiozzo e l'altro riuscì a completare il racconto. «Abbiamo sentito al mercato che avete trovato al ponte dei Mulini il corpo di una donna. Abbiamo temuto fosse lei».

«Calmatevi. La vostra padrona è scomparsa, dunque?».

La donna, la vista appannata dalla lacrime, annuì più volte. «Io volevo denunciare la sparizione subito».

«Siete sicura che sia davvero *scomparsa* e non abbia invece deciso di andare da qualche parte? Magari per i suoi affari». Conosceva abbastanza bene madame Rita Boniforte da sapere che gestiva con abilità i commerci della sua famiglia. Il fatto che si fosse allontanata da casa senza avvisare la servitù non gli sembrava un'ipotesi così peregrina.

«No, eccellenza. Si stava preparando per il ricevimento a palazzo del Te. E poi il sangue. C'è sangue dappertutto». Un altro singulto le strinse il petto. Riprese a piangere e tentò di asciugarsi con le maniche della tunica che fuoriusciva dal mantello. «Ditemi che non è lei la donna che avete trovato, vi scongiuro».

Gallerani scambiò un'occhiata con il tenente e poi tornò a osservare la donna. «Dovete perdonarmi, purtroppo il mio udito non è più quello di una volta. Avete detto sangue? Dove avete veduto del sangue?»

«Nella stanza padronale». La donna abbassò il capo. Per la prima volta nel suo viso, oltre che agitazione, adesso era possibile scorgere paura. Si domandò se le autorità non l'avrebbero accusata di qualcosa. «Io lo avevo detto al maestro De Tatti che bisognava denunciare subito la scomparsa...».

Il Gallerani non poté approfondire perché, dal fondo della piazza, un cavaliere lanciato al galoppo lo chiamò con veemenza. «Eccellenza!».

«Aspettatemi qui». Si voltò e riconobbe subito, in groppa a un roano nero, il bargello di campagna: era un uomo di mezza età, che indossava con fierezza la cappa e il copricapo dell'uniforme. Il viso di solito duro, dal colore della pelle conciata, era però visibilmente scosso.

«Eccellenza, ne hanno trovata un'altra», esordì il militare, smontando con agilità dal cavallo.

«Un'altra?»

«Un'altra donna», si affrettò ad aggiungere il bargello. «Anche lei senza testa...».

Capitolo 16

Palazzotto Donati, quartiere San Nicolò. Poco dopo.
Prima mattina.

L'anticipo di primavera dei giorni precedenti si era dissolto in un cielo nebbioso e invernale.

Madonna Donati chiuse la finestra e tornò al tavolo della biblioteca. Avrebbe voluto schiarirsi le idee con l'aria pungente del mattino, ma non ci era riuscita. Nell'ultimo giorno, da quando aveva lasciato il pittore De Tatti a crogiolarsi nel letto della sua locanda, non era neppure riuscita a chiudere occhio. Un crittogramma, che aveva copiato poco prima di scivolare fuori dalla stanza della locanda, aveva assorbito tutti i suoi sforzi.

Mentre non aveva dubbi sul sigillo in ceralacca del mittente, che aveva dovuto rompere per leggere il testo, il contenuto della missiva era decisamente più criptico. Sulle prime aveva immaginato fosse codificato con il cosiddetto *cifrario di Cesare*, il sistema che il dittatore romano usava per trasmettere le sue comunicazioni a prova di intercettazione. La decodifica era piuttosto semplice, a dire il vero: ogni lettera del messaggio era sostituita da quella che la seguiva di tre posti nell'alfabeto. Una A equivaleva a una D, una B a una E e così via.

Arrovellata nei suoi pensieri, controllò ancora una delle trasposizioni del messaggio, ottenuto applicando il codice.

ABRPR?O?BWROFQF
?OBU?IOSF?BRODL

?MOBUMABRPF?KWF
OBUPQABRPOLWNWF
JRLOLBWWFLOEL??
OLL?UBOV?QOBDEF
OOLPUJ?DLMIK?KL
QEEE?MLKQO??SBI
OBUVGDR?OOBQQNF
ABRPBRPQLEOFARU
ABRMWLAOFKLDQQF
P?U??RGBCCFFAFR
SBISBIRQ?I?E?P?
P?K?QRPCMFLOBNB

Non significava assolutamente nulla, anche volendo usare alfabeti diversi e includendo nella decodifica le lettere Y, K e X, inutilizzate da secoli. A quel punto era chiaro che il cifrario era qualcosa di completamente diverso e più complesso. Era possibile che mittente e destinatario si fossero accordati per spostare le lettere non di tre posti, ma di un numero differente? Certo, anche se più guardava il testo copiato a mano in tutta fretta, più si convinceva che non era così: balzava infatti agli occhi la ricorrenza di due parole: *deus* e *rex*. Le sottolineò con cura e contemplò lo scritto ancora una volta:

DEUSUCRBEZURITI
CREXALRVIBEURGO
APREXPDEUSIANZI
REXSTDEUSROZQZI
MUOROEZZIORHOCC
ROOBXERYBTREGHI
RROSXMAGOPLNANO
THHHAPONTRABVEL
REXYJGUARRETTQI
DEUSEUSTOHRIDUX
DEUPZODRINOGTTI

SBXCAUJEFFIIDIU
VELVELUTALAHCSA
SANCTUSFPIOREQE

Di recente aveva letto di un trattato del diplomatico francese Blaise de Vigenère, in cui il cifrario di Cesare veniva elaborato con una chiave variabile: invece di spostare sempre dello stesso intervallo il testo da cifrare, questo veniva traslato di un numero di posti che cambiava di lettera in lettera. In tale sistema esisteva una parola chiave, detta *verme*, ripetuta a oltranza. Nella sostanza, ogni lettera del verme stabiliva di quante posizioni doveva essere fatta avanzare la lettera corrispondente del messaggio. Se l'iniziale della *chiave* era una A, la prima lettera del messaggio restava invariata; se la seconda era una B, la seconda lettera del messaggio veniva spostata di una posizione; se era una C, la terza del messaggio di due posizioni e così via. Quando il verme finiva, si ricominciava da principio.

Tentò la decodifica usando *deusrex* come parola chiave, retrocedendo rispettivamente le lettere della missiva di 3, 4, 20, 18, 17, 4, 23 posizioni, per poi ricominciare: 3, 4, 20, 18, 17, 4, 23 a oltranza, fino al termine della missiva. Nessun risultato. Provò solo con *deus* – 3, 4, 20, 18 – e infine solo con *rex*: 17, 4, 23. Le ci volle quasi un'ora per completare le trasposizioni, ma si rese conto che anche quell'intuizione era un vicolo cieco: non portava a nessuna soluzione. Se il verme era contenuto nella lettera, non era quello che aveva creduto di aver individuato…

Esausta, madonna Donati si alzò e con ai piedi delle pianelle di velluto cominciò a girovagare sul pavimento in legno lucido della biblioteca. Era un locale luminoso e accogliente, con mobili laccati color panna, tappezzerie cremisi e un bel trumeau a vetri nel quale erano custoditi libri rari. Alla parete lunga era appeso un dipinto della deposizione di Cristo del Carrari. Il duca era stato particolarmente generoso con lei, non poteva negarlo. Tutto era cominciato a Venezia, pochi anni prima. Una giovane e carina vergine fiorentina e un nobile che per un gioco perverso doveva provare la sua virilità. Mai avrebbe creduto che quell'incontro le avrebbe aperto le porte alla vita che invece aveva intrapreso. Mai avrebbe sospettato che trame, segreti, sospetti e codici diventassero il suo essere quotidiano. Ma non c'era che dire: ciò che faceva le piaceva e sapeva farlo bene, mentendo con la stessa semplicità con cui respirava, profittando della sua bellezza e delle debolezze degli uomini. Soprattutto sfruttando la sua intelligenza. Quella che in pochi immaginavano si celasse sotto le sue forme da Venere greca.

Proprio in virtù delle sue capacità, il duca si attendeva però risultati. Risultati che non sarebbe stata in grado di consegnargli senza decodificare la lettera destinata a monsieur Antoine de La Sablière.

Si costrinse a tornare al tavolo. Poggiò i polpastrelli sulle tempie e rimase in ascolto dei propri pensieri. Era possibile che non avesse identificato correttamente il verme? Oppure era più probabile che si trattasse di un cifrario del tutto diverso? In effetti, esistevano diverse tipologie di codici polialfabetici: da quello attribuito ad Augusto a quello di Bellaso, dal cifrario dell'Alberti a quello dell'abate Tritemio. Senza conoscere il sistema usato era materialmente impossibile venire a capo della lettera. E se anche fosse stato possibile, non ci sarebbe certo riuscita da lì al giorno successivo, quando era fissato l'incontro tra De Tatti e l'ambasciatore.

Sbirciò fuori dalla finestra, dove il sole era ormai già alto. Pur non riuscendo a venire a capo della decrittazione del codice, c'era però qualcosa che profittando delle sue virtù poteva fare: concentrarsi sul simbolo in ceralacca. Non lo aveva copiato, anche perché era bene impresso nella sua mente: un'aquila con una lepre tra gli artigli, sormontata da una croce. Lo aveva riconosciuto subito: era il simbolo degli Arianti.

Il fatto che una lettera codificata, consegnata alle spalle del duca, recasse un simbolo così ben riconoscibile era singolare. Poteva però significare che il destinatario della lettera volesse la certezza di chi fosse il mittente. In qualunque caso, quel simbolo le dava un'informazione che altrimenti non avrebbe avuto.

Afferrò carta e calamaio e cominciò a scrivere. Quando ebbe terminato, quindici minuti più tardi, convocò il suo servitore con un campanello.

«Va' dal conte Arianti», tuonò, imperiosa come un padrone che chiama il suo cane. «Consegnagli subito questo messaggio e attendi la risposta».

Capitolo 17

Lungo la cinta fortificata della Lunetta, fuori dalle mura. Nello stesso istante.
Tarda mattinata.

«Santissima misericordia». In piedi, il palmo premuto contro la bocca, gli occhi sgranati, la cameriera personale di madame Boniforte era incredula.

Si trovava, insieme a un nutrito gruppo di birri, lungo le paludi che fiancheggiavano l'imbocco del ponte di San Giorgio. Dalla loro posizione, il profilo alto degli edifici che si stagliavano sopra i bastioni e luccicavano al sole era perfettamente visibile. Si trattava della prima immagine per chiunque arrivava in città: un paesaggio fatto di cupole barocche, campanili gotici e torri rinascimentali sospesi oltre il ponte e che toglieva il fiato a ogni visitatore. Non a loro, però, che in quel momento avevano ben altro a cui pensare.

«Siete sicura che sia davvero la vostra padrona, madame Rita Boniforte?», la incalzò il Gallerani, di fianco alla donna. Aveva lo sguardo vacuo puntato su un canneto e sul mezzo busto che galleggiava nell'acqua torbida, tra i massi sporgenti e uno stormo di smerghi dal becco rosso.

Giulietta Alborghetti sbatté le palpebre più volte, le viscere che le si stringevano nell'orrore.

Gallerani tirò su con il naso. Il fatto che la cameriera personale della dama fosse lì con lui all'arrivo della notizia del ritrovamento era stata una fortuna. Anche perché, senza di lei, avrebbero faticato parecchio a identificare il corpo. Rispetto al primo delitto la donna era avvolta in una veste di lino di Cambrì, macchiata di sangue e completamente fradicia. La scena era però simile in tutto e per tutto a quella del giorno precedente: una riva paludosa, l'acqua putrida, le mosche che vorticavano nell'aria come avvoltoi… e un cadavere martoriato e senza testa. Un'altra donna decapitata: irriconoscibile a meno di non trovare qualcuno in grado di rinvenire nel busto o negli arti segni particolari.

«Santissima misericordia», ripeté, salmodiando, la cameriera. Senza alcuna titubanza, aveva riconosciuto diverse macchie chiare, segni di una vecchia bruciatura, sulle braccia del cadavere ammollate nel lago. Anche le dita delle mani, lunghe e affusolate, prive di calli e con le ossa sporgenti, erano quelle della sua padrona. Dita alle quali era abituata a infilare e sfilare anelli dei migliori orafi mantovani.

«I tagli sul collo mi sembrano più decisi, rispetto al corpo della prima vittima», intervenne messer Francesco Pavese, il chirurgo dell'Ospedale Grande. Si trovava sul bordo del fiume, nell'ultimo fazzoletto all'asciutto prima che il greto sprofondasse nella fanghiglia. Con la tonaca rossa aperta e il cappello piumato a tesa larga, era piegato in avanti.

«Le tracce di esitazione che abbiamo notato sull'altro cadavere qui sono meno evidenti. La mano che ha praticato l'incisione era più salda e sicura».

«L'esperienza è il miglior maestro. Peccato che il suo onorario sia così alto», commentò il Gallerani, con uno dei suoi aforismi. Fissò i cormorani che avevano contemplato la scena appollaiati in prossimità del ritrovamento e si spostò di qualche passo. Raggiunse il bargello di campagna che era stato il primo a intervenire. In cima a un'altura che degradava dolcemente nel lago, l'uomo teneva le mani infilate nel bandoliere; cercava di mantenere il contegno, ma ciò nonostante, dava le spalle al cadavere, rivolto dalla parte opposta, verso la rocca di Sparafucile.

«Una contadina», bofonchiò a Gallerani, appena questo, con le calzature infangate, si avvicinò a lui.

«Una contadina?». Profittando della posizione soprelevata, il notaio controllò il luogo dall'alto. Anche in quel secondo ritrovamento, la corrente del fiume doveva avere avuto un ruolo determinante. Il cadavere era certamente stato lasciato in acqua altrove e, come per la povera Costanza, i canneti e gli arbusti del greto avevano fermato il suo vagare incontrollato.

«L'ha trovata una contadina. Ha bussato ai nostri portoni, dicendo che c'era una pecora in decomposizione».

«Avete mandato qualcuno a controllare e invece avete trovato quello?». Con il mento il notaio indicò il crocchio di ministri di Giustizia, che sostavano sul luogo del ritrovamento come dinanzi alla fossa di un cimitero.

«Siamo venuti a chiamarvi immediatamente».

«Le ronde lungo la Lunetta non l'avevano vista?»

«Le guardie mi assicurano che al tramonto non c'era niente».

Gallerani fece cenno d'aver compreso. Il corpo doveva quindi essere stato immerso, con il favore delle tenebre, da qualche parte lungo la cinta muraria o dalle campagne circostanti.

«Immagino che i vostri uomini non abbiano ancora trovato la testa».

Il bargello si mordicchiò le labbra contrito. «La stanno cercando».

«Va bene», alzò la voce il notaio, sfoggiando un evidente umor nero. Considerando che le ricerche al ponte dei Mulini erano ancora in corso per il primo cadavere, immaginò che non l'avrebbero trovata tanto facilmente neppure lì. E non era una dettaglio positivo: se l'omicidio della Monticelli lo aveva turbato sul piano personale, per via dell'età della vittima, in tutta quella vicenda c'era qualcosa di estremamente grave. E non solo per il lignaggio della seconda donna. Due morti ammazzati, entrambi senza testa, nel giro di un giorno, significavano un assassino spietato per le strade di Mantova. Oltre che grossi guai per chi doveva cercare di rintracciarlo. Già si vedeva a dover salire le scale di marmo del palazzo del Capitano o a dare spiegazioni al podestà, a sua volta pressato dal duca e dai suoi fedelissimi.

«Diamo requie alle povere spoglie di madame Boniforte», concluse, allontanandosi claudicante. «Estraiamola dall'acqua e riconsegniamo il corpo alla famiglia per la sepoltura che si conviene».

Capitolo 18

Taverna Os'd Brasola, quartiere San Jacopo. Contemporaneamente. Mezzodì.

De Tatti fissò il suo riflesso nel piatto di brodo. Il viso tetro e la folta barba nera erano come una macchia scura sul soffitto di legno sopra di lui.

Il locale brulicava di avventori rumorosi, di voci che si rincorrevano, del tintinnio delle stoviglie e dei calici di vino. Era un ampio stanzone, illuminato da lampade a olio che pendevano dalle travi, fra salami e pezzi di lardo. I tavoli – cinque o sei in tutto – erano coperti da tovaglie candide e il banco di mescita si trovava nei pressi del grande focolare, da cui si levavano odori intensi. Poco lontano la padrona mescolava uno stufato in un paiolo.

«*L'acqua l'è bona… s'a gh'è dentar di bon capon*», l'aveva accolto l'oste al suo arrivo. «Il brodo è buono se ci sono dentro dei buoni capponi. E qui di capponi buoni ne troverete da riempirvi la pancia».

De Tatti, che non aveva affatto appetito, si era lasciato convincere. Sedutosi nell'angolo accanto alla finestra, con la schiena al muro per essere certo che nessuno lo cogliesse di soppiatto, era stato subito raggiunto dal garzone.

La porta si aprì ed entrarono due energumeni ammantellati. Il pittore temette che fossero lì per lui, ma guardandoli meglio mentre si accomodavano al bancone si convinse che non era così: erano sporchi di fango e indossavano frusti abiti da lavoro.

Sollevato nello spirito, affondò il cucchiaio nel cappone in brodo. Lo assaggiò appena, giusto per rendersi conto che l'oste aveva mentito: la minestra era poco più che acqua sporca con il vago sentore di qualche spezia. Sorrise tra sé. Se l'oste gli aveva mentito, quella era la bugia più innocua di cui era stato vittima negli ultimi giorni.

Da quando madame Boniforte era scomparsa, e ancora prima da quando aveva incontrato l'Arianti, le menzogne lo avevano rincorso come un cane con la lepre. Menzogne che, ne era certo, lo avrebbero messo in guai seri. Sempre ammesso che *non fosse già* nei guai.

Deglutì a fatica un pezzetto di carne scura e se la prese con sé stesso ripensando a madonna Donati. Come aveva potuto essere così ingenuo? Quanto gli era accaduto non poteva succedere nella realtà. Era degno forse di uno di quei libercoli che tanto piacevano all'Inquisizione. Ma non accadeva mai nella vita vera: una dama di quel calibro che rincorre uno spiantato pittore in una locanda di terz'ordine? Avrebbe dovuto capirlo subito che l'interesse della donna celava un secondo fine. E adesso che ci pensava, la Donati doveva avergli mentito fin dall'inizio, dal ricevimento a palazzo del Te.

Chissà, forse lo stava seguendo dal suo arrivo, o addirittura lo teneva d'occhio da prima. Doveva aver visto che custodiva una lettera, e forse, quando lui aveva cominciato a pedinare l'ambasciatore nel giardino, aveva capito che era per lui. L'arrivo del servitore di Casa del Mercante, che l'aveva costretto a scappare in tutta fretta, doveva averle però rotto le uova nel paniere.

«State attento, maestro», lo aveva messo in guardia il conte, solo pochi giorni prima. «Il duca ha spie ovunque».

Che la Donati fosse una di queste?

Certo che lo era, altrimenti come si spiegava la visita alla locanda Al Bel Gilè?

Senza neppure pensarci portò la mano al panciotto, sotto il quale custodiva la missiva da consegnare a de La Sablière. Il sigillo era stato rotto e non poteva essere stata che lei, visto che prima che arrivasse e lo… Per un secondo cercò nella sua mente la parola più adatta a descrivere quella situazione surreale: lo circuisse? Lo imbrogliasse? Si concedesse a lui? Quale che fosse la realtà, prima del suo arrivo, il sigillo comunque era intatto.

Cosa aveva fatto madonna Donati mentre lui dormiva? Aveva aperto la missiva e l'aveva letta? Anche lui ci aveva provato, visto che ormai non era più sigillata. Caratteri disposti a caso, senza una logica. Evidentemente un codice che il francese avrebbe saputo interpretare. Cosa avrebbe detto l'indomani, quando doveva incontrare l'ambasciatore? Il sigillo si era rotto nel trasporto? Certamente no: aveva in mano un crittogramma che probabilmente celava misfatti contro Vincenzo Gonzaga. Lo avrebbero accoltellato per molto meno.

Stupido. Era stato uno stupido. Si era lasciato trascinare in un gioco più grande di lui. E per cosa poi, per sperare di entrare nelle grazie del duca? Impossibile: non era un pittore così bravo. Lo sapeva bene. Non sarebbe mai stato all'altezza del Mantegna o del Pisanello, che avevano fatto grande Mantova.

Mentre si concentrava su due procaci donnone, appena appartatesi con dei gabellieri, riconsiderò i suoi piani. Madame Boniforte era scomparsa e, per quanto si augurasse che si facesse presto viva, l'istinto gli diceva che non sarebbe andata così. La sua sparizione non era casuale. Era possibile avesse a che fare con il conte Filippo Arianti oppure che il nobile non c'entrasse nulla. In un caso e nell'altro, però, ne era sicuro: nel giro di poco tempo avrebbero accusato lui delle peggiori nefandezze. Non era meglio lasciare la città, piuttosto che essere accusato di furto, omicidio o, peggio, spionaggio? Sarebbe potuto tornare a Pavia o andare a Milano, dove qualche pala d'altare da dipingere la si trovava sempre.

Il campanello sulla porta tintinnò di nuovo. Era un ragazzino, rosso in volto e con la camicia fuori dalle brache come se avesse corso a rotta di collo.

«Avete sentito?», urlò, a indirizzo dell'oste ma anche degli avventori, che distrattamente alzarono le teste dalle loro ciotole.

«Ne hanno trovata un'altra senza testa!».

Un brivido percorse la schiena di De Tatti. La notizia di una donna trovata decapitata al ponte dei Mulini la mattina precedente l'aveva fatto trasalire. Aveva subito temuto si trattasse di Rita, ma si era tranquillizzato quando gli avevano detto che la vittima invece era giovane.

«Un'altra?», fece eco un omino rotondo con le labbra unte di stufato.

Il pittore sentì il cuore martellargli nelle orecchie. Pregò il Signore che anche questa volta non si trattasse della sua mecenate. Ma il sangue nella camera e la sparizione improvvisa gli suggerivano esattamente il contrario: se una cosa può andare male, lo farà…

«Sembra si tratti di madame Rita Boniforte», confermò infatti il giovane.

Se una cosa può andare male lo farà. De Tatti si massaggiò le tempie e si lasciò cadere sullo schienale della sedia.

Capitolo 19

Piazza de Mercanti, quartiere San Pietro. Poche ore più tardi. Primo pomeriggio.

La Casa del Mercante era un'audace ostentazione di marmi rossi veronesi e di foglie dorate che adornavano la facciata. Stretta e alta, all'angolo tra la chiesa collegiata di Sant'Andrea e la torre dell'orologio, era un tripudio di motivi orientali e tardo gotici. Il primo piano, sorretto da colonne slanciate, dava accesso a un portone massiccio a doppia anta.

Non era molto distante dalla curia criminale presso il palazzo del Podestà, così il notaio del maleficio Ranuccio Gallerani ci era arrivato a piedi. Come gli capitava negli ultimi giorni, a dispetto della sua indole che lo spingeva a evitare di mettersi in mostra, era accompagnato dal bargello Lauro Lemma e da alcuni birri. Dietro di loro camminava, con l'incedere di un condannato al patibolo, anche Giulietta Alborghetti, la cameriera personale di madame Boniforte.

«E dunque, non avete udito nulla di insolito?», le domandò il notaio, continuando a zoppicare sulla piazza. Sudato, si voltò verso la donna, che fissava l'approssimarsi della casa in cui era a servizio come se fosse stato un gigante pronto a inghiottirla.

«Ve l'ho detto, eccellenza, i garzoni erano via dalla mattina, nelle campagne, e io ero da sola con la padrona; non ho udito proprio nulla di insolito».

Gallerani sbuffò. *Nulla di insolito.* Era almeno la quinta volta, nel tragitto tra il luogo del ritrovamento del cadavere e il palazzo, che la domestica raccontava la medesima versione: la domenica pomeriggio era salita nella stanza padronale per preparare la sua padrona al ricevimento del duca e non l'aveva trovata. Aveva però rinvenuto numerose macchie di sangue e si era spaventata. Al rientro di messer Ruggero, il maestro di casa, fuori per una commissione, si era deciso di riordinare la camera e di attendere che madame Boniforte tornasse. Ma non era accaduto…

«E non manca nulla dai gioielli della vostra padrona?»

«No, eccellenza, le sue gioie sono intatte. Non manca nulla».

Nel frattempo, superato il mercato della frutta, raggiunsero il porticato della residenza di madame Boniforte, dove li attendeva messer Ruggero, il maestro di casa.

«Notaio Gallerani, bargello Lemma, sono stato informato della notizia». Li accolse con la faccia fosca, in piedi come una delle colonne sulla facciata. Era alto e pallido, di mezz'età e dai lineamenti quasi femminei, che in quel momento erano segnati dall'angoscia. «Che triste giorno».

«Vorremmo vedere la stanza padronale, se non è di troppo disturbo», esordì il vecchio notaio, con tono mite ma risoluto. «Vogliamo trovare subito il colpevole e ci hanno riferito che avete rinvenuto delle macchie di sangue».

Il maestro li introdusse nell'androne di marmo, ai piedi di una scala con la passatoia rossa. «È così purtroppo. C'erano macchie ovunque. Abbiamo fatto pulire immediatamente».

Gallerani rimase impassibile. Il fatto che i domestici non avessero denunciato subito la scomparsa e che avessero fatto di tutto per cancellare eventuali segni di lotta era alquanto sospetto. O avevano cercato di occultare goffamente le loro tracce oppure, come gli aveva confessato la domestica, c'era davvero dell'altro…

Salirono in processione la scalinata, con i birri che silenziosi li seguivano pochi passi dietro. La stanza era pulita e profumata di lavanda come se la padrona dovesse rientrare di lì a poco. Il grande letto a baldacchino era stato rifatto con biancheria ricamata e pizzi. Nell'angolo, un'elegante scrivania francese reggeva un portagioie di madreperla dal quale fuoriuscivano lembi di stoffa neri.

C'era anche un bel dipinto della padrona di casa, che attirò l'attenzione del notaio: realizzato con una sapiente tecnica del chiaroscuro, lasciava in ombra metà testa e metteva in risalto la parte alla luce del sole, che risultava di un rosa acceso sulla guancia.

«Dov'erano le macchie con esattezza?»

«Sulle lenzuola. Sulla poltrona. Sui mobili». Messer Ruggero fece un passo avanti. Da quando erano arrivati non aveva mai osato guardare il ministro di Giustizia. «Qualche schizzo anche sui tappeti».

Gallerani si accigliò, in cerca di informazioni utili. Ma era evidentemente troppo tardi, dopo l'intervento dei domestici. «Va bene. Ora potreste mostrarmi il trittico?».

A quella domanda il maestro di casa si irrigidì come se gli avessero infilato un bastone tra la schiena e il farsetto. Fulminò Giulietta, ferma con le mani in grembo sulla soglia.

Vedendo che Ruggero indugiava, il notaio accennò un sorriso, come per tranquillizzarlo. Immaginava che a quella domanda sarebbe stato reticente, ma l'aveva posta volutamente, per verificare la versione della cameriera. «Il trittico del maestro De Tatti», specificò il notaio, voltandosi verso Giulietta. «Mi dicono che questo pittore varesino stia realizzando una grande opera per la vostra padrona».

Ruggero deglutì amaro. Quando l'aveva mandata a cercare il Gallerani per denunciare la scomparsa con giorni di ritardo, le aveva chiesto di non menzionare De Tatti. Aveva persino fatto impacchettare e spedire alla locanda gli abiti del pittore, per fare in modo che non venissero trovati. Evidentemente i suoi sforzi erano valsi a nulla, davanti a quella linguaccia biforcuta.

«Certo che posso mostrarvelo», assentì a denti stretti. «Seguitemi».

La piccola delegazione si mosse di nuovo, velocemente, con un fragore di stivali e di armi. Scese di un piano e si ritrovò in un salotto con un soffitto a cassettoni dorati e tappezzerie rosse. Sulla parete principale, delimitata da due travi da cantiere per evitare che ci si potesse avvicinare, campeggiava un grande affresco. Completato solo in parte, rimandava alla scena di un mercato con colori vividi e audaci: si vedeva un vecchio sdentato che sorrideva; di fianco a lui una donna in una posa sguaiata che, sorreggendo un bambino, metteva in mostra un'ampia scollatura. Accanto a loro, un bancone colmo di brocche, catini e pignatte traboccanti di pesci.

«Quando avete visto l'ultima volta l'artista?»

«Sabato», fu celere a rispondere Ruggero.

«Dovete scusarmi, ma il mio udito non è più quello di una volta». A dispetto delle sue parole, tuttavia, Gallerani aveva sentito eccome. Aveva però imparato a interpretare le reazioni alla vista del suo corno per l'udito. Se gli interrogati mentivano, a volte diventavano incerti, come se da solo quell'oggetto che richiamava una testa taurina fosse in grado di leggere nei loro pensieri.

«Sabato», sibilò in effetti Ruggero. E nella sua voce, il notaio credette di interpretare una bugia.

Gallerani finse ancora di non averlo udito e indugiò invece sul trittico, che trovava di cattivo gusto, grottesco e ai limiti del volgare. «La vostra padrona era contenta di come stava progredendo l'opera?»

«Oh, certo che lo era. È in pieno stile De Tatti».

Il notaio contemplò la domestica, che di fronte al maestro di casa era rimasta in rispettoso silenzio per tutto il tempo.

«Non li avete mai sentiti discutere?».

Il maestro inarcò le fini sopracciglia, scuotendo il capo. «Non che io ricordi».

«Suvvia, messer Ruggero», sbottò a un tratto Giulietta, come se la sola presenza dell'esecutore di giustizia l'avesse scossa dai suoi timori. «Madame Boniforte è stata uccisa! E messer Gallerani è qui per trovare il colpevole. Che senso ha proteggere ancora quel perdigiorno?».

Gli occhi del maestro fiammeggiarono nervosi verso la cameriera, il cui ardore aveva comunque avuto il pregio di togliergli un peso dallo stomaco. Era stata sua l'idea, su richiesta proprio di De Tatti, di nascondere la presenza del pittore. Non perché gli fosse particolarmente simpatico. Tutt'altro, lo trovava uno squallido opportunista, privo di talento e che si approfittava di una gran signora qual era madame Rita. Ciò non di meno – pur non volendo rendere noto il loro rapporto – la padrona lo trovava simpatico, se non di più…

«E va bene, eccellenza», cedette Ruggero, alla fine. «Io stesso vi avrei parlato del maestro De Tatti», mentì. «Si era stabilito qui da qualche tempo. Era diventato *intimo*, se così possiamo dire, con la padrona».

Il notaio attese che il maestro confermasse i fatti che Giulietta gli aveva già raccontato. Se le vicende che gli erano state riportate corrispondevano al vero (e da quelle prime ammissioni di Ruggero sembravano combaciare), aveva forse un possibile indiziato.

«Dovete perdonarmi», si giustificò ancora messer Ruggero, imbarazzato. «Potrete certo immaginare il disagio di trovarci in casa un soggetto simile. Ne andava dell'onorabilità e del buon nome di madame Boniforte. Non si doveva sapere».

«Eppure domenica sera lo avete fatto chiamare voi, il maestro De Tatti».

Di nuovo, Ruggero lampeggiò malevole verso Giulietta. «Domenica, sì. Ammetto che è stata mia l'idea. Pensavo che fosse a conoscenza di qualcosa».

«E lo era?»

«Mi è parso che fosse abbattuto esattamente come noi».

«Tuttavia», insistette il Gallerani, «è stato lui a chiedervi di non denunciare la scomparsa. Non è così?».

Il maestro carezzò nervosamente il bordo del giustacuore. «È così: De Tatti riteneva di sapere dove fosse la padrona e ci ha chiesto di attendere».

«E come mai la vostra attesa è durata sino a oggi?».

Non ci fu risposta, anche se Gallerani intuiva la ragione.

«Ritenete forse che De Tatti possa avere a che fare con quanto successo alla vostra padrona?»

«Madame Boniforte era generosa con lui e andavano d'accordo». Ruggero fece una pausa, indeciso su come continuare. Ma più ci rifletteva, più tendeva a considerare l'eventualità che il pittore si fosse preso gioco di loro e potesse, in effetti, avere un qualche ruolo nella tragedia. Aveva fatto male ad assecondarlo?

«Da quanto viveva qui? Alcuni mesi?». Gallerani indicò con il mento barbuto il trittico incompiuto sulla parete. «Era già stato pagato? Aveva ricevuto un acconto per il dipinto?»

«Era stato pagato solo in minima parte. La padrona diceva che fin che stava sotto il suo tetto non aveva bisogno di molti scudi».

«Per esperienza, il denaro e le questioni d'amore sono sempre tra i primi moventi, nei casi di assassinio». Gallerani giunse le mani dietro la schiena e fece per uscire. «Visto che stava in questa casa, entrambe le questioni potrebbero riguardarlo... A questo punto, mi domando se sapete indicarmi dove posso trovarlo».

Capitolo 20

Torre degli Arianti, quartiere Sant'Andrea. Più tardi.
Due ore dopo il tramonto.

«Madonna Bianca Donati da San Miniato». La voce del valletto accanto alla porta smaltata risuonò nel grande salone delle feste.

Il brusio degli invitati – crocchi di mantelli, cappelli e vestiti a campana – si attenuò per un istante e subito il padrone di casa andò incontro alla nuova ospite.

«Che sorpresa, madonna Donati», la accolse il conte Arianti. Alto, con i lunghi capelli fino alle spalle che si diradavano sulle tempie, si avvicinò a mani larghe, come per abbracciarla. I riflessi dei due grandi lampadari baluginarono sulle stempiature della sua fronte.

La Donati lo ringraziò dell'accoglienza con un lieve cenno del capo. Per l'occasione, dopo aver annunciato al conte la sua visita "per poter vedere l'opera di cui parla tutta Mantova", aveva indossato una splendida gamurra arancio dalle ampie maniche. Era bellissima e forse per tale ragione le dame intente a ciarlare nel salotto non le tolsero gli occhi di dosso.

«Non sapevo aveste ospiti, conte Arianti», si giustificò la Donati. «Se in risposta alla mia lettera mi aveste riferito che disturbavo, sarei venuta un'altra volta…».

«Nessun disturbo, m-madonn…». Un colpo di tosse spezzò a metà la frase.

Lei si limitò a osservarlo, attendendo che l'accesso terminasse. Nel frattempo adocchiò il tanto discusso affresco di De Tatti, che occupava l'intera parete. Era lì per racimolare indizi che le permettessero di decifrare quel maledetto codice polialfabetico. Non riuscendo a individuarne la chiave, aveva pensato che l'opera del varesino, la prima dipinta in città, le potesse fornire indizi. Dopotutto il pittore era il corriere scelto dal conte per consegnare il suo scritto... non era molto come indizio, lo sapeva bene, ma in mancanza di meglio si era detta che valeva la pena provare. Al più, avrebbe potuto carpire qualche informazione direttamente all'Arianti che, ne era certa, aveva un debole per lei.

Mentre studiava la contadina procace del dipinto, attorniata da cesti d'uva, di fichi, da verdure e da frutti rossi, sentì le attenzioni degli ospiti concentrate su di lei. Non tutti conoscevano la sua vera identità, ma quelli che sapevano del suo passato, spesso sparlavano alle sue spalle.

Figlia illegittima degli Albizi di Firenze, Bianca Donati non era il suo vero nome. Pochi anni prima, poco più che ventenne, quando ancora si chiamava Giulia, con la promessa di un marito e di una dote, l'avevano portata a Venezia. Nessuno le aveva spiegato la ragione che, scoraggiata, aveva scoperto solo al suo arrivo nella città lagunare.

Una sera, era stata condotta in un bel palazzo signorile ed era stata spogliata completamente e rivestita con una larga camicia di lino. Fatta sdraiare in un lettone a baldacchino, con la veste tirata sulle ginocchia e le nudità bene in vista, un gruppo di nobiluomini si era seduto di fronte a lei. Si trattava, aveva scoperto in seguito, di dignitari, diplomatici e medici. Una decina in tutto, che sembravano osservarla come si sarebbe potuto fare con un quadro.

E a quel punto Bianca aveva capito. Da una porta affacciata sul *pòrtego* era uscito un giovane, alto, magro, con una barba appuntita e la fronte spaziosa. Si era avvicinato a lei, brandeggiando il membro flaccido, e si era posizionato tra le sue cosce.

«Sii gentile e sarai ricompensata con una ricca dote», le avevano spiegato poco prima. Giulia, tremante, era stata ai patti. Aveva aperto le gambe e si era lasciata abbracciare dal giovane, che puzzava di alcol come l'avventore di una bettola. Lui si era agitato per qualche minuto, senza riuscire nel suo intento di deflorarla, e alla fine, costernato si era ricomposto ed era uscito di corsa.

Lo strano pubblico che aveva assistito a quel plateale insuccesso si era alzato parlottando. La giovane invece, incapace di decifrare l'accaduto, era rimasta sul letto, immobile, con le vesti ripiegate e la peluria del suo ventre pubblicamente esposta. Poi aveva però udito qualcosa.

«Signor principe», aveva bisbigliato qualcuno, seguendo il giovane. «Signor principe, può capitare».

Giulia si era così alzata e finalmente una domestica le aveva sussurrato nell'orecchio che il giovanotto era in realtà il principe di Mantova Vincenzo Gonzaga. Quando lo strano pubblico era uscito dalla stanza, la ragazza le aveva anche spiegato ciò di cui, suo malgrado, era stata complice: si era trattato semplicemente di una dimostrazione. Di una prova. Il futuro duca doveva dimostrare, davanti ad alcuni testimoni, la sua virilità a beneficio della famiglia della moglie designata. Si diceva infatti che il suo primo matrimonio con Margherita Farnese fosse naufragato a causa della sua impotenza. Se non fosse stato in grado di procreare, Eleonora de' Medici, la nuova promessa sposa, non gli sarebbe stata concessa.

«Vedrete che ci riproveranno», le aveva pronosticato poi la cameriera. «È la seconda volta che fa cilecca. Ce ne sarà certamente una terza».

E così infatti era stato. Pochi giorni dopo, Giulia Albizi era stata riconvocata e risistemata sul letto. Il pubblico si era accomodato di fronte a lei e il principe era arrivato. Questa volta le cose erano andate diversamente. Non puzzava più di alcol ed era già turgido. Lei, vergine e priva di esperienza, si limitò a gettare la testa all'indietro e a inarcare la schiena, fino a che non lo sentì dentro.

Non seppe quantificare per quanto tempo rimase in lei, ma il dolore misto al senso di piacere le infusero sensazioni mai provate prima. Alla fine, sorridente e soddisfatto, Vincenzo si alzò e le diede una carezza sulla guancia. Chissà, forse solo allora si era reso conto della sua bellezza adamantina. A ogni modo, i testimoni si erano avvicinati per verificare che il seme fosse stato effettivamente prodotto e subito dopo si erano complimentati per il successo.

Il giorno successivo, Giulia era stata anche interrogata da un certo cavalier Vinta, che le aveva fatto domande sull'accaduto. Il principe aveva usato un *istrumento* di ferro o di vetro, o d'altro o aveva realmente usato il suo membro? L'aveva aperta con le dita? Ella l'aveva dentro? Per quante volte? Stava dicendo la verità? Il principe le aveva offerto gioie o denari per mentire?

Giulia aveva risposto che, come avevano veduto, era stato tutto genuino e alla fine aveva anche dovuto firmare un verbale. Credeva che la questione si sarebbe conclusa lì, con una borsa di ducati e una scorta che l'avrebbe riportata a Firenze. Invece, la sera prima di ripartire, mentre osservava le luci dei lampadari nei palazzi sul Canal Grande e le facciate arabescate, era arrivato Vincenzo.

«Vi devo ringraziare», le aveva sussurrato, carezzandole di nuovo la guancia. I due erano saliti al piano nobile, e da quel momento era scoccata una scintilla. Non amore, ovviamente, Giulia lo sapeva bene, ma un rapporto di complicità reciproca. Vincenzo l'aveva coperta di regali e l'aveva portata con sé a Mantova. Naturalmente, per evitare le malelingue, era stato necessario cambiare nome e così Giulia Albizzi era diventata Bianca Donati da San Miniato.

In poco tempo la giovane aveva conquistato la fiducia del principe, che le affidava sempre più spesso compiti di estrema importanza. Quando era diventato duca, lei ormai era le sue orecchie nelle paludi di Mantova e nelle pianure del Monferrato. Aveva studiato, si era formata e in pochi anni era diventata depositaria dei suoi segreti, un'arma arguta e bellissima al servizio dei Gonzaga.

«N-nessun disturbo», ripeté il conte Arianti. I colpi di tosse catarrosa del padrone di casa la riportarono al presente. Rosso in viso, il nobile le fece cenno di attendere: avrebbe proseguito il discorso appena fosse riuscito a parlare. Dopo un sorso di acqua, riprese con noncuranza. «La vostra visita mi fa molto piacere. D-discutevamo con alcuni amici dei recenti fatti occorsi in città».

«Vi riferite alla morte di madame Rita Boniforte?»

«C-certo». Ancora un accesso di tosse, ma meno forte del precedente. «Certo, poveretta. Ma non è stata la sola purtroppo».

Bianca lo aveva sentito: i due cadaveri decapitati erano sulla bocca di tutti. «Ho udito che la prima vittima era una ragazza molto giovane».

Il conte si adoperò in un sospiro di circostanza. Nel frattempo si avvicinò ai suoi amici e fece le presentazioni. «Conte Calvi di Bergolo, visconte Oberteghi e sua moglie Ninetta, cavalier Garretti e conte De Tori». Mentre parlava, cinse con malagrazia la vita snella della Donati. «La splendida dama che avete di fronte è una nuova amica esperta d'arte, madonna Bianca Donati».

Il gruppetto la osservò con deferenza, alcuni si profusero in timidi inchini.

«Avete sentito dunque?», le fece l'unica donna, con finto atteggiamento affettuoso che nascondeva una viscerale curiosità nei suoi confronti. «C'è da avere paura, se oltre ai popolani anche i nobili fanno questa fine...».

«Sono certa che il capitano di Giustizia troverà i colpevoli», rispose distrattamente, mentre delicata provava a divincolarsi dall'abbraccio del conte. Ma la sua attenzione più che alla conversazione, era tutta per l'affresco di De Tatti. «Se volete scusarmi, vorrei poter ammirare questa superba opera».

Filippo Arianti si fregò le mani cerimonioso, gli incisivi bianchi che facevano capolino sulla mascella squadrata.

«Sapete che madame Boniforte si era innamorata a tal punto di quest'opera che aveva chiesto a De Tatti qualcosa di simile alla Casa del Mercante?». Nell'accompagnarla davanti al dipinto, le infilò con peccaminosa attenzione una mano sotto il braccio. «C'è anche chi dice che più dell'opera d'arte, le piacesse l'artista...».

Bianca aveva sentito delle voci a riguardo, e conoscendo De Tatti non si stupì troppo che una dama attempata lo trovasse attraente. Il fatto che si stesse nascondendo in quella bettola la diceva lunga: forse pensava perfino che l'avrebbero accusato del suo omicidio. Scacciò quelle riflessioni e si concentrò sul dipinto. Cosa doveva guardare esattamente? Come poteva trovare il *verme*, la chiave per decifrare il messaggio, tra cesti di frutta, contadini abbandonati alla crapula e campagnole licenziose?

Mentre l'Arianti ricominciava a far tremare il pavimento con la sua tosse, si chiese se era stata una buona idea andare a casa sua. Ma più guardava l'affresco e i suoi personaggi terrigeni, più la mente le naufragava in un mare di domande senza risposta; oltretutto, a differenza del resto del palazzo, i cui muri erano foschi e scoloriti, lì i suoi colori erano nitidi e vivaci. Una forma di linguaggio a sé stante.

«Voglio vederlo!». Uno strepito attutito dalle massicce pareti della torre, ma perfettamente udibile, proruppe nel salone. «Non mi interessa chi c'è. Chiamatelo!».

Gli ospiti smisero di parlare, mentre Filippo Arianti, sorridendo ma con il volto tirato, corse verso la porta.

La Donati si limitò a voltare il capo. Il tono. La pronuncia. Aveva riconosciuto la voce.

Il conte uscì e per un momento la lama di luce dell'androne di pietra illuminò l'ospite fuori dalla porta.

Era lui.

«Calmatevi», riuscì a captare Bianca.

«Calmarmi?». La voce rauca e tremante era sempre più altera. «Sapete chi è venuto?»

«Parlate piano», lo riprese ancora l'Arianti. Ma nonostante tenesse la porta socchiusa con la mano, le sue parole erano nette come tuoni. L'imbarazzo degli altri ospiti era palpabile. Qualcuno si schiariva la voce, altri cercavano argomenti di conversazione per riempire il silenzio.

«So che c'è il vostro zampino: ha a che fare con il francese e con la dannata consegna di domani», gridò ancora la voce. «Decapitata. Capite? È stata *decapitata*!».

E a quelle parole, come un lampo nel cielo estivo, la Donati ebbe un'idea. Ripensò alle parole dell'Arianti, guardò la contessa Oberteghi e poi ancora il dipinto di De Tatti. Era possibile che la risposta fosse sempre stata davanti a lei?

Capitolo 21

Contrada del Cigno, quartiere Sant'Andrea. Due ore prima. All'imbrunire.

Il tramonto di fine inverno si stava chiudendo sopra i tetti fumanti, rosso, terso, colmo di ombre. I vicoli erano affollati e si udiva un gran baccano per via degli zoccoli dei cavalli che scalpitavano e delle urla dei cocchieri ai passanti. C'erano commercianti, artigiani, ma soprattutto garzoni e domestiche. Ognuno tirava dritto per la sua strada, il naso puntato sul selciato e la faccia fiera.

Quella era la Mantova più operosa, dove gli ebrei gestivano i loro affari a dispetto dell'ostilità dei ceti più popolari e della propaganda francescana. A differenza che altrove, in città non esisteva un ghetto. Né il duca Guglielmo né il giovane Vincenzo – nonostante le insistenze di Roma che chiedeva di limitare le libertà ai giudei – lo avevano voluto istituire. Troppo importante la popolazione ebraica per i commerci e per la vita culturale della città. Troppo importante per la Mantova dalle porte aperte, per la Mantova degli scrittori, dei pittori e degli artisti in genere.

In quei vicoli stretti, dove alle botteghe si alternavano case modeste a due piani e palazzi ingentiliti da fregi e stucchi, era facile quindi nascondersi e De Tatti lo sapeva bene.

Quella sera, più alticcio del dovuto, si mimetizzava tra i contadini di ritorno dai campi con il capo coperto da una cappa alla spagnola. Camminava lento, serpeggiando tra i passanti senza avere ancora deciso con esattezza cosa fare. Aveva trascorso l'intera giornata a bighellonare tra le taverne, combattuto tra due alternative:

rispettare i patti con il conte, attendere l'indomani e consegnare la lettera. Oppure fuggire subito, lontano da chi certamente lo avrebbe accusato della morte della sua mecenate.

«Sarà stato quel perdigiorno. Quel pittore fallito». Già gli pareva di sentire le malelingue che lo accusavano. Forse stava semplificando troppo, ma non poteva negare che la sua precaria condizione era molto peggiorata negli ultimi due giorni. Se la lettera all'ambasciatore gli poteva forse causare guai *futuri* con madonna Donati, il delitto di madame Boniforte era qualcosa di ben più concreto. Quanto sarebbe passato prima che i domestici di Casa del Mercante vuotassero il sacco? A chi avrebbero dato la colpa, se non a lui?

In fondo a un vicolo fiancheggiato da finestre illuminate, voltò a destra e si lasciò inghiottire dall'oscurità che avanzava. I suoi passi risuonarono per qualche momento e poi si fermò sotto una lanterna, di fronte all'insegna della locanda Al Bel Gilè. Raffigurava una donna sorridente con due trecce e un petto prosperoso, *il bel gilè*.

Entrò e salì la ripida e stretta scala che portava al secondo piano. Infilò la chiave nella toppa e rimase folgorato.

Indietreggiò di un passo, spaventato, ma qualcosa di appuntito gli puntellò la schiena. Con la coda dell'occhio cercò di inquadrare l'estraneo che stava dietro di lui, ma non riusciva a vederlo.

«Entrate, maestro De Tatti».

La luce che si allungava sul pavimento tremava come se la candela avesse indugiato alla corrente d'aria. Il pittore, spinto in avanti, aprì di più lo stipite della camera e si ritrovò davanti un anziano seduto su una sedia. Il mantello nero con appuntate alcune medaglie gli scendeva diritto, mettendo in mostra una barba argentea e due gote di un rosa livido. La pelle secca attorno alla bocca era squamata e il viso sembrava un muro malandato. Teneva entrambe le mani sul pomello di un bastone e il mento appoggiato sopra come un boia in attesa di un condannato.

«Bene arrivato», lo accolse Ranuccio Gallerani.

Titubante, De Tatti fece un passo avanti e il cerchio di luce gli rischiarò la pelle pallida. Ne approfittò anche per inquadrare l'estraneo che l'aveva spinto. «Cosa volete?».

Il notaio fece cenno di sedersi sul letto, di fronte a lui. «Se davvero intendevate nascondervi, maestro De Tatti, forse avreste potuto cambiare locanda».

De Tatti espulse l'aria dalle narici con fare arrogante, ma sapeva chi aveva di fronte.

«Non ho fatto nulla. Perché avrei dovuto nascondermi?».

Gli occhietti color ghiaccio di Gallerani divennero piccoli e indagatori. Lui stesso aveva insistito con il bargello per poter interrogare l'indiziato nel momento dell'arresto, senza che questi potesse elaborare versioni edulcorate dell'accaduto. Quello era il momento nel quale, con una semplice sbirciata, capiva se la persona che gli stava davanti stava mentendo.

«È stato messer Ruggero a dirvi dov'ero?», lo sferzò De Tatti, adagiandosi sul letto sfatto. «Immaginavo che mi sareste venuti a cercare, anche se non così presto…».

Il ministro di Giustizia aprì le labbra, ma non disse nulla. La sua idea di un De Tatti capace di tagliare la testa a due donne vacillò. Si era aspettato di trovare un armadio muscoloso e rude, una sorta di macellaio di uomini. Invece l'apparenza era completamente diversa: aveva di fronte un giovane normale, indifeso, forse addirittura spaventato. La sua espressione suggeriva sfrontatezza di costumi e ciarlataneria, ma ne aveva conosciute molte di persone come lui. Uomini con una piccola sacca di insicurezza sotto la superficie, che compensavano con un tono volutamente sfacciato. E poi… e poi c'era dell'altro.

«Perché siete scappato dalla Casa del Mercante?», gli domandò il notaio. «Non sapete che la fuga serve solo a portare altrove le proprie inquietudini?».

La fuga serve solo a portare altrove le inquietudini. Lo sapeva eccome. La sua vita stessa ne era la dimostrazione lampante…

«Voi cosa avreste fatto al mio posto?»

«Intendete se fossi stato *intimo* della padrona e lei fosse stata rapita e uccisa?»

«Sapevo che mi avreste cercato, ecco perché mi sono rifugiato qui».

Gallerani indugiò ancora sul giustacuore del giovane, dal quale sbucava una camicia di pizzo in disordine, aperta sul petto. Più lo guardava, più quel ragazzo dall'accento del Nord gli ricordava suo figlio. Poteva avere circa trent'anni. Più o meno l'età che avrebbero avuto Luca e Matilde. A differenza di Nico Scarpetta, che pure glieli aveva richiamati alla memoria solo il giorno prima, De Tatti aveva qualcosa di più: il portamento, o come muoveva le mani. O forse il modo in cui si morsicava nervosamente le labbra. Quel ragazzo era identico a Luca, il più spigliato dei suoi poveri figli. Invecchiato, certo, ma lui stesso, se non avesse veduto i suoi familiari trascinati via dai monatti, si sarebbe convinto che era Luca in persona.

"Di qualunque cosa le anime siano fatte, la vostra e la sua sono create con la stessa sostanza", rifletté, malinconico. «Quando avete visto l'ultima volta madame Boniforte?», disse invece.

«Domenica mattina. Ci saremmo dovuti trovare direttamente a palazzo del Te per il ricevimento». De Tatti parve in imbarazzo per ciò che stava per dire. «Madame Boniforte non voleva che ci vedessero arrivare insieme», aggiunse.

Gallerani, il cuore che gli martellava nel petto per quella strana emozione, cercò di rimanere concentrato sulle domande da porre al giovane. Fu sul punto di estrarre il suo corno per l'udito, il solito rito per capire se il suo interlocutore stava mentendo o meno. Ma De Tatti, lo aveva già capito, non mentiva affatto.

«Questo è uno dei motivi per il quale avete portato via i vostri abiti dalla Casa del Mercante? Non volevate che i birri scoprissero la vostra tresca».

«È così. Ma non per me, per Rita». Un fremito fece dondolare la sua voce. Era chiaramente commosso.

«Conoscete una certa Costanza Monticelli?», cambiò discorso Gallerani; anche lui, per altri motivi, era profondamente scosso.

«Mai sentita nominare».

Il notaio sbatté le palpebre per cercare di allontanare i pensieri che lo turbavano e infine si alzò dalla sedia. Si poggiò al bastone e scambiò un'occhiata con il bargello. Quello era già pronto con i ceppi in mano, in procinto di immobilizzare i polsi di De Tatti per condurlo nelle prigioni.

«Mi siete stato d'aiuto, vi ringrazio».

«Non mi arrestate, quindi?»

«Un giudice senza umanità è un giudice senza giustizia». L'anziano mimò un secco no con il capo. Ma ciò che stava per dire, lo sapeva bene, non era affatto figlio della sua umanità. «Non vi arresterò. Non oggi, almeno. Non se rispondete a un'ultima domanda».

Il pittore, incredulo più del bargello, rilassò i muscoli. «Dite pure, se posso esservi utile».

«Il vostro amico messer Ruggero afferma che voi avreste un'idea su chi potrebbe aver rapito la padrona di casa».

De Tatti, ancora seduto sul letto, tamburellò nervosamente con le dita sul ginocchio. Non poteva certo fare il nome di Filippo Arianti senza rivelare l'affare della lettera.

«Volete condividere con me il vostro sospetto?».

Capitolo 22

Torre degli Arianti, quartiere Sant'Andrea. Più tardi quello stesso giorno.
Due ore dopo il tramonto.

Il grande portone affacciato sulle mura si aprì cigolando e ne uscì un cavaliere bardato con petto d'armi e pantaloni sorretti da *tiracchi* in panno verde e oro. Lasciando le briglie del cavallo leardo, si voltò per salutare chi stava all'interno del palazzo.

«Non è necessario che vi ricordi di prestare attenzione», si raccomandò una voce catarrosa. Poi un'ombra entrò nel cono di luce delle lanterne che sovrastavano l'arco e gli consegnò una piccola scatoletta di legno. «Deve arrivare a Parigi intatto».

Il cavaliere sorrise appena e si limitò ad annuire, lasciando che la granpiuma sul suo cappello si inchinasse per lui. Afferrò l'oggetto sporgendosi dalla sella e infilatolo in una sacca partì al galoppo spronando l'animale.

«Sta' attento!», lo apostrofò De Tatti, che proprio in quel momento stava attraversando di corsa il vicolo buio. Si dovette schiacciare su un muro per non essere investito, e i secondi che impiegò a ricomporsi gli impedirono di raggiungere in tempo il portone della torre. Proprio in quell'istante, infatti, il maniscalco del conte Arianti, non vedendolo arrivare, serrò i battenti e fece scorrere i catenacci.

«Aspettate», gonfiò ancora il petto De Tatti. Ma era troppo tardi. Allungò il passo e imprecando si fermò a poche braccia dal portone chiuso, le mani sulle ginocchia e il respiro che gli si spezzava nel petto. Adesso sarebbe stato necessario girare intorno all'edificio e bussare alla porta principale. Ma poco importava: appena il notaio criminale se ne era andato dalla locanda, aveva ceduto al suo istinto di tornare dall'Arianti. Se era fortunato, sperava, sarebbe riuscito a capire se davvero aveva ordito lui il delitto di madame Boniforte. E se fosse stato così, gli avrebbe spiattellato in faccia tutte le sue rimostranze.

"Che se la consegnasse da solo quella dannata lettera", si era detto. Visti i problemi che aveva già, non valeva la pena mettersi nei guai con i Gonzaga per cinquanta miseri scudi. Senza contare che più ci pensava, più si convinceva che la sparizione e l'uccisione di Rita dovevano avere a che fare con quel francese.

Scivolò nell'oscurità della contrada della Serpe, tra bettole frequentate da avventori alticci, botteghe sprangate, e il campanile di una chiesa. Voltò attorno all'intero isolato e si ritrovò davanti all'ingresso consumato dall'incuria della torre degli Arianti.

Guardò in alto, verso le finestre del piano nobile, e si rese conto che in casa c'erano diversi ospiti. Le finestre del salone in cui aveva realizzato il suo affresco, l'unico in buono stato del palazzo, erano aperte e l'ambiente bene illuminato. All'interno individuò le figure in abiti acconci, i cappelli, gli abiti di pizzi e sete di dame e patrizi. Le risate e il tintinnio delle chicchere di porcellana arrivavano anche in strada.

De Tatti fece per ripulirsi gli abiti e in quel momento una carrozza si fermò davanti all'ingresso. Un valletto sganciò la scaletta e una donna poggiò una scarpina sul predellino. Immobile nell'ombra, gli parve di riconoscerne la capigliatura. Trattene il fiato fino a che non si convinse che fosse davvero lei. E lo era: madame Donati. Poteva essere amica del conte? Quella visita aveva a che fare con la lettera che custodiva nel panciotto? D'istinto portò una mano al costato, per assicurarsi che fosse ancora al suo posto, con quel maledetto sigillo spezzato.

«Madonna Bianca Donati da San Miniato», annunciarono nel salone, pochi istanti più tardi.

Il pittore, ancora avvolto dall'oscurità, si decise. Non importava chi ci fosse, lui doveva chiarire una volta per tutte le questioni in sospeso con il conte.

A grandi passi si avvicinò al batacchio e bussò con tutta la forza che aveva. «Aprite!».

Non dovette attendere molto perché un domestico allarmato venne subito alla porta.

«Devo parlare con il conte. Subito!».

L'uomo diede una scorsa agli abiti di De Tatti: consunti, maleodoranti e sporchi. «Temo che in questo momento sia occupato, maestro».

«Chiamatelo», ribadì. Ma vedendo che il domestico non si muoveva di un passo, insistette con maggiore determinazione. «Voglio vederlo!». A quelle parole fece un passo nell'androne dalla tappezzeria annerita e imboccò da solo lo scalone di marmo.

«Non potete disturbarlo: ci sono degli ospiti», provò a fermarlo il servitore.

«Non mi interessa. Chiamatelo!».

Nel frattempo raggiunse il ballatoio del piano nobile. Non dovette neppure attendere, perché il conte Arianti, con la faccia scura, emerse dalla sala del ricevimento.

«Calmatevi».

«Calmarmi?», lo aggredì De Tatti. «Sapete chi è venuto a trovarmi? Un *notaio del maleficio*. Sospettano di me».

«Parlate piano». Il conte, che ancora era sulla porta, cercò di chiudere di più il battente, che teneva con la mano.

«So che c'è il vostro zampino: ha a che fare con il francese e con la dannata consegna di domani», lo accusò, turbato. «Madame Boniforte è stata decapitata. Capite? *Decapitata!*».

L'Arianti riuscì finalmente a serrare il battente e avanzò di un passo, per allontanare l'ospite non gradito dal ricevimento. Lo portò in una stanza attigua, un salottino in cui la passata eleganza si stava disgregando in trasandatezza. «Ho sentito cosa è accaduto», ammise, interrotto da un colpo di tosse. «M-ma non vedo perché pensate che io possa avere a che fare con tale disgrazia».

«Per la vostra dannata lettera, naturalmente».

L'Arianti si limitò a fissare De Tatti. Se il momento non fosse stato concitato, forse l'avrebbe trovato perfino comico. «Dovete credermi», riprese, calmo. «La lettera che dovete consegnare non ha nulla a che vedere con la morte della vostra amica».

«Mentite. L'avete rapita per essere sicuro che io consegnassi lo scritto». Digrignando i denti, il giovane era finalmente riuscito a dire ciò che pensava da giorni. «Era la vostra assicurazione che io stessi ai patti».

«Vaneggiate, maestro. Madame Rita era mia amica. Ragionate». Gli cinse amichevolmente le spalle e i manicotti di seta delle maniche si arruffarono. «R-ragionate, prima di parlare: che interesse avrei avuto a rapirla e soprattutto a ucciderla *prima* che voi completaste la missione?».

De Tatti si divincolò, le fiamme del salotto che oscillavano nei suoi occhi guardinghi. Era chiaro che le parole del conte l'avevano colpito.

«Ammetto che tenerla qui, fino a che la lettera non fosse stata nelle mani del nostro amico, poteva essere una buona idea. Ucciderla però... *Cui prodest?*». Filippo Arianti accennò un sorriso rapace, carico di sottintesi. «Oltretutto, perdonatemi, ma quello scritto non vale tanta fatica».

«Non siete stato voi, dunque?»

«Che motivo avrei avuto?», confermò il conte, facendo balenare le pupille furbe sui dipinti che adornavano le pareti. «Avrei ottenuto solo di farvi avvampare di rabbia, con la conseguenza che non avreste adempiuto alla vostra missione».

Il pittore prese a respirare più lentamente. Poteva fidarsi di quell'uomo? L'istinto gli diceva di no: in quello sguardo riusciva a leggere bugie e misfatti. Le sue parole però lo spingevano a riflettere: se poteva avere senso rapire Rita *prima*, per essere sicuro che lui stesse ai patti, perché ucciderla, e soprattutto far ritrovare il suo cadavere?

Scosse il capo. Non era la prima volta che l'Arianti lo ingannava con l'eloquio forbito e l'abile parlantina. Tuttavia... tuttavia forse questa volta diceva il vero.

Portò la mano sul farsetto di velluto e carezzò con le dita la carta scabra della missiva e la ceralacca spezzata del sigillo.

«Domani all'Ave Maria consegnate quella lettera», concluse l'Arianti, con tono strisciante, «e vi garantisco che tutto si sistemerà».

Capitolo 23

Isola di Cappadocia sul Mincio, non lontano da Mantova, 37 d.C.
1553 anni prima... Quattro anni dopo la morte di Gesù di Nazareth...

I militari attraccarono su un pontile di legno che si allungava traballante nella palude. L'isoletta era al centro del fiume, piccola, coperta di rovi e priva di strade.

«Per di là», suggerì uno degli uomini in uniforme, brandeggiando il gladio.

Oltre le chiome spoglie di un querceto si intravedeva un pennacchio di fumo nero, che si innalzava sul cielo terso. Lo seguirono e al di là di un canneto intravidero il tetto di paglia imbarcato di una capanna. Davanti c'erano decine di persone, sedute per terra a semicerchio attorno a un predicatore, che di spalle gesticolava.

«È lui?», domandò a mezza voce uno dei militari del *cohortes urbanae*.

Il comandante fece un passo avanti, affondando i calzari nel fango, per cercare di vedere meglio tra gli arbusti: l'uomo indossava una veste bianca che gli scendeva fino ai piedi e i capelli lunghi gli sfioravano le spalle. Le braccia larghe si muovevano come se stesse cercando di guidare un gregge.

«Riponete le armi». Il comandante avanzò ancora, silenziosamente. Si mossero e si avvicinarono di quel tanto da riuscire a udire ciò che l'uomo stava predicando.

«In quel tempo», stava dicendo, «Gesù era circondato dai suoi apostoli. Con lui c'era anche la sua famiglia, sua madre Maria, i suoi fratelli Giacomo, Giuseppe, Simone e il suo gemello Tommaso, detto Didimo».

I militi, ancora nascosti dal canneto, sbucarono uno dietro l'altro, le lance spianate e gli elmi che si riflettevano al primo sole del giorno. Qualcuno dei presenti si accorse della loro presenza e si alzò.

«Quando predicava», proseguì ancora l'uomo di spalle, «si fermavano ad ascoltarlo genti di ogni dove, e spesso anche pubblicani e peccatori. I farisei e gli scribi lo criticavano per questo, ma lui diceva: "Ci sarà più gioia in cielo per un peccatore convertito, che per novantanove giusti che non hanno bisogno di conversione"».

«Sei tu Quinto Cassio Longino?», lo interruppe stentoreo il comandante dei militari.

Il predicatore ammutolì e si voltò lentamente. Una lunga barba scura gli copriva le guance conferendogli un aspetto da erudita. Annuì lentamente. «Sono io».

«Allora devi venire con noi».

Il prefetto romano Ottavio era un politico navigato. Avvolto nella sua tunica candida e accomodato sulla sedia curule da dove emetteva i suoi giudizi, quella mattina era nervoso.

Il suo compito era quello non solo di governare la città nel nome di Tiberio, ma soprattutto quello di garantire l'ordine pubblico dai perturbatori e dalle associazioni illecite. E l'uomo che i suoi *cohortes urbanae*, i militari al suo servizio, gli avevano messo di fronte, si era macchiato di entrambi i reati.

«E così ti chiami Quinto Cassio Longino…», indagò, poggiando il gomito al ginocchio e sorreggendo la testa. Era un uomo dalla mandibola squadrata e scabra, con capelli castani che sulle tempie stavano già incanutendosi. «Mi dicono che eri un centurione nella provincia di Siria».

«È così, prefetto», ammise Longino, in piedi al centro della grande sala del pretorio. Un raggio di sole solitario si incuneava dalle alte finestre, sopra i pilastri candidi che si erigevano fino a toccare il vivace soffitto affrescato.

«Bene, dovresti quindi sapere che la vita cittadina non contempla disturbatori».

«Io non sono un disturbatore», si risentì, senza alcun timore reverenziale. «Mi limito a raccontare le vicende del Salvatore Jeshua di Nazareth, cui sono stato testimone a Gerusalemme».

Ottavio sbuffò. Conosceva bene il tipo di prediche di quell'uomo perché in molti si erano lamentati. Numerose voci asserivano perfino che i suoi discepoli fossero in gran parte ex centurioni convertiti a quella strana religione con un solo dio.

«Caro Longino, le tue parole turbano l'ordine pubblico», riprese con calma il prefetto. «Come sai il mio ufficio non può consentire questo tipo di attività. Andrei contro l'incarico che mi è stato affidato».

Longino non replicò e prese a studiare le mani inanellate del prefetto, che ora tamburellavano nervosamente sui braccioli della sedia.

«Ti faccio una proposta: rinnega questo Jeshua di Nazareth e io mi dimenticherò del tempo che mi stai facendo perdere». Ottavio si alzò dal suo scranno, scese i tre gradini che lo separavano dal predicatore e si avvicinò sorreggendo con l'avambraccio la tunica bianca e rossa. «Diversamente sarò costretto a chiuderti la bocca».

Con il calare delle tenebre Petronio si era mosso. Longino era stato arrestato ormai da due giorni e nessuno sapeva dove si trovasse. L'ex commilitone era stato però preparato a quell'eventualità.

«Se mi dovesse accadere qualcosa, torna all'ospedale dei Pellegrini e fai ciò che ti dico», gli era stato ordinato.

E così aveva fatto Petronio. A bordo della piccola barca che usava per fare provviste in città, era andato al tempio di Diana, nei pressi dell'ospedale. Insieme a Longino avevano risieduto in quel grande edificio al loro arrivo in città, l'anno precedente.

Petronio assicurò la barca, mise in spalla una sacca e poi afferrò l'involto di stoffa che aveva portato con sé. Camminò spedito sotto la luna piena e raggiunse l'orto dell'ospedale. C'erano viti, qualche ulivo e alberi da frutta, ma in gran parte non era ancora coltivato. Individuò il punto esatto che Longino gli aveva mostrato prima di trasferirsi sull'isola di Cappadocia ed estrasse una picca.

«Se mi dovesse accadere qualcosa, non permettere che il *Preziosissimo Sangue* cada in mani sbagliate», erano state le esatte istruzioni.

Petronio si mise a scavare e alla fine estrasse dall'involto la cassetta di piombo che insieme a Longino aveva portato da Gerusalemme. Conteneva la terra intrisa del sangue di Cristo e la spugna che era servita per dargli da bere. L'ex centurione la depose nella buca e la coprì.

Quando Longino tornò sull'isola di Cappadocia, i suoi discepoli lo accolsero festanti. Era rimasto in prigione per oltre un mese, era dimagrito e con il viso segnato dal turbamento.

«Ti hanno lasciato andare alla fine», gioì Petronio. Ma si accorse subito che qualcosa non andava.

«Ti senti bene, Cassio?», gli domandò, con apprensione nella voce.

L'ex centurione lo guardò vacuo e poi aprì la bocca, senza che nessun suono potesse uscire.

Il sangue gelò nelle vene di Petronio. «Ti hanno strappato la lingua!».

«Prefetto», grugnì un milite, giunto davanti a Ottavio solo tre settimane più tardi. «Quel profeta continua ad attrarre discepoli anche se non può parlare».

«Ma come è possibile?».

Il militare spalancò le braccia. «Non so cosa la gente trovi in lui, ma l'isola è colma di individui che gli si inginocchiano davanti ai calzari. Vogliono essere sfiorati dalle sue mani. Vogliono che *battezzi*, qualunque cosa significhi, i loro figli…».

Ottavio si alzò di scatto e rovesciò violentemente un candelabro. Il respiro si fece più affannoso a mano a mano che vampate di calore gli accendevano il volto. Non poteva permettere che tali disordini continuassero. Non voleva rischiare che la notizia di un nuovo profeta agitatore giungesse alle orecchie dell'imperatore.

«E va bene, non mi ha lasciato scelta. Arrestatelo di nuovo e conducetelo al Gradaro».

La mattina del 2 dicembre, sotto un cielo plumbeo e che minacciava neve, Longino fu fatto inginocchiare sul ceppo del patibolo del Gradaro.

Il prefetto Ottavio, stretto nelle sue vesti per difendersi dal freddo pungente, fece un cenno al boia; questi mulinò la scure e l'abbatté sul collo del profeta.

Mentre il corpo decapitato si afflosciò sul terreno, la sua testa rotolò davanti ai discepoli al completo. Mancava solo il fidato Petronio, partito alcuni giorni prima senza dire a nessuno dove fosse diretto.

«E che serva a tutti da lezione», apostrofò il prefetto, avanzando verso il cadavere, pronto a issare la testa sanguinolenta come monito. Ma non passò un secondo che, mentre contemplava il corpo inanimato, fu colto da un malore improvviso. Un dolore martellante gli esplose nell'addome e lo costrinse a fermarsi. Fu così forte che ebbe l'impressione che qualcosa gli stesse perforando i visceri, divorandolo da dentro.

Il prefetto si inginocchiò, poco lontano dal corpo e dalla testa di Longino, sui quali già si stavano depositando i primi fiocchi di neve fini come granelli di sale. Il fiato cominciò a mancargli e divenne paonazzo nonostante il gelo.

«Maleficio», sentenziò qualcuno. I militari accorsero tutt'intorno ma sembrava non ci fosse nulla che potessero fare. In pochi istanti Ottavio era passato dalla boria dell'uomo di Stato, all'impotenza di un'anima morente.

Strabuzzante si sdraiò per terra e, senza sapere il perché, cominciò a strisciare verso il cadavere di Longino. Le forze sembrarono abbandonarlo, ma come un pipistrello attratto dalla luce, così lui si trascinò verso il corpo. Lo raggiunse con l'ultima riserva di energia, si allungò sfiorandolo e improvvisamente si sentì meglio. Il respiro tornò a raschiargli i polmoni e il sangue riprese a fluire caldo nelle sue vene.

Incredulo, poggiò entrambi i palmi sulle vesti consunte dell'ex centurione e un calore intenso lo pervase. Nel tempo di un respiro, la via per l'Ade che aveva già imboccato era stata interrotta da un senso di pace mai provato prima.

Si alzò e osservò il suo seguito, fatto di militari e dignitari avvolti nelle toghe. Tutti erano sgomenti e privi di parole.

«Chi era dunque costui?», mormorò a mezza voce.

Pochi giorni più tardi, le spoglie di Longino furono deposte in una fossa nell'orto dell'ospedale, nel punto esatto dove Petronio aveva scavato settimane prima. Il corpo, avvolto in un candido lino, fu seppellito per volontà di Ottavio proprio accanto alla cassa con incisa la scritta *Iesu Christi Sanguis*.

Il prefetto, nel frattempo convertitosi alla fede di Cristo, non poteva certo immaginare che nessuno avrebbe più avuto accesso a quel luogo per oltre ottocento anni.

Capitolo 24

Porta della Pratella, quartiere San Jacopo, giovedì 22 marzo 1590. Ora dell'Ave Maria.

Monsieur Antoine de La Sablière arrivò puntuale nel luogo dell'appuntamento. Le campane dell'Ave Maria, che avevano portato con sé la scura luce del crepuscolo, stavano suonando lontane. I bastioni, sovrastati dalle due torri di mattoni, erano presidiati da guardie sonnolente. Per il resto l'intera borgata era pressoché deserta, con le botteghe chiuse e i pochi passanti stretti nei mantelli che si dissolvevano nei vicoli bui.

"*Jeudi à l'heure de l'Ave Maria. Rendez-vous à la porte du Pratella*", aveva scritto il francese. "Giovedì all'ora dell'Ave Maria. Vediamoci alla porta della Pratella".

De La Sablière, da solo per non destare sospetti, scrutò prima le due rocche ai lati della porta, e poi in direzione del convento di San Francesco. Non sapeva da quale parte sarebbe arrivato il pittore né *se* sarebbe arrivato. Lo spostamento dell'incontro a quella sera era stato però obbligato: gli sguardi inquisitori di madonna Donati durante la partita avevano attivato i suoi sensi abituati al pericolo.

L'aveva forse preso per un novellino? Credeva davvero che non si sarebbe accorto di essere stato seguito per tutta la settimana precedente?

L'ambasciatore tentò un sorriso, un incerto movimento delle labbra, che però cozzava con la tensione del momento. Quella non era né la prima né la più difficile missione che gli veniva affidata.

Certo, lui prediligeva vincere le guerre senza scoccare neppure un colpo, ma se c'era da estrarre le armi non si tirava certo indietro. E la sua storia personale lo dimostrava, visto che era abituato a prendere al volo le occasioni. Il modo stesso in cui era diventato ambasciatore di Enrico IV ne era la dimostrazione.

Giovanissimo, aveva accompagnato il suo lontano zio Gédéon Savary des Réaux a Istanbul affinché questi diventasse ambasciatore di Francia. Era il periodo in cui la *Lega cattolica*, un gruppo di nobili appoggiato dal papa, aveva come fine quello di estirpare il protestantesimo dal regno. Per un caso fortuito, oppure perché era semplicemente la verità, des Réaux fu arrestato dai turchi con l'accusa di appartenere alla Lega. De La Sablière, che qualcuno aveva additato essere la fonte degli ottomani, fu l'unico a guadagnarci: gli fu chiesto infatti di diventare ambasciatore *ad interim*, al posto dello zio, presso la Sublime porta.

Da quel giorno la sua carriera era stata un susseguirsi di successi. C'era lui dietro al sultano quando si trattò di programmare la guerra contro Filippo II. Era stato lui a caldeggiare le scelte politiche che tendevano a limitare le attività dei pirati barbareschi sulle coste francesi. Le sue abilità di mediazione erano talmente vitali che, quando il sovrano ebbe l'idea di mettere le mani sul ducato di Mantova e del Monferrato, fu richiamato in patria.

La soluzione alle mire di Enrico IV era stata tirare in gioco Ludovico, duca di Nevers e di Rethel e zio di Vincenzo Gonzaga. Vicino ai francesi, era l'uomo giusto per rimpiazzare il giovane duca di Mantova. Ma per far sì che acquisisse il potere era necessario giocare un tiro mancino al nipote Vincenzo.

Ben conoscendo i problemi che i duchi di Mantova avevano con il Monferrato, troppo lontano dalle rive del Mincio, e controverso dai tempi di Francesco II, aveva elaborato il suo piano: convincere Vincenzo a cedere volontariamente il Monferrato allo zio, in cambio di un appoggio militare francese contro i Savoia.

Certo, avrebbe dovuto costruire a tavolino una minaccia fasulla dei piemontesi, ma se fosse riuscito nel suo intento non sarebbe stato necessario sparare neppure un colpo. Vincenzo, pur di mantenere Mantova, avrebbe ceduto il Monferrato allo zio permettendogli così di mettere un piede in casa. E quella sarebbe stata la sua fine: con un contendente di maggior peso ed esperienza all'interno della sua stessa famiglia, gli sarebbe stato impossibile conservare il potere a lungo.

C'era stato però un problema: Vincenzo, rivelandosi più astuto di quanto de La Sablière avesse pronosticato, aveva rifiutato l'offerta. Aveva fatto le sue indagini e non aveva creduto che i Savoia davvero ambissero ai suoi possedimenti del Monferrato. Senza un nemico da temere, non aveva bisogno dell'alleato francese, tanto più che i suoi rapporti con gli spagnoli, in perfetto equilibrio Gonzaga, erano ancora floridi.

"Poco male", si era detto de La Sablière, che aveva già preparato un piano di riserva. Mentre cercava di convincere Vincenzo, aveva infatti intessuto rapporti con alcuni nobili del ducato e aveva concordato una strategia comune. Il primo passo era proprio la lettera che De Tatti gli avrebbe consegnato di lì a pochi minuti.

Uno scalpiccio ritmico pungolò i sensi dell'ambasciatore. La porta della Pratella, anticamente conosciuta come porta dell'Acquadrucio, troneggiava da una parte sulla *Fossa Magistrale* dall'altra sul *Bastione d'Ognissanti*. Nel punto in cui si dipanavano le strade per il cremonese, si incontravano due vie cittadine: una – quella più larga, fiancheggiata da palazzi con bifore di granito e frontini di color arancio – proveniva dalla chiesa di Ognissanti. L'altra, più piccola e buia, era obliqua e rasentando le mura arrivava al convento di monache di San Francesco. Era proprio dalle ombre di quest'ultima che aveva udito i passi veloci e concitati.

Si mise all'erta. Doveva stare molto attento. Sapeva che il testo della lettera sarebbe stato criptato, ma ciò che conteneva era comunque estremamente pericoloso. Se il duca fosse riuscito a metterci le mani sopra, il suo progetto sarebbe fallito per la seconda volta. E la sua stessa vita sarebbe stata in serio pericolo.

«Chi va là?», strillò il francese, sfoggiando il suo dignitoso mantovano.

Non ci fu risposta e dal buio non comparve la figura longilinea e al tempo stesso muscolosa del pittore.

«Maestro, siete voi?».

De La Sablière fece due passi avanti, poggiando la mano sull'elsa della spada. Era possibile fossero briganti pronti ad assalirlo? Di notte, in quella zona, non era un'ipotesi poi così peregrina. Si voltò verso la porta. Le due guardie che erano rimaste a presidio del ponte fino a pochi istanti prima adesso non c'erano più. Non era buon segno.

Impaurito, si spostò di alcune terse e indietreggiò verso San Rocco. E a quel punto, un colpo sordo, come uno sparo di archibugio, echeggiò nell'aria. Il muro alle sue spalle si sbriciolò, diffondendo calcinacci e polvere sul selciato e sul suo mantello. Avevano sparato. *Gli stavano* sparando addosso.

Capitolo 25

Pochi istanti prima.

Giulio De Tatti, la testa coperta dal cappuccio del mantello e le mani infilate nella cintura, aumentò il passo all'udire delle campane. Era in perfetto orario, anche se non aveva ancora deciso se completare la missione o meno.

«Consegnate quella lettera», aveva concluso l'Arianti la sera precedente, «e vi garantisco che tutto si sistemerà».

Poteva davvero fidarsi di quel serpente dalla parlantina forbita e la brillante conversazione, oppure doveva cedere al suo istinto di fuggire lontano? Non poteva negare che il colloquio con il notaio criminale l'aveva scombussolato. Anche se si ostinava a negarlo a sé stesso, gli indizi per la morte di madame Boniforte portavano dritti a lui. Ciò nondimeno, quel vecchio con la pelle secca e rossa come le foglie autunnali lo aveva lasciato andare. Perché?

Più ci pensava, più si convinceva che l'incontro con madonna Donati doveva essere parte della ragione. Ma non *la sola* ragione. C'era ovviamente dell'altro, anche se non riusciva a scorgere l'intero disegno. Ecco, sì, era come trovarsi di fronte a un grande affresco, riuscendo a inquadrare solo alcuni personaggi. Gli altri erano nascosti alla sua vista ma sapeva che solo vedendo l'opera completa avrebbe avuto le risposte che cercava. A cominciare dalla morte di Rita e dalle vere intenzioni dell'Arianti.

"Non farti incastrare", si ripeté, mentre a passo spedito passava davanti al convento delle monache. Le finestre erano chiuse ma all'interno si udivano canti corali. Più avanti il vicolo piegava a sinistra e oltre, lo sapeva perché ci era andato quello stesso giorno con la luce del sole, sorgeva la porta della Pratella. Mancavano pochi passi, tant'è che al di là dei tetti riusciva a scorgere una delle due torri della linea difensiva: doveva decidersi.

"Non farti incastrare", si disse ancora. "Sei una pedina sacrificabile". Ma più l'istinto gli diceva di tornare indetro, più la voglia di affermarsi una volta per tutte come artista lo spingeva ad avanzare. Sarebbe entrato nelle grazie del duca e avrebbe realizzato qualche sublime opera come il Perugino e il Correggio. Si sarebbe finalmente scrollato di dosso i traumi familiari che l'avevano spinto a fuggire e soprattutto la pesante ombra di suo nonno: tra cento anni si sarebbero ricordate le opere di Giulio De Tatti da Varese, *non quelle* di Francesco De Tatti. Dopotutto, cosa gli era stato chiesto in cambio? Doveva semplicemente mettere quello scritto nelle mani del francese: tutto si sarebbe risolto per il meglio e avrebbe anche incassato cinquanta scudi.

Per la centesima volta, mentre allungava il passo, carezzò con le dita il sigillo rotto della missiva. Quello era un problema, lo sapeva bene, ma non aveva alternative. Poteva forse fingere che si fosse spezzato mentre estraeva l'involto? Poco credibile, certo, ma sempre meglio che dire la verità...

Un rumore secco, appena percepibile, attirò la sua attenzione sui bastioni. De Tatti si fermò di colpo, cercando di scrutare il cielo nero tempestato di stelle. La luna in quel momento era coperta da nuvole di passaggio, quindi non poteva aiutarlo. L'istinto però gli diceva che in cima, sulle mura, c'era qualcosa. Non le guardie di ronda, che avrebbero avuto una torcia, ma qualcuno nascosto.

"Il duca ha spie ovunque", rimuginò, facendo eco alle raccomandazioni che gli aveva fatto l'Arianti. Silenzioso, De Tatti si acquattò sotto una finestra buia e aguzzò lo sguardo.

«Chi va là?». Una voce, con chiara inflessione francese, lo sorprese. Doveva chiaramente essere quella dell'ambasciatore, ma non proveniva dalla cima dei bastioni, veniva piuttosto da oltre l'angolo di un edificio.

Scrutò in alto, e per una frazione di secondo gli parve di vedere la canna lunga di un archibugio fare capolino tra le merlature.

«Maestro, siete voi?». Ancora l'ambasciatore.

De Tatti strinse talmente tanto la lettera che le unghie sbiancarono. Non riuscì a elaborare un piano, perché gli eventi lo anticiparono. Un bagliore verde esplose dai bastioni e contemporaneamente un boato di polvere nera riempì il silenzio.

Il tiratore ritrasse l'archibugio e fece per ricaricare. Nel frattempo il suo compare era già pronto per il secondo colpo.

L'obiettivo gli era sfuggito ed era immobile nell'ombra, la schiena poggiata al campanile della chiesa e le iridi che guizzavano incerte verso l'alto. Verso di loro.

Il secondo archibugiere prese la mira e azionò il meccanismo a ruota dell'arma. La molla mise in moto la ruota zigrinata, che sfregando contro la pirite generò la scintilla. La polvere si accese e la palla di piombo nella canna fu sparata lontano con uno schioppo che rimbombò oltre i bastioni.

De La Sablière si accasciò, il secondo colpo lo aveva sfiorato all'altezza dell'orecchio. Un pollice più in là e lo avrebbe tranciato di netto.

Sguainò la sua lama toledana e tenne alta la guardia. Ma il nemico era invisibile, nascosto in alto, nel buio, spalleggiato da un cielo stellato e da una luna graffiata dalle nuvole.

Strisciando, cercò di raggiungere il lato opposto della strada, in un punto in cui presumibilmente chi aveva sparato non poteva vederlo. Lo stretto lasso di tempo tra i due schioppi gli diceva però che gli aggressori erano più di uno e questo poteva significare che si trovavano in posizioni diverse.

E in quell'istante ne ebbe la conferma. Il terzo sparo lampeggiò dal mastio a sud, poco sopra la porta della Pratella. Fu più acuto dei precedenti, come se l'arma avesse avuto una canna corta. Archibugio o meno, il risultato fu molto doloroso. De La Sablière rotolò nella polvere del vicolo, colpito a una spalla.

Guardò verso le rocche, impotente, in attesa del colpo di grazia.

De Tatti, contro ogni logica, era avanzato di qualche passo. Dalla precedente posizione nell'ombra riusciva a vedere i tiratori ma non il bersaglio e voleva saperne di più.

Adesso, carponi davanti a una bottega sbarrata e con un pugnale bolognese tra le mani, vedeva bene il timpano della chiesa di Ognissanti. Il francese – gli abiti acconci e il mantello soppannato gli avevano confermato che era davvero lui – era a terra, sanguinante. La spada gli era scivolata di mano e invano cercava di allungarsi per afferrarla.

E in quel momento un nuovo sparo di archibugio si abbatté su di lui. A dispetto del buio, De Tatti vide bene lo schizzo di sangue che si sollevò dal corsetto. Il corpo di de La Sablière fu sbalzato all'indietro, quasi fosse stato raggiunto da una lingua di frusta, e finì immobile con la testa nella polvere.

Seguì qualche istante in cui il pittore trattenne il fiato, in attesa che si rialzasse. Ma non successe.

Cosa doveva fare? Se si fosse mosso in quel momento, gli archibugieri avrebbero individuato certamente anche lui, quindi decise di rimanere fermo.

Non dovette attendere molto, perché proprio mentre era impegnato a riflettere, due birri uscirono dalla guardiola. Certamente non avevano visto l'aggressione. Si trattava di capire se *non avevano voluto vedere*. Il dubbio gli venne quando tre tiratori con l'archibugio tra le mani scesero indisturbati dai bastioni lungo una scala di legno. Erano militari, con petto d'arme lucente, giustacuore di cuoio ed elmo tipico dei soldati dei Gonzaga.

«È morto?». Uno dei tre militi avanzò lentamente verso il cadavere dell'ambasciatore. Lo raggiunse al centro del vicolo e gli diede un calcetto per voltarlo.

«Bel colpo», confermò il secondo.

«Ottimo lavoro», borbottò un altro. «Ora tocca a voi».

Dall'oscurità della guardiola uscì un quarto uomo, di stazza notevole, muscoloso, con un panciotto di pelle e le braccia nude. Brandeggiava una grande scure di metallo, simile a quella usata dal boia.

«Tiratelo su», esortò, avanzando sotto i raggi blu della luna.

Un compare posizionò un cuneo di legno sotto il collo dell'ambasciatore e si allontanò.

La scure si abbatté sul corpo inanimato del francese con violenza inaudita. Un colpo secco assestato tra la nuca e le spalle. La testa dell'ambasciatore si staccò al primo colpo, rimbalzando pesantemente sulla nuda terra. Prima di scomparire alla vista, rotolò dritta in un canale di scolo, verso la *fossa*.

De Tatti trasalì alla vista della scure che si abbatteva sulla testa dell'ambasciatore. In un lampo, quell'immagine al chiaro di luna dell'uomo che infieriva sul corpo inanimato gli riportò alla mente Rita, anche lei decapitata. Il pugnale che stringeva in mano gli cadde per lo spavento.

E se ne dovette pentire subito.

«Avete udito?», bofonchiò uno dei militi. «Là dietro c'è qualcuno. *Deve essere lui*».

«Vai a dare un'occhiata!».

Il pittore, furibondo per la sua goffaggine e morso dalla paura, si alzò e cominciò a correre.

Capitolo 26

Subito dopo.

Il buio era suo alleato. O almeno, questo era ciò che pensava Giulio De Tatti mentre correva come un forsennato lungo i vicoli della borgata della Pratella.

Si voltò e con sgomento ebbe la conferma che lo stavano inseguendo. Sotto la luce indaco delle nuvole, le ombre degli archibugieri sembravano quelle di giganti proiettate sui muri scrostati dei palazzi.

"Quanti erano?", si domandò. Non riusciva a capirlo, ma il susseguirsi dei passi pesanti, il tintinnio delle spade e delle corazze gli suggerivano che erano diversi. Due o più probabilmente tutti e tre.

Guardò dritto avanti a sé. Il vicolo era largo, troppo largo perché potesse sfruttarlo per nascondersi. Sulla destra però si dipanavano altre viuzze più anguste, che andavano dritte verso i bastioni. Non ci pensò molto, girò di scatto e ne imboccò una.

I tre archibugieri erano troppo lontani. Avevano individuato De Tatti solo grazie a un rumore metallico che era echeggiato lungo le mura. Sapevano che il pittore – se era davvero lui lo sconosciuto che stava fuggendo come un tarantolato – si sarebbe trovato lì e avevano ricevuto istruzioni precise.

«Fermatevi», ingiunse uno degli inseguitori, arrancando nel pettorale d'armi. «Fermatevi, De Tatti, non vi faremo nulla».

Ma il mantello in fondo al vicolo era veloce e non sembrava avere alcuna intenzione di prestargli ascolto.

Giunto nei pressi del ponte di San Francesco, invece di imboccarlo, De Tatti voltò a mancina, scomparendo in una stradicciola laterale.

I bastioni emergevano alti e massicci di fronte a lui. Con ogni probabilità erano presidiati da guardie di ronda, quindi De Tatti rallentò. Non poteva proseguire da quella parte ma forse era possibile sfruttare il ponteggio di un cantiere, che occupava la parte finale del vicolo.

Ansante, si acquattò nell'oscurità più totale, nascosto da alcune impalcature sul muro. In quel punto il passaggio era largo poco più delle sue spalle e le facciate spigolose sembravano un buon riparo. Poco sopra di lui, oltretutto, tra l'arco che sovrastava il vicolo e il piano nobile del palazzo in ristrutturazione, si scorgevano nicchie destinate a statue non ancora installate.

Immerso nell'oscurità, attese che gli inseguitori proseguissero oltre. E così successe. Uno. Due. Tre archibugieri sfrecciarono di fianco a lui sferragliando. Non lo videro e procedettero oltre, fino allo spigolo del palazzo.

Quando De Tatti aveva cominciato a sperare di avercela fatta, gli inseguitori si fermarono.

«Si è fatto beffe di noi», bofonchiò l'elmetto più alto con il fiatone grosso in gola. Non potevano lasciarlo andare senza scatenare le ire di chi gli aveva affidato quel delicato incarico. «Troviamolo: tu va' verso i bastioni», ordinò. «Io torno indietro».

E così fece. Girò i tacchi e si infilò nuovamente sotto l'arco che dava accesso al vicolo. Il ponteggio ne occupava circa la metà, con la conseguenza che una persona sola ci passava a fatica.

Scrutò lungo l'intero perimetro del palazzo. Doveva essere di una famiglia piuttosto abbiente, a giudicare dai ricchi fregi e bassorilievi che ingentilivano la facciata. Ve ne erano alcuni che però non erano ancora stati posizionati. Al centro dell'edificio, sopra un gruppo di pilastrini, si scorgevano infatti anche alcune nicchie vuote...

«Eccolo!».

Imprecando tra sé per essere stato individuato, De Tatti cominciò a salire, arrampicandosi sulle travi di legno che gli operai usavano per decorare la facciata.

Per sua fortuna era agile di natura e soprattutto non era impacciato dalle armature come i suoi inseguitori.

Scrutò in basso, mentre con una mano si aggrappava al pilastrino di una bifora. Il sangue gli si gelò nelle vene: uno dei tre archibugieri aveva imbracciato l'arma.

Non riuscì a salire un ulteriore gradino che uno schioppo risuonò sopra di lui. Il muro si sbriciolò, riempiendogli i capelli e la barba di polvere. L'avevano mancato di un soffio. Si voltò ancora, sfinito, raggelato ma con una speranza: sarebbe occorso del tempo per ricaricare l'archibugio; forse poteva raggiungere il tetto prima del colpo successivo.

Il secondo inseguitore si inginocchiò per prendere meglio la mira e fece fuoco di nuovo. Vivo o morto andava comunque bene, l'importante era che De Tatti si trovasse lì.

La canna sputò un bagliore rosso verdastro e un forte odore di piombo impregnò l'aria del vicolo. La palla fu scagliata in alto, sul ponteggio, nel punto in cui la luna illuminava il fuggiasco arrampicato. Era agile, veloce come un gatto e anche fortunato, visto che anche il secondo andò a vuoto.

Raggiunta la cima del palazzo, De Tatti si aggrappò a un comignolo. Da lì il suo sguardo spaziava su tutta Mantova, scintillante sotto il cielo stellato. Vedeva la cupola di Sant'Andrea, la tozza torre dell'orologio e ancora gli spazi aperti di piazza del Formento e piazza de Mercanti. E poi i campanili, i torrioni, le merlature del palazzo del Capitano, la Corte Vecchia e il castello. E sullo sfondo le acque del lago di Mezzo, nere, immobili, che circondavano l'isola come un abbraccio salvifico.

Inspirò con il naso e setacciò ancora il vicolo, sotto di lui. Gli inseguitori, probabilmente ostacolati dalle pesanti uniformi, sembravano non riuscire ad arrampicarsi. Ce l'aveva quasi fatta. Mentre raggiungeva il colmo del tetto, udì un terzo sparo, che si perse più lontano dei precedenti. Scavalcò la falda ripida e guardò giù dalla parte opposta. Il canale che segnava il confine tra il quartiere di San Jacopo e quello di Sant'Andrea scorreva placido sotto di lui. Non aveva scelta, doveva scendere verso le barche alla fonda nel Portazzuolo e scomparire oltre il portello di San Francesco.

Così fece, si aggrappò a un travato, che usò come pertica, e poco dopo si lasciò inghiottire dal chiacchiericcio del porto.

Capitolo 27

Cortile della Cavallerizza, palazzo Ducale, venerdì 23 marzo 1590.
Il giorno successivo.
Prima mattina.

Per i Gonzaga, i cavalli erano sinonimo di prestigio. I loro allevamenti erano rinomati in tutte le corti europee e fin dai tempi di Ludovico II i signori di Mantova vi avevano dedicato tempo e molte risorse. Negli anni avevano selezionato i migliori esemplari, importando stalloni dall'Arabia fino alle scuderie reali di Cordoba, da Giaffa alla Turchia. Schiere di cavallari viaggiavano costantemente per l'Europa, affinché i purosangue di famiglia continuassero a essere sinonimo di bellezza, muscoli e velocità.

Anche il duca Vincenzo, come i suoi illustri antenati, proseguiva la tradizione. Sapeva bene che far dono di un buon cavallo era un modo per conquistare un alleato. Così era stato negli anni, prima con il re d'Inghilterra Enrico VIII, con i monarchi di Francia e persino con l'imperatore Carlo V. Così sarebbe stato anche nella delicata situazione in cui si trovava in quel momento.

«Queste sono Zopina e Chogrossa», illustrò il marescalco, che accompagnava il duca sul prato della *Mostra*.

Il grandioso cortile della Cavallerizza, adorno per l'esposizione, era colmo di corsieri, con recinti di legno e banchetti che punteggiavano l'erba. Mentre alcuni possibili acquirenti in mantello girovagavano guardinghi tra le staccionate, gli allevatori, brache da lavoro, cuffietta e casacca, erano indaffarati chi con la biada chi con le ciarle.

«Sono le figlie dei due stalloni che inviaste a Ferrara l'anno passato», alzò la voce per sovrastare il parlottare degli acquirenti che affollavano il cortile. «Sono appena arrivate».

Vincenzo parve poco interessato. L'ombra, proiettata dalle semicolonne del primo piano, tagliava in due il cortile. Si spostò di qualche passo, avvicinandosi al basamento in bugnato rustico sul lato in ombra, e carezzò il mantello di un cavallo arabo.

«E invece, avete avuto notizie dallo stallone Rochaforte II?»

«Certo, maestà. Dicono che siete speciale per *aver catà l'ors da mnar a Modna*». Il marescalco si riferiva al detto secondo il quale chi trovava l'orso da condurre a Modena era un uomo eccezionale, proprio perché riusciva in un'impresa proibitiva. «Vi invidiano perché possedete un grandioso laboratorio di purosangue».

Vincenzo accennò un pallido sorriso, ma la sua mente era chiaramente altrove. Da poco era giunta la notizia del ritrovamento di un nuovo cadavere decapitato: questa volta si trattava di un maschio. Un nobile, a giudicare dagli abiti, ma del quale, non essendo stata rinvenuta la testa, non si poteva stabilire con certezza l'identità. Si era già raccomandato con il capitano di Giustizia affinché il colpevole fosse presto trovato, ma sembrava che la questione fosse alquanto complicata. Pessima notizia, visto che aveva già molte preoccupazioni e non intendeva occuparsi anche di un assassino a piede libero per i vicoli di Mantova.

«Vostra altezza». Un valletto giovanissimo, capelli rossi rasati, calze e giuppone dalle maniche ricamate, raggiunse il duca sul prato. Piegò il ginocchio. «C'è madonna Donati che chiede di voi».

Il mento incorniciato dalla barba appuntita del duca si sollevò, illuminato all'improvviso. «Fatela passare».

Pochi istanti più tardi, la donna fu introdotta nel cortile. Raggiunse il duca sotto il colonnato est, in un punto dal quale gli occhi si perdevano sul lago di Sotto e sul ponte di San Giorgio.

«Diletta nostra», la accolse il duca, abbracciandola oltremisura rispetto a quanto l'etichetta avrebbe considerato accettabile.

La Donati si inginocchiò. Profumava di fiori d'arancio e gelsomino. Indossava una *gamurra*, un lungo e lussuoso abito di broccato d'argento, che mal si intonava con il fango e l'odore di stalla tutt'intorno a lei.

«Che notizie mi portate?». Il duca le fece segno di alzarsi. «Cosa avete scoperto sull'ambasciatore?»

«Temo abbiate ragione, vostra altezza: l'ambasciatore tramava qualcosa».

Vincenzo, che già soffriva di un principio di calvizie a dispetto della giovane età, aggrottò la fronte alta. «Ne siete certa?»

«Questo crittogramma era per lui». La Donati, che aveva portato con sé la missiva copiata alla locanda di De Tatti, la estrasse dall'ampia manica del vestito e la porse al duca. «Avrebbe dovuto riceverla ieri sera da un emissario del conte Filippo Arianti».

La mascella di Vincenzo si irrigidì, contemplando il susseguirsi di lettere apparentemente senza senso.

«Cosa significa?»

«Purtroppo non sono in grado di dirlo, maestà. Probabilmente hanno usato un codice polialfabetico per renderla illeggibile ai nostri occhi». La giovane indugiò. Non le piaceva portare al duca un dilemma irrisolto, ma era giunta alla conclusione che era impossibile comprendere quello scritto senza acquisire ulteriori elementi. Cercare il verme all'interno del testo, senza conoscere il contesto, era come cercare un ago in un pagliaio. «La chiave potrebbe essere qualunque parola contenuta nella lettera», chiosò, «o forse, più probabilmente, *in una missiva separata*».

«Dove l'avete trovata?»

«L'ho copiata dall'emissario del conte Arianti, un pittore che risponde al nome di Giulio De Tatti. Non ho voluto rubare l'originale, perché speravo di carpire ulteriori elementi dopo la consegna».

Vincenzo sembrò riflettere. Al di là del grande finestrone, le aiuole verdeggianti all'imboccatura della porta del Baluardo rilucevano al sole mattutino. Oltre a queste, alcune barche solcavano le acque placide del lago.

«Il conte Arianti dite?»

«Sì, vostra maestà. Sulla lettera c'era il suo sigillo in ceralacca, un'aquila con una lepre tra gli artigli». La Donati attese che il duca digerisse quella rivelazione. Era stato proprio lui, anni prima, a convincere l'Arianti, rampollo di una nobile famiglia di Casale, a trasferirsi a Mantova.

«Guardati dai nemici», commentò infatti Vincenzo, visibilmente deluso, «ma ancora di più dagli amici. Che prove avete su di lui, a parte il sigillo?»

«Per adesso ho solo un sospetto».

«Un sospetto può bastare? Forse che sì, forse che no. In ogni caso...». Il duca sospirò. Non era una forma di disapprovazione e Bianca Donati lo sapeva bene: stava semplicemente ragionando, per comprendere appieno il significato delle informazioni che aveva ricevuto. «In ogni caso, se lo facessimo arrestare solo sulla base di sospetti, la corte si rivolterebbe contro di me. E poi...», continuò, tamburellando le nocche sulla carta pergamena, «per quanto ne sappiamo, questo scritto potrebbe essere semplicemente un sonetto».

«Vostra maestà, se mi posso permettere, ho paura che occultato dai versi di questa lettera ci sia qualcosa di molto più serio: non avrebbe senso tramare alle vostre spalle per consegnare ai francesi un testo innocuo».

Vincenzo sapeva bene che la sua spia aveva ragione. «Cosa suggerite, dunque?»

«Dobbiamo guadagnare tempo per decodificare la lettera. Per questo sono a portarvi una notizia positiva».

«*Una notizia positiva?* Parlate, madonna, non tenete il vostro sovrano sulle spine».

«Il crittogramma non raggiungerà mai l'ambasciatore». Questa volta, la Donati sfoggiò un sorriso scaltro, che metteva in risalto le fossette sulle guance. Gli orecchini di perle e oro giallo, che il duca stesso le aveva regalato, oscillarono. «Immagino abbiate sentito del nobiluomo trovato senza testa questa notte alla Pratella».

«Mi è giunta voce, sì. Ma cos'ha a che fare con...?». Il duca tacque di colpo, ragionando sulle parole pronunciate poco prima dalla dama. Aveva menzionato Antoine de La Sablière e l'aveva fatto parlandone *al passato*. «Si tratta forse del francese?»

Lei annuì. «Con la sua morte, otteniamo allo stesso tempo due risultati».

«L'avete fatto uccidere?»

«Ho seguito le vostre istruzioni, vostra altezza», fece notare la donna. «Con lui morto la missiva, qualunque sia il suo contenuto, non raggiungerà mai Parigi».

Vincenzo si costrinse a distogliere lo sguardo, che posò su due splendidi stalloni *ciciliani* dal mantello nero al centro del cortile. «Non faremo una bella figura con Enrico IV, se gli rimandiamo l'ambasciatore senza testa», replicò poi, con il suo consueto spirito. Ma non era affatto divertito.

«Le disgrazie accadono, vostra altezza. Soprattutto in questo periodo». La Donati si fregò le mani, con la mimica facciale a metà tra l'innocenza di una bambina colpevole di una marachella e la furbizia di una volpe. «Sono certa che la diceria di un assassino che gira per Mantova nottetempo raggiungerà anche il re di Francia; la popolazione è spaventata e i vostri migliori notai criminali lo stanno cercando, naturalmente. Purtroppo, però, non l'hanno ancora trovato e l'ambasciatore è una delle sue sfortunate vittime…».

«Peccato che questo dannato assassino abbia ucciso solo donne, fino a questo momento. Qualcuno noterà la differenza». Vincenzo si mosse di colpo verso un maniscalco, che tirava per le briglie due stalloni sul lato ovest del cortile, sotto il tempietto del campanile di Santa Barbara. Sebbene fosse stato lui a suggerire alla sua diletta di non far tornare vivo il francese a Parigi, la scelta di farlo uccidere in quel modo lo indispettiva. Gli balenò in mente perfino che madonna Donati in persona potesse aver commissionato le uccisioni di quella serva e della Boniforte. Era capace di tanto? E solo per camuffare l'assassinio dell'ambasciatore? Il suo volto pallido andava imporporandosi per l'ira, ma rimuginandoci sopra decise di no. In tutto ciò, non voleva comunque mostrarsi adirato con lei, con la quale conservava uno strano rapporto di amore e odio.

«Prima dicevate che la morte dell'ambasciatore risolve due problemi», ribatté alla fine, voltandosi. «Il primo è che la lettera non raggiungerà Parigi. Qual è il secondo?»

«Come dicevate poc'anzi, maestà, non possiamo arrestare Filippo Arianti solo sulla base di sospetti». Bianca si fermò, per essere sicura di avere l'attenzione del duca. Un nuovo sorriso callido le riempì le guance. «Ebbene, la seconda ragione è trasformare i sospetti in prove: proprio mentre stiamo parlando i miei uomini si stanno recando al palazzo del Podestà».

Capitolo 28

Palazzo del Podestà, quartiere San Pietro. Nello stesso istante. Prima mattina.

«Eccellenza, c'è il capo contrada di borgo Pratella che chiede di voi».

Alquanto incuriosito, Ranuccio Gallerani sollevò il naso dall'imbreviatura che stava consultando.

«Messer Simonetti, di borgo Pratella», ripeté il segretario, un uomo scheletrico e con due dentoni che lo facevano assomigliare a un roditore.

Gallerani si alzò, rivelando la toga nera sgualcita. Era nel palazzo del Podestà dalle prime luci dell'alba. Complice l'età e il fatto di non avere alcuna incombenza casalinga, non dormiva più molto. Oltretutto, quella notte era stato svegliato prima del tempo, raggiunto dai birri del bargello Lemma.

«Ne hanno trovato un altro», gli aveva rivelato la guardia, impettita nella sua armatura. «Anche lui senza testa».

Gallerani aveva indietreggiato come se fosse stato colpito all'addome. Tre cadaveri decapitati in meno di una settimana era davvero troppo per una città come Mantova. Si era vestito in tutta fretta, aveva tolto la zimarra che usava per dormire e infilata la lunga toga nera si era fatto accompagnare alla porta della Pratella. Era ancora buio quando la carrozza si era fermata all'imboccatura di un vicolo. Constatato che il corpo, a differenza degli altri due, era in strada e non nelle acque del fiume, aveva ordinato di spostarlo all'Ospedale Grande: lo avrebbe esaminato in seguito, si era ripromesso, con il favore della luce e assistito dai medici.

Quando l'alba aveva tinto le nuvole basse di viola, come se fossero state ferite dai tetti delle case, aveva attraversato porta di capo di Bue ed era salito nel palazzo del Podestà.

«Fatelo passare», sibilò, a indirizzo del segretario. Visto quanto accaduto nella notte il fatto che il capo contrada della Pratella fosse lì da lui così presto non poteva essere casuale.

Mentre rifletteva, la doppia porta si aprì e vennero introdotti nel piccolo ufficio due uomini. Il primo era giovane, con la mano sullo stocco e il mantello torvo; il secondo, più alto, era di mezza età, calvo, con un cinturone sopra il farsetto e il fare orgoglioso di chi era al comando.

«Notaio Gallerani», esordì quest'ultimo, adoperandosi in un inchino nervoso. Emanava un puzzo di abiti sudati e il suo fiato sembrava quello di un cane. «Perdonate il disturbo ma siamo qui a denunciare un assassino».

Gallerani sbatté le palpebre più volte. Conosceva Simonetti solo di nome e sapeva che era un fedelissimo del capitano di Giustizia. «Se portate notizie sull'omicidio di borgo Pratella di questa notte», annunciò, accennando un sorriso, «siete il benvenuto».

«Esattamente. So che avete rinvenuto un cadavere nei pressi della porta, e credo di potervi essere utile per trovare il colpevole».

Il notaio drizzò la schiena. Di solito era più propenso ad ascoltare il suo istinto piuttosto che i consigli altrui. Al punto morto in cui era con le indagini, tuttavia, un aiuto non poteva che essergli gradito. «Sedetevi». Indicò schietto due sgabelli di fronte al suo tavolo. «Ditemi ciò che sapete».

«Il qui presente fante Antonelli», cominciò l'omone, «ha veduto cosa è accaduto allo sfortunato nobiluomo alla Pratella». Per spronarlo a parlare, sfiorò la spalla al militare che l'aveva accompagnato. «Forza, Antonelli, raccontate al notaio cosa avete veduto».

«Ero di guardia alla porta».

«Perdonatemi». Gallerani portò il corno d'osso all'orecchio. «Perdonatemi ma dovete parlare più forte».

Il giovanotto, forse in soggezione per quello strano oggetto, cantilenò le stesse esatte parole con lo stesso esatto volume di voce.

«Orsù, Antonelli, parlate più forte!», lo riprese Simonetti. «Dovete perdonarlo, è giovane», si rivolse poi a Gallerani. «Avete veduto il colpevole, non è così? Raccontatelo al notaio».

«È così», ammise il militare, seduto sulla punta dello sgabello senza aver neppure tolto la mano dall'elsa.

«E dite al notaio chi è, visto che lo sapete».

Il giovanotto alzò lo sguardo. Fissò in tralice il capo di compagnia e poi Gallerani, che pendeva dalle sue labbra. «Il pittore De Tatti!», rivelò, questa volta alzando la voce più del necessario.

«De Tatti? Il pittore Giulio De Tatti?»

«In persona», confermò Simonetti con il suo vocione. Fece una pausa, aspettando che fosse Antonelli a continuare. Ma vedendo che il militare non proseguiva il racconto, decise di farlo personalmente. «Le mie guardie hanno sentito degli spari e, usciti dalla guardiola, hanno visto De Tatti con una scure che si abbatteva sul nobiluomo».

A quelle parole Gallerani trasalì. Aveva visto De Tatti soltanto una volta, ma più provava a figurarsi il pittore sotto la luna che decapitava uno sconosciuto, più quell'immagine gli sembrava inverosimile. Il ritratto del giovane, oltretutto, gli si parò davanti agli occhi, e senza che riuscisse a opporsi fu subito sostituito da quello di suo figlio Luca.

«I miei uomini l'hanno inseguito, subito dopo il delitto, ma è fuggito verso il Portazzuolo».

Gallerani attese qualche istante prima di riprendere il discorso, limitandosi a osservare il linguaggio corporeo dei due uomini. Il loro comportamento non lo convinceva affatto. O il fante era troppo timido, ma gli sembrava inverosimile per la forza e la fierezza con la quale stringeva la sua arma, o più probabilmente era reticente. Come potevano oltretutto, delle semplici guardie, certamente poco avvezze all'arte, riconoscere De Tatti, se lui stesso non lo aveva mai sentito nominare fino al giorno prima?

«Qualcun altro ha visto l'accaduto?»

«Un secondo fante», confermò Simonetti. «Se necessitate di parlarci, lo farò venire da voi».

Il notaio annuì, con il risultato di far ballonzolare il doppio mento. Si carezzò la barba, fissando ancora il fante Antonelli.

«E siete certo che fosse davvero Giulio De Tatti, il pittore? Come lo conoscete?».

Simonetti apparve spazientito da quella domanda. «Tutti lo conoscono! E questa è la seconda ragione per la quale siamo qui».

«La seconda ragione?»

«Esattamente. Ieri mi è stato riferito un fatto accaduto presso la torre Arianti, che credo dovreste conoscere».

Il modo di esprimersi di Simonetti era fervente e pieno di disprezzo. Ciò nonostante, Gallerani poggiò i gomiti sul tavolo, a questo punto curioso.

«Pare che il De Tatti abbia avuto un'accesa discussione con il conte Filippo Arianti, davanti a molti testimoni». Simonetti si voltò verso il giovane militare per avere manforte, ma quello era sempre nella medesima posizione. «Urlavano, parlando della morte di madame Boniforte. E anche di un appuntamento alla porta della Pratella che avrebbe risolto ogni problema».

«Cosa ha a che fare madame Boniforte con il delitto alla porta della Pratella?»

«Siete voi il *notaio filosofo*», lo sbeffeggiò Simonetti, gretto.

"Quando ti disprezzano, non ripagare con la stessa moneta", rifletté Gallerani. "Sii gentile, perché l'educazione e il rispetto sono armi letali contro le persone ignoranti".

«La cosa mi ha insospettito», incalzò ancora il capo contrada. «Urlando, De Tatti accusava il conte Arianti dell'omicidio di madame Boniforte».

De Tatti accusava il conte...

«Poi, pare che l'Arianti gli abbia *ordinato* di andare all'appuntamento per consegnare una *lettera*. Proprio ieri sera. Proprio allo scoccare dell'Ave Maria».

«L'Arianti gli avrebbe ordinato di andare a un appuntamento in cui il gentiluomo è stato ucciso?».

Il birro ridacchiò. «Esattamente. Potete chiedere a decine di testimoni. L'hanno sentito tutti».

Gallerani si portò le nocche sugli incisivi: le parole di Simonetti non l'avevano lasciato indifferente. Si alzò, per lasciare intendere che il colloquio era terminato, e nello stesso istante si alzarono anche i due militari.

«De Tatti è fuggito, ma l'Arianti sappiamo con esattezza dov'è», concluse Simonetti. «So che il capitano di Giustizia vorrebbe vedere questo caso risolto il prima possibile: mi permetto quindi di suggerirvi di fare una chiacchierata con il conte».

Capitolo 29

Ospedale Grande di San Leonardo, quartiere San Nicolò. Alcune ore dopo.
Tarda mattinata.

L'inquisitore Domenico Istriani da Pesaro varcò la soglia dell'ospedale accompagnato da due soldati bolognesi. Pur facendo parte dell'ordine domenicano tristemente noto per la caccia agli eretici, era un uomo di mondo e sapeva come muoversi in città.

Se era vero infatti che vedendo una tonaca bianca, i mantovani pensavano al terribile inquisitore Campeggi, le cose dal tempo del marchese Francesco III erano cambiate. Già con il suo successore Guglielmo, la ricerca degli avversi alla fede si era fatta più complicata. Il duca si era scontrato duramente con il tribunale, che aveva arrestato per eresia alcuni suoi amici e parenti. Era dovuto intervenire perfino Carlo Borromeo per farlo ragionare, ma il risultato era stato un forte ridimensionamento di arresti, interrogatori e torture. Ridimensionamento che ancora durava anche sotto il governo di suo figlio Vincenzo.

La nomina di Domenico Istriani, oltretutto, cadeva nel periodo di pontificato di Sisto V, noto per aver posizionato una forca in ogni slargo di Roma. Con un indirizzo ben definito del papato, che confliggeva con quello di un regnante poco incline ad assecondare il Sant'Uffizio, Istriani aveva imparato ad aggirare i problemi. Di solito ci riusciva bene, aprendo processi solo contro eretici il cui nome non fosse altisonante e senza mai assumere posizioni in contrasto con il duca. Di solito ci riusciva, ma davanti a tre cadaveri decapitati in una sola settimana, non aveva potuto esimersi dal prendere in mano la faccenda…

«Inquisitore Istriani», lo accolse una suora, l'ovale estasiato che faceva capolino dal soggolo. «È un onore avervi qui».

Si inchinò al centro del corridoio dell'ospedale, che dava accesso alla cappella di Santa Maria della Cornetta. I lati interni erano aperti sulle sale delle infermerie, due stanzoni con una trentina di letti in tutto. Il vociare era appena percettibile, anche se di tanto in tanto si udivano sussurri, lamenti e cigolii.

«Sto cercando il notaio Ranuccio Gallerani», disse Istriani, schivando al contempo il tentativo della suora di baciargli le mani. «Mi dicono che sia qui».

La religiosa, non vecchia certamente, ma neppure troppo giovane a giudicare da qualche ruga intorno agli occhi, si adoperò in un cerimonioso cenno d'assenso. «È qui. Nell'obitorio. Vi accompagno».

Si voltò e zampettando sui pavimenti in cotto fece strada. Superarono l'infermeria nuova che ospitava gli uomini con patologie febbrili, e si diressero nei locali perimetrali del pianterreno. Imboccarono un corridoio, da cui si vedevano i muri esterni in cotto della facciata, e si ritrovarono nell'ala di servizio. Superarono i magazzini, la cucina, le dispense e finalmente furono all'obitorio, sbarrato da un'anta dipinta di nero e con una crocifisso sullo stipite.

«Eccoci, il notaio è all'interno».

«Vi ringrazio, madre», la congedò Istriani. «Da qui proseguo da solo».

Lasciò i due militari pontifici fuori di guardia e socchiuse la porta, subito assalito da un odore intenso. Era un misto tra quello del sangue dei torturati, mescolato a qualcosa di più intenso, forse zibetto, con lo scopo di mascherare i miasmi della morte.

«Mi hanno detto che vi avrei trovato qui», esordì il domenicano, muovendo i sandali incerti nella stanza. Era piccola, illuminata da ceri e con un catafalco al centro. Il notaio stava in piedi, ricurvo e di spalle; il suo mantello nascondeva alla vista gran parte del cadavere. Si voltò in quel momento, attirato dalla luce che si allungava sul pavimento.

«La curiosità è l'argilla con cui è formata tutta la conoscenza». Gallerani accennò un inchino verso il religioso, ma questo con modi spicci gli fece cenno di alzarsi e si avvicinò. «Mi domandavo quanto ci avreste messo per interessarvi della questione».

Istriani si fece il segno della croce. La sua espressione di immobile concentrazione era sconvolta nella contemplazione del drappo candido. «Anche questo poveretto senza testa?»

«Purtroppo sì», confermò Gallerani. «Non è stata ancora trovata».

«Che idea vi siete fatto?»

«Questo delitto è diverso dai precedenti». Il notaio si voltò del tutto, le fiammelle dei ceri che gli danzarono sulla fronte rugosa.

«Cosa intendete?».

Gallerani pensò bene prima di rispondere. Quanto stava per dire era frutto di qualche riflessione ma soprattutto del suo istinto. Non era quindi suffragato da prove. «Le altre due erano donne, innanzi tutto, e questo è un maschio; le altre due sono state abbandonate nel lago, e lui sulla strada; le altre due sono state uccise da cause ignote e la testa gli è stata tagliata *post mortem*. Per lui, invece, la causa della morte è proprio la decapitazione. Gli avevano sparato, ma quando gli è stata tagliata la testa era ancora vivo».

Il domenicano parve colpito dalla lucida analisi di Gallerani. Lo conosceva e stimava da anni. Sapeva che era un funzionario affidabile e capace, gentile con chi lo meritava e duro quando necessario. Soprattutto era uomo pratico, con i piedi per terra. Gli piaceva perché era un po' come lui, insomma.

«E tutto questo cosa vi fa pensare?»

«Mi fa pensare ad almeno due assassini diversi».

«Credete siano delitti indipendenti, quindi?»

«Vedo delle similitudini nei primi due, ma come le dicevo questo è diverso».

Istriani era d'accordo. Soprattutto, seppur di un'efferatezza inaudita, non vedeva in quelle morti qualcosa di cui dovesse davvero occuparsi il Sant'Uffizio. «Non credete, insomma, che dietro questi delitti ci sia qualche cultore dell'occulto?»

«Temo che, questa volta, il vostro impegno non sia necessario: queste morti celano solo l'empietà umana».

Sollevato dall'analisi di Gallerani, che gli avrebbe consentito di evitare le seccature di quell'indagine, Istriani ammonì ad alta voce: «Per esperienza ogni assassinio ha un motivo. Se, come dite, qui non è il maligno, confido che saprete trovare il movente. E una volta trovato, avrete la strada spianata verso il possibile, o i possibili, colpevoli». Il domenicano si voltò ancora verso i piedi bianchi e ossuti del cadavere, che fuoriuscivano dal drappo. «Non avete dei sospetti? Qualcosa che unisca le tre vittime?».

Il notaio avrebbe voluto rispondere di sì, ma non sarebbe stata la verità. L'unico indiziato, il pittore De Tatti, era a suo parere l'assassino meno probabile. Certo, era il colpevole ideale a cui affibbiare la colpa, ma solo per occultare la vera ragione degli omicidi…

«Al momento, non ho ancora sospetti», ammise alla fine Gallerani, ripensando al colloquio con il capo di compagnia di quella mattina. Oltre a De Tatti, c'era un altro possibile colpevole designato: il conte Filippo Arianti, su cui Simonetti si era affrettato a gettare ombre. «Forse però c'è una persona che può chiarirmi qualche dubbio».

Capitolo 30

Torre degli Arianti, quartiere Sant'Andrea. Più tardi quello stesso giorno.
Metà pomeriggio.

Ranuccio Gallerani raggiunse il conte Arianti nelle scuderie. Come tutto il resto del palazzo, esalavano di abbandono e trasandatezza. Per essere un nobile di antica tradizione, pensò il notaio, avanzando con il bastone nel cortile costellato di buche, non doveva passarsela poi tanto bene.

«Non vedete che deve essere strigliato?». Il conte era di fronte al portone aperto della stalla. Tratteneva per le briglie un cavallino baio e gesticolava rimproverando un servitore. «Ve l'ho detto cento volte. Non riuscite a farvelo restare nella mente?».

Il servo, un giovanotto magrolino ed emaciato, portò il cavallo sotto una pergola imbarcata. La porta che dava sulla scuderia, appesa solo per un cardine, cigolò.

«Eccellenza», si rivolse subito dopo al notaio il conte. Sorridente, avanzò fino al centro del cortile e salutò con un'insipida riverenza il ministro di Giustizia. «Perdonate se vi ricevo qui, ma l'aria aperta è più adatta al mio stato di salute». Tossì, ma emerse sorridente dal fazzoletto candido che teneva in mano. «Questo palazzaccio è pieno di spifferi».

«Non preoccupatevi, conte, vi ruberò solo pochi minuti».

«Ditemi allora, come posso esservi utile?»

«Sono qui perché mi è stato riferito di un vostro recente litigio con un giovane pittore, Giulio De Tatti».

L'Arianti trattenne a stento un sorriso. «Un mio litigio? E da quando la curia criminale si preoccupa di litigi?».

Gallerani avrebbe potuto spiegare che la lite poteva essere collegata in qualche modo alla morte di un ambasciatore. O ancora che un fedelissimo del capitano di Giustizia aveva tentato di screditarlo. Non fece però nulla di tutto ciò e cercò anzi di essere il più evasivo possibile. «In effetti, di solito non ci occupiamo di queste questioni. Ma come forse avrà saputo, la città è stata scossa da alcuni omicidi».

L'Arianti contemplò il notaio come se non sapesse bene come rispondere. «E De Tatti cosa ha a che fare con tutto ciò?»

«Pare che De Tatti fosse intimo di una delle vittime, madame Boniforte».

«Dipingeva a casa sua, lo so per certo, perché la povera Rita mi aveva chiesto di raccomandarle Giulio affinché le realizzasse un trittico».

«E voi lo raccomandaste?»

«Non ce n'era alcun bisogno», scherzò l'Arianti. «Dopo il dipinto nel mio salone – che per inciso gli avevo fatto eseguire solo in onore di suo nonno – non aveva lavoro…». Si fermò per un colpo di tosse, ma riprese subito. «È un imbrattatele da due soldi. Era libero: n-nessuno lo voleva».

«A parte madame Boniforte?»

«A parte madame Boniforte». Il conte sciorinò una finta espressione oltraggiata, inalando l'aria odorosa di fieno e di mangime per cavalli. «Ma come forse avrete intuito, non per la sua bravura: più probabilmente per uno strano fascino da campagnolo. Un po' come chi si intenerisce davanti a un uccellino in gabbia». Accompagnò quelle parole con un sorriso arcigno.

«Quando è venuto da voi, l'altra sera», azzardò il notaio, «qualcuno lo ha sentito urlare. Pare che vi accusasse della morte di madame Boniforte».

Il volto cordiale dell'Arianti si tese molto più di quanto lui stesso desiderasse mostrare. «De Tatti è giovane e irruento. Non era la prima volta che veniva da me per accusarmi di qualcosa. Già domenica sera si era presentato qui per chiedermi di Rita».

Le parole del conte confermarono a Gallerani la versione di messer Ruggero: il maestro di casa Boniforte gli aveva infatti raccontato che De Tatti sospettava di qualcuno già dalla sera della scomparsa. Il pittore, durante l'interrogatorio alla locanda, non aveva voluto rivelare il nome a cui aveva pensato, ma evidentemente doveva essere proprio l'Arianti.

«E dunque, De Tatti ha interrotto la vostra festa e vi ha accusato di nuovo. Perché vi riteneva colpevole?».

Arianti allargò le braccia, rivelando, sotto la cappa, una casacca malandata e dei calzoni a palloncino stretti sulla coscia. «Dovreste chiederlo a lui».

«È possibile che la cosa abbia a che fare con la consegna di una lettera, che mi dicono il pittore dovesse fare per voi?».

Le vene sul collo del conte si gonfiarono e la bocca gli si torse in un ringhio. Un lampo di terrore gli attraversò lo sguardo: sapevano della lettera? Era possibile che quell'idiota avesse fallito nel suo compito? Dalla sera precedente non lo aveva sentito, ma gli accordi erano esattamente quelli: si sarebbe dovuto nascondere per una settimana, il tempo che *l'altra consegna* andasse a buon fine.

«Non so davvero di cosa stiate parlando».

Gallerani prese un respiro. Il conte mentiva, lo aveva capito subito e senza l'ausilio del corno d'osso. «Conoscevate monsieur Antoine de La Sablière?»

«L'ambasciatore francese? Avrò scambiato con lui sì e no due parole».

«È morto», lo folgorò con rude franchezza Gallerani. «Ieri notte, all'Ave Maria».

A differenza di poco prima, il conte rimase impassibile, quasi indossasse una maschera. «Non lo sapevo», riuscì solo a dire. Poi un attacco della sua tosse catarrosa gli diede il tempo di riflettere. «E-e come è morto?», riprese, gli occhi che gli lacrimavano per l'accesso.

«Alcuni testimoni affermano di aver visto De Tatti decapitare il francese».

«De Tatti?». Arianti trattene un risolino. «È impossibile, è un mollaccione: rifugge alla sola vista del sangue».

«Quando lo avete incontrato l'ultima volta?»

«Lo sapete bene. L'altro ieri: come avete fatto giustamente notare, ha interrotto il mio ricevimento».

«Non è più tornato da voi?».

Quella domanda aprì un ulteriore interrogativo nella mente dell'Arianti. Il notaio aveva menzionato la lettera, ma aveva lasciato cadere il discorso. Significava che non ne conoscevano il contenuto? De Tatti poteva averla ancora con sé? Diversamente, se l'aveva consegnata all'ambasciatore, i birri l'avrebbero ritrovata sul suo cadavere e il tenore della discussione sarebbe stato molto diverso…

«Non l'ho più visto da mercoledì sera».

Gallerani spostò il peso da un piede all'altro, poggiandosi al bastone. «Posso farvi un'ultima domanda?»

«Sono a vostra disposizione». Nella voce del conte, vibrava una certa trepidazione.

«Conoscevate una certa Costanza Monticelli, sguattera dai baroni Ippoliti?».

Arianti si sentì sollevato. Se quella era davvero l'ultima domanda, *forse* non erano a conoscenza del contenuto della lettera. «Mai sentita nominare».

«Molto bene, conte. Vi ringrazio per il vostro tempo».

I saluti furono brevi e Gallerani si congedò accompagnato da uno dei servi della casa.

Rimasto solo, l'Arianti andò a sedersi su una botte, all'ombra della pergola del cortile. Riprese a respirare con calma e fece i conti con i suoi pensieri: se avessero trovato la lettera con il suo sigillo, con ogni probabilità lo avrebbero arrestato soltanto perché era scritta in codice. Il fatto che il notaio se ne fosse andato accontentandosi delle sue risposte poteva significare che ce l'avesse ancora De Tatti. Doveva trovarla e farla arrivare a Parigi prima *dell'altro pacco.*

Senza volere, la mente gli andò a due giorni prima, quando l'aveva consegnato.

«Non è necessario che vi ricordi di prestare attenzione», si era raccomandato all'indirizzo del cavaliere.

L'uomo dall'alto della sella aveva annuito; aveva afferrato il piccolo oggetto dalle mani del conte e l'aveva infilato nella sacca. Poi, inforcato il portone della torre, era partito a spron battuto.

Più o meno nello stesso istante, il cavallo leardo del giovane Paolo Oberteghi, figlio del visconte di Casale, rallentò la sua corsa.

Di fronte a lui, sotto un cielo grigio di pioggia, al di là di un pendio che degradava irregolare, si intravedevano il fossato e i bastioni spagnoli di Milano. Il terreno circostante era una superficie aspra e inuguale di erbacce e arbusti secchi.

Con un gesto istintivo verificò che il pacchetto fosse integro nella sua sacca, carezzò il mantello sudato del suo destriero e al trotto si diresse verso porta Tosa.

Capitolo 31

Nelle campagne di Goito, non lontano da Mantova, 804 d.C.
786 anni prima... Sette secoli dopo il martirio di Longino...

La croce decussata si stagliava su un cielo azzurro punteggiato di nembi bianchi. Inchiodato ai due tronchi d'ulivo a forma di X *c'era un vecchio, con barba lunga e capelli candidi. Il viso, pur nella sofferenza, era sorridente. Sussurrava qualcosa, ma* lui *non riusciva a sentirlo.*

Si avvicinò al calvario, strisciando le brache con la suola in cuoio sul terreno arido e polveroso. Attorno alla croce non c'era nessuno, e l'unico rumore era quello del vento di scirocco, che gli scompigliava la tipica tunica longobarda. Più si approssimava alla croce, più il condannato sembrava esplorarlo fin nei recessi della sua anima.

«Croce mia, santificata dal corpo di Gesù e impreziosita dalle gemme del Suo Sangue», stava dicendo l'anziano. «Vengo a Te pieno di sicurezza e di gioia, affinché Tu riceva il discepolo di Colui che su di Te è morto».

Chi era quell'uomo? Era possibile si trattasse davvero *dell'apostolo Andrea?*

Fece ancora qualche passo sulla collinetta. La strana croce, chiamata appunto croce di Sant'Andrea, era certamente quella dell'apostolo. Condannato al supplizio, si diceva che il santo avesse chiesto di essere appeso a una croce fatta a X *che evocava l'iniziale greca del nome di Cristo.*

«Eccoti», sussurrò il vecchio al martirio. «Ti stavo aspettando».

L'uomo si voltò. Dietro di lui non c'era nessuno. «Aspettavi me?», domandò titubante.

«Aspettavo te, Ismondo da Bardolino, perché solo tu puoi ritrovare le gemme del suo sangue».

Il mercante non capì cosa intendesse l'anziano. La situazione stessa era surreale, con un condannato a morte che dalla croce parlava con lui come davanti a un banchetto.

«Santa Maria Maddalena custodisce le gemme nel suo orto», specificò ancora sant'Andrea.

«Non capisco», ribadì Ismondo, il vento caldo che ora si insinuava sotto le sue vesti.

«Santa Maria Maddalena custodisce le gemme nel suo orto», ripeté il condannato dalla croce. «Nel suo orto».

Ismondo si svegliò di soprassalto, sudato, nel gelo della sua camera da letto. Guardò fuori dalla finestra. Era ancora notte e un denso strato di neve, blu scuro nel buio, ricopriva i campi del suo podere.

Si alzò e si fece il segno della croce. Si sciacquò il viso in un catino e si specchiò nella lama argentea della spada che teneva di fianco al letto. La sua immagine allungata era quella di un possidente di mezz'età, con capelli ricci e lunghi e un grosso naso a patata.

Indossò le calze e la tunica, che strinse alla vita con la cintura, e scese al piano di sotto. I servi erano già svegli e le luci di poche candele punteggiavano le finestre delle loro umili casupole. Alcuni stavano uscendo, scivolando verso i magazzini dove avrebbero stipato le merci da spedire lungo il Mincio.

Ismondo rimase fermo a osservarli, ripensando a quanto fossero fortunati a lavorare per lui, con un tetto sopra la testa e un padrone buono e generoso. Sapeva che anche loro gli riconoscevano quelle doti, frutto anche e soprattutto della sua grande fede in Cristo.

Ecco. Appunto. Forse era proprio *quella* la ragione del suo sogno? La sua grande fede?

«Santa Maria Maddalena custodisce le gemme nel suo orto», gli aveva detto sant'Andrea dalla croce. Santa Maria Maddalena. Era un messaggio per lui? Cosa poteva significare?

“Santa Maria Maddalena”, rifletté. Forse lo sapeva: da quando i franchi avevano conquistato il regno longobardo e l’avevano diviso in *comitatus*, in contee, a Mantova non era rimasto che un ospedale. Santa Maria Maddalena, si chiamava, e non casualmente davanti alle sue porte vi era, da quando ne aveva memoria, un grande orto.

“Santa Maria Maddalena custodisce le gemme nel suo orto”. Era possibile che sant’Andrea gli avesse detto di cercare nell’orto dell’ospedale? Ma cosa doveva cercare? Le gemme del sangue di Cristo?

Quello stesso giorno, Ismondo da Bardolino, insieme ai suoi uomini intabarrati in lunghe cappe, era nel cortile dell’ospedale. Grazie a una lauta mancia si era assicurato la possibilità di scavare nell’orto.

Il fatto che sant’Andrea gli fosse apparso in sogno non poteva essere casuale. Era apparso a lui, grazie alla sua fede, e se era tale la ragione, il messaggio doveva essere ascoltato.

«Liberiamo dalla neve e scaviamo lì e lì». Ismondo indicò due punti in cui le piante soffocate dalla coltre bianca lasciavano uno spiraglio nel terreno.

Così fecero. Gli uomini piantarono picche e pale nella terra congelata e cominciarono a smuoverne cumuli su cumuli. Insistettero per ore, sino a che il calar del sole non li spinse a interrompersi. Tornarono anche il giorno successivo e quello dopo ancora, tanto che la notizia di quella strana ricerca giunse fino al monastero di San Colombano sul Garda.

«Cosa stai cercando, esattamente, Ismondo?», lo interrogò l’abate Sigifredo, giunto a Mantova per sincerarsi di quanto stava accadendo. Voleva evitare che il Comitato di Sirmione, sede di un giudice imperiale, si insospettisse e coinvolgesse il conte di Brescia e il suo gastaldo.

«Sto portando a termine la Santa Ricerca delle gemme del Suo

Sangue», spiegò, pacifico, il mercante. «Cerco dove sant'Andrea mi ha detto di cercare».

Forse fu una casualità, o più probabilmente un segno divino – almeno questa fu la convinzione di Ismondo – ma in quel momento esatto uno dei suoi uomini lo chiamò.

«Qui c'è qualcosa», scoprì, con sgomento. Era coperto di fango e neve e i fiocchi avevano appena ricominciato a cadere fitti. «Delle ossa».

L'abate e Ismondo si avvicinarono alla fossa stretta e lunga. Era vero, adagiato sul fondo si vedeva parte di uno scheletro. Scavando meglio, individuarono l'intero corpo, con il teschio staccato di netto dalla colonna vertebrale.

«E quello cos'è?». Il religioso ammirò una cassetta di piombo, sistemata accanto ai poveri resti mortali.

La portarono a favore di luce e la pulirono dello sporco vecchio di sette secoli. Il metallo era pesante e una scritta campeggiava nella parte superiore: *Iesu Christi Sanguis*.

A dispetto di quanto l'abate Sigifredo e il mercante Ismondo desideravano, la notizia del ritrovamento non era giunta solo al conte. Carlo Magno stesso e anche il papa si erano interessati alla questione. Su invito proprio dell'imperatore, Leone III aveva quindi programmato un viaggio a Mantova, per accertarsi della genuinità del ritrovamento.

Solo pochi mesi dopo, così, la città aveva accolto la sua visita.

«E dunque, sant'Andrea vi apparse in sogno, per indicarvi dove cercare?». Leone, con una chierica bianca che gli cingeva il capo glabro, era seduto su un seggio, in una grande sala dell'ospedale. Era titubante come quando, solo quattro anni prima, nella notte di Natale dell'anno 800, aveva deposto la corona imperiale sul capo di Carlo Magno.

«È così, santità». Il mercante schiuse le labbra come per proseguire, ma esitò. «Sant'Andrea mi ha indicato dove scavare».

Il forziere era aperto e sistemato su di un tavolo: conteneva un'ampolla con un liquido scuro, della terra e i resti di una spugna.

«Sapete che l'imperatore ha chiesto di poter vedere questi segni del cielo?», proclamò schietto il papa. «Avrò bisogno di portargli una prova a Parigi».

L'abate Sigifredo, anche lui presente all'udienza, sapeva con precisione cosa significava consegnare la reliquia all'imperatore. Era noto infatti che per far diventare Aquisgrana la grande capitale del suo regno, Carlo Magno aveva espropriato, nel tempo, i territori longobardi. Aveva preso da Ravenna marmi, colonne e statue per abbellire i suoi palazzi e adesso, con ogni probabilità, voleva renderli più vicini a Dio con la *loro* reliquia.

«Certo, santità», rispose l'abate, che prima della visita del papa si era accordato con i mantovani: avrebbero consegnato solo una piccola quantità della terra del calvario di Cristo, occultando il resto. Così fecero e quando il papa, convinto di essersi impossessato dell'ambito ritrovamento, aveva lasciato la città alla volta della Francia, Sigifredo e Ismondo si erano rincontrati.

«Dobbiamo nasconderlo di nuovo», esortò il mercante, con la morte nel cuore. Sapeva che prima o dopo altri sarebbero giunti a cercare la reliquia e non voleva che andasse perduta per sempre. Non era per quello che sant'Andrea gli aveva indicato la via...

Nel luogo del ritrovamento, il pontefice aveva nel frattempo deciso di far erigere una piccola cappella in onore di sant'Andrea, che era ancora in costruzione. L'abate aveva così acconsentito alla richiesta di Ismondo e aveva celato nuovamente la reliquia nelle fondamenta della futura chiesa.

I due uomini non potevano saperlo, ma il loro atto di coraggio preservò il Preziosissimo Sangue per oltre due secoli. Superò indenne l'invasione degli ungari e giunse fino all'anno 1037, quando l'ignaro vescovo di Mantova, Itolfo, fece costruire nel luogo del nascondiglio un monastero benedettino.

Capitolo 32

Porto del Ceppetto di Sotto, quartiere di Sant'Andrea, sabato 24 marzo 1590.
Notte fonda.

Nonostante l'ora, le acque del lago brulicavano di barche con le vele imbrogliate. Nugoli di aironi descrivevano cerchi nel cielo e riempivano l'aria con i loro gridi.

I due uomini attraversarono le banchine con il viso nascosto sotto il cappuccio e si diressero verso la parrocchia di San Gervasio. Nei vicoli bui che portavano alla chiesa, non trovarono nessuno, fatta eccezione per due ubriachi poggiati al portone di un palazzo. Attraversarono uno slargo, con gli sprazzi della notte che si allungavano sul selciato e, adocchiato il campanile che si stagliava sul cielo stellato, sfoderarono i pugnali.

«Non parlare», ringhiò il più alto dei due, la bocca torta in una smorfia e le guance che portavano i segni del vaiolo.

Il compare rispose con un esitante cenno del capo, mentre il primo si avvicinava al portone affacciato sul sagrato. Bussò violentemente e i numerosi colpi rimbombarono nel silenzio della notte, amplificati dalla navata della chiesa vuota.

«Sei sicuro che ci apriranno?», indagò il più basso. Era più giovane del collega, la mascella pronunciata lo faceva assomigliare a un bue.

«Se ci hanno fatto venire per niente, chiederemo più soldi!», mormorò l'altro. Ma non dovettero attendere molto che passi incerti, inframezzati da un rumore ritmico di legno, si approssimarono al di là del battente.

«Chi è?». La voce era femminile, dondolante e chiaramente assonnata. Nel tono si poteva intuire un po' di apprensione.

«Veniamo in pace, madre», le rispose lo sgherro più anziano, stringendo il manico del pugnale.

«Cosa andate cercando? Qui non riceviamo i viandanti. A meno che...».

«Stiamo cercando una delle vostre ragazze», la rassicurò il malvivente. «Benedetta di San Zeno. Ci manda suo zio».

La suora dall'altra parte della porta indugiò ma poi trovò la forza di fare un'altra domanda. «Suo zio? Ma se è qui da noi da quando era infante...».

Il malvivente si era aspettato quell'obiezione e si era preparato una risposta credibile. «Suo zio è da poco giunto a Mantova. Non sapeva di avere una nipote». Fece una pausa, voltandosi verso il compare. Gli fece cenno di restare in silenzio e proseguì. «Madre, se ci fate entrare, le racconteremo tutta la storia. Lo zio di Benedetta non vede l'ora di riabbracciare la nipote».

Quelle parole sembrarono sortire un qualche effetto, perché nella piazza echeggiò un tintinnio di chiavi.

Occorsero diversi secondi affinché si udissero scricchiolii di chiavistelli, ma alla fine lo stipite si aprì in uno spiraglio.

I due malviventi si ritrovarono di fronte a una suora minuta, cieca e con un bastone fra le mani. Per un istante si sentirono perfino in colpa. Ma durò appunto solo un istante. Il più giovane dei due la spinse all'indietro e le sfiorò la gola con la lama del pugnale.

«Fai un solo respiro e sei morta», ringhiò.

«Non avete nulla da rubare qui!».

«Non vogliamo rubare», precisò il butterato. «Ma Benedetta ci serve davvero».

Pochi minuti dopo, i due uscirono di corsa dal portone, con in spalla un grosso sacco di canapa che si agitava prepotentemente. Le urla si udirono per poco, perché prima che dalle finestre dei palazzi circostanti si accendessero le candele, erano scomparsi verso il porto.

Poche ore più tardi, non molto distante dal luogo del rapimento, un bambino di nome Giuseppe si recò per la prima volta al pozzo dell'Ancona. Non conosceva Benedetta e neppure Costanza Monticelli e Rita Boniforte. Eppure quella mattina vide le ultime due... O almeno ciò che ne restava.

Issò il secchio come gli avevano detto di fare e invece di acqua fresca si ritrovò due volti appesi, putrescenti, che lo fissavano dall'oltretomba.

Atterrito lasciò cadere la corda e ricadde all'indietro. Le teste, che erano rimaste incastrate per i capelli nella catenella, rotolarono sulla piazza.

Capitolo 33

Ospedale Grande di San Leonardo, quartiere San Nicolò. Alcune ore dopo.
Mattina presto.

«Vi ringrazio di essere accorso così in fretta, eccellenza», esordì il bargello, quando vide fermarsi davanti al portone dell'ospedale il carro del Gallerani. Attraversò la strada e gli si fece incontro. «Sono state ore intense. Ieri sera una disputa familiare alla parrocchia di San Gervasio: uno zio ha fatto prelevare con la forza la nipote; e stamattina questo».

Il notaio si appoggiò al bastone e per la seconda volta in due giorni si ritrovò di fronte ai timpani e alla facciata tozza dell'Ospedale Grande. «Chi ha trovato le teste?», chiese a bruciapelo, portando subito la conversazione sulla questione per la quale era stato disturbato di sabato mattina.

«Un ragazzino. Il figlio dello speziale di San Leonardo», chiarì Lemma, accodandosi a Gallerani insieme a tre birri. «Il padre è malato e la madre l'ha mandato a prendere l'acqua al pozzo. Era la prima volta che gli veniva affidato il compito, ha detto».

«E invece di andare al pozzo della contrada del Corno è andato a quello secco dell'Ancona?».

Il bargello allargò le mani. «Afferma che non sapeva fosse il pozzo sbagliato».

Gallerani si infilò nel corridoio dell'ospedale e salutò la suora che l'aveva accompagnato il giorno prima. «Una bella fortuna che abbia sbagliato pozzo. Se non avesse trovato le teste, in pochi giorni sarebbero state divorate dai topi».

Superata l'infermeria nuova si diressero alle scale, per salire al piano femminile. Come i bracci inferiori, i corridoi stretti e bui che si aprivano sugli stanzoni erano a forma di croce. Lì però erano colmi dei letti delle *Putte*, in quel momento pieni solo a metà.

«Le abbiamo fatte mettere nel reparto delle donne piagate». Lemma rallentò il passo, per uniformarsi allo zoppicamento del Gallerani. «Ci sembrava la collocazione più giusta».

«La testa dell'ambasciatore non è stata rinvenuta nel pozzo?»

«No, eccellenza. Si sono calati due fanti ma non l'hanno trovata». La spada del Lemma tintinnò, riempiendo il silenzio del corridoio. «*Lassotto* c'è solo fango e topi. Nessuna traccia del capo del francese. Come avete giustamente detto voi, è una fortuna che il ragazzo abbia sbagliato pozzo, pochi giorni ancora e non sarebbero state ritrovate neppure queste due».

«Pavese e Bonaccini sono arrivati?»

«Poco fa. Sono già dentro». Lemma si fermò di fronte al chiostro interno, su cui affacciavano le abitazioni del personale. «Eccoci».

Gallerani aprì il battente di una delle due porte laterali e si ritrovò in una stanza ampia dall'alto soffitto a capanna, da cui emergevano travi in legno. Le teste delle due donne erano su due vassoi di metallo, una accanto all'altra, pulite e inclinate sulle guance, con i capelli pettinati all'indietro. Davanti, in religiosa contemplazione, c'erano i due mantelli rossi dei sanitari.

«Posso solo confermare quanto già avevo detto», esordì il chirurgo Pavese, voltandosi verso il notaio. «Sono morte prima che gli tagliassero la testa».

Il notaio si avvicinò. Nel suo lavoro aveva visto corpi mutilati e smembrati; aveva esaminato cadaveri putrefatti; visto uomini e donne con ferite abominevoli; ma ciò che aveva davanti era diverso. Non si trattava di una sadica messinscena. Era piuttosto un esperimento, qualcosa di mal riuscito. I tagli sul collo, sulle guance semidecomposte erano visibili, come se l'assassino avesse faticato parecchio a squartare la testa. E poi gli occhi, di entrambe le donne, sembravano nocciole abbrustolite, quasi fossero stati bruciati e poi si fosse tentato invano di asportarli.

«Le ferite sul collo della seconda vittima», proseguì la disamina Francesco Pavese, «sono più nette. Confermano la mia prima impressione, cioè che l'assassino abbia acquisito esperienza, rispetto alla prima decapitazione».

Gallerani sospirò. Aveva sperato che il ritrovamento delle teste, che visto il passare dei giorni aveva giudicato inverosimile, gli fornisse elementi utili. Invece niente, la poca destrezza dell'assassino, confermata peraltro dai cadaveri, trovava solo una macabra conferma. Nulla di più.

«E voi, messer Bonaccini, cosa pensate?».

Il medico fisico voltò il capo. Il suo viso, non abituato probabilmente a vedere cadaveri così deturpati, era trasfigurato. Si schiarì la voce. «Confermo l'analisi di messer Pavese, eccellenza».

«Cosa ne pensate degli occhi?»

«Effetto della decomposizione», suppose Eleuterio Bonaccini, senza guardare. «O forse dei topi».

«Non sono d'accordo, a mio parere si tratta di *necrōsis*», si intromise Pavese. Si avvicinò alla credenza e con una piccola bacchetta appuntita sfiorò i bulbi della testa di madame Boniforte. «Questo è strano».

«Che cosa è strano?»

«La giovane ha entrambi gli occhi calcinati, madame Boniforte soltanto uno».

Era vero. Ora che prestava maggiore attenzione, l'incarnato della Boniforte era come un'immagine distorta. Aveva qualcosa di asimmetrico, di brutto, come se fosse stato piegato da una mano invisibile.

«Vedete qui?». Con la bacchetta, Pavese sollevò il lembo di pelle spugnoso che era stato la palpebra. «L'occhio destro è integro, mentre il sinistro… vedete?».

Gallerani aguzzò la vista ma non notò nulla di particolare.

«È come arso, morto. Lo stato di putrescenza è meno evidente rispetto alle sclere e alle palpebre della ragazza, ma i segni di necrosi ci sono ugualmente. E qui poi… queste sono cicatrici. Vecchie cicatrici».

Fissando meglio ciò che restava di madame Boniforte, il notaio ripensò al dipinto visto a casa sua. Lo ricordava bene, perché il sapiente uso del chiaroscuro mostrava solo un lato della testa. Quello destro, per la precisione. Il sinistro, invece, quello con l'occhio deturpato e le vecchie cicatrici, era stato accuratamente occultato dal pittore.

«Gli occhi della Monticelli, dicevate invece, sono entrambi bruciati?». La domanda era per Bonaccini, ma tuttavia fu ancora Pavese a rispondere.

«È così: entrambi gli occhi bruciati a fondo per la giovane; solo il sinistro, in maniera più superficiale, per madame Boniforte».

A quelle parole, un'idea cominciò a farsi strada nella mente di Gallerani. Il dipinto… Gli effetti personali della Monticelli… Le parole di Nico… Il fatto che non possedesse libri né lettere… Era possibile…?

«Messer Lemma, andiamo», decretò a indirizzo del bargello e dei suoi birri, che erano rimasti in silenzio nel corridoio. «C'è una cosa che dobbiamo controllare alla Casa del Mercante».

Capitolo 34

Casa del Mercante, quartiere San Pietro. Un'ora più tardi. Metà mattina.

Il dipinto restituiva l'immagine di una matrona con l'attitudine al comando. In piedi, davanti a una finestra, teneva le mani in grembo e la testa girata da un lato, mettendo in risalto la parte destra, quella alla luce. Il lato sinistro del volto, come ricordava Gallerani, era invece completamente in penombra: non si vedevano le cicatrici e la forma lievemente distorta.

«Lo ha realizzato un giovanissimo artista di Caravaggio», si vantò messer Ruggero, impettito di fronte al dipinto nella stanza da letto di madame Boniforte. Attorno a lui i birri, il bargello e il notaio fissavano ammirati il quadro nella cornice dorata. «La padrona adorava l'uso della luce di Ugo da Carpi e Giovanni Baglione e aveva saputo di questo giovanotto: si chiama Merisi, e sperimenta con verderame, terre d'ombra e nero carbone».

«La vostra padrona aveva parte del viso deforme?», tagliò corto il Gallerani.

«Qualche mese fa», annuì messer Ruggero, «madame Boniforte aveva avuto un incidente, in uno dei suoi poderi. Era stata curata dai migliori medici fisici dell'Ospedale Grande ma non era stato possibile fare nulla per lo zigomo e per l'iride. Le erano rimaste cicatrici… e l'occhio *spento*».

«Per questo si era fatta ritrarre in questa posizione?».

Messer Ruggero fece cenno di sì. «Si vergognava un po'. Per quanto potesse vergognarsi una donna come madame Boniforte, s'intende».

«Usava bendare l'occhio ferito?». Gallerani si spostò di un passo e raggiunse lo scrittoio a scomparsa. All'interno del portagioie di madreperla aperto, si notavano dei lembi di stoffa neri che aveva già visto alla sua prima visita. Avevano una forma triangolare e due lacci che probabilmente si legavano dietro il capo.

«Esattamente», confermò il maestro di casa. «Non vedeva nulla dall'occhio sinistro e la pupilla vitrea faceva una certa impressione ai suoi ospiti, diceva».

Quelle parole erano la conferma che Gallerani cercava.

Non vedeva nulla dall'occhio sinistro.

Quaranta minuti più tardi, il notaio era seduto in un piccolo salottino nel palazzo Ippoliti, le gambe accavallate e la baronessa con la schiena diritta di fronte a lui.

«Credevo lo sapeste già…», si giustificò l'anziana, il labbro inferiore che le tremava come il coperchio di una pentola. «Avevamo preso a servizio Costanza proprio per aiutarla. Era stata abbandonata alla parrocchia di San Gervasio quando era ancora piccola. I genitori l'avevano lasciata alle suore appena si erano accorti che era quasi cieca».

«Qualche giorno fa mi avete detto che faticava a orientarsi, *non* che era cieca», ribatté il notaio.

«È così infatti. Aveva qualche problema, *di vista*. Ci vedeva poco, insomma: ombre e luci, per lo più, e quindi si orientava a fatica in città. Per questo volevo che non andasse mai sola al pozzo».

Quelle parole furono una pugnalata per l'autostima di Gallerani. Perché non aveva collegato prima quei piccoli indizi? Perfino Nico Scarpetta, adesso che ci pensava, aveva rivelato un aneddoto che avrebbe dovuto farlo pensare.

«Non sono bello», gli aveva confessato, quando era andato a denunciare la scomparsa di Costanza. «Alcuni dicono che se si è fidanzata con me era perché non ci vede bene».

Il notaio si carezzò la folta barba canuta. Adesso trovavano spiegazione molti piccoli tasselli in cui si era imbattuto nei giorni precedenti. Il fatto che fra gli effetti personali della ragazza non avesse rinvenuto né libri né lettere. Anche chi non sapeva leggere aveva sul comodino almeno una Bibbia o qualche missiva. E poi i ceri quasi nuovi nella sua camera, inutili per chi non ci vedeva; le maniglie diverse dell'armadio, per essere riconosciute al tatto; perfino quello strano stelo pieghevole: un bastone proprio per *orientarsi*, forse?

Come aveva potuto non capire? Entrambe le vittime avevano problemi di vista. La Monticelli a entrambi gli occhi, la Boniforte solo a uno. Le loro teste erano state decapitate per celare quella menomazione a chi stava indagando? La cecità era forse un possibile collegamento all'assassino?

«Cosa avete detto poco fa?». Improvvisamente Gallerani si voltò verso la porta smaltata, dove il bargello era immobile sull'attenti.

Lemma si guardò alle spalle, per verificare che il notaio non stesse parlando con altri. Ma non era così. Aveva rivolto di punto in bianco quella domanda proprio a lui. «Poco fa?»

«Sì, all'ospedale. Mi avete detto che ieri sera c'è stata una disputa familiare alla parrocchia di San Gervasio».

«È così, eccellenza: pare che uno zio da poco tornato in città abbia fatto prelevare con la forza la nipote dall'istituto».

Gallerani si poggiò al bastone, ma la fatica per alzarsi fu appesantita dal peso della conoscenza. «San Gervasio. Dalle suore non vedenti», commentò tra sé. Fissò la baronessa, che lo stava guardando a sua volta con viso interrogativo. «Temo che non si trattasse affatto di una disputa familiare: purtroppo potremmo avere presto un'altra vittima del *Cacciatore di cieche*».

Capitolo 35

Da qualche parte sulle rive del fiume Po, domenica 25 marzo 1590.
Tarda mattinata.

De Tatti emerse dal canneto che costeggiava gli argini del fiume e si ritrovò in un piccolo viottolo. Alla sua sinistra il terreno degradava dolcemente. Scorse alcuni casali, recintati da bassi muretti a secco, con gruppetti di capre e pecore. In fondo, oltre un appezzamento paludoso, scorreva un fiumiciattolo sovrastato da un ponticello. Poco oltre, un piccolo insediamento di modeste abitazioni raggruppate attorno a un campanile squadrato.

Stanco dopo le notti all'addiaccio, impolverato, con le braghe e le scarpe infangate, si fermò. La campana del borgo stava suonando e questo sollecitò il suo appetito: bussare alla chiesa per domandare un pasto caldo era la migliore idea da due giorni a quella parte.

Mentre contemplava il paesaggio slavato, punteggiato di pioppi alternati a pozzanghere colme di ninfee, ripensò a come era arrivato fino a lì. Giusta o sbagliata, la scelta che lo aveva spinto a fuggire dopo la decapitazione dell'ambasciatore se non altro l'aveva portato lontano dai birri. Non sapeva la ragione per la quale lo avevano inseguito, visto che erano stati loro a uccidere de La Sablière, ma non si era fermato per chiederglielo. Il suo spirito di conservazione aveva prevalso e l'aveva condotto prima su quel tetto e poi nel Portazzuolo dietro il portello di San Francesco.

Mescolatosi a commercianti intenti a mercanteggiare su ortaggi e pescato, era riuscito a salire su una barchetta e ad attraversare il lago. Una volta sulla sponda sud, aveva proseguito a piedi. Con sé, oltre alla lettera che avrebbe dovuto consegnare all'ambasciatore, non aveva che pochi scudi, ma era deciso a lasciare ugualmente il ducato alla volta di Ferrara. Se i birri dei Gonzaga lo stavano davvero cercando, i territori degli Estensi erano la scelta migliore. Non troppo distanti per un uomo a piedi – due o tre giorni, aveva stimato – e sufficientemente grandi da potersi nascondere per qualche tempo. Avrebbe dovuto cambiare nome, certo: se da una parte quella sarebbe stata la garanzia di restare vivo, dall'altra sapeva però che il non poter usare il cognome di suo nonno gli avrebbe precluso l'attività di pittore.

Morso dalle incertezze, aveva così trascorso la prima notte a camminare, destreggiandosi nel buio tra la fanghiglia dell'alveo del Mincio e stradicciole di campagna. Quando era stato sufficientemente lontano, con il Po a frapporsi tra lui e l'improvvida fuga, aveva però riconsiderato i suoi piani. Perché stava scappando? Perché doveva abbandonare ciò che aveva costruito a Mantova, se non aveva fatto nulla? Si era seduto all'ombra di una grande quercia e aveva fatto i conti con i suoi pensieri.

Qualcuno voleva incastrarlo per la morte di madame Boniforte, questo lo sapeva già. Le parole udite dalle guardie davanti alla porta della Pratella gli fornivano però un ulteriore elemento.

«Avete udito?», aveva bofonchiato uno dei militi. «Là in fondo c'è qualcuno. *Deve essere lui*».

"Deve essere lui" significava che *sapevano* si sarebbe trovato lì. «Fermatevi, De Tatti, non vi faremo nulla». Il fatto che lo avessero chiamato per nome oltretutto non lasciava spazio a fraintendimenti. Era buio. Non era possibile che lo avessero riconosciuto e tuttavia lo avevano chiamato per nome.

Perché? Perché volevano addossargli anche la colpa dell'uccisione dell'ambasciatore?

Non conosceva la risposta, ma più ci pensava, più la missiva che avrebbe dovuto consegnare gli sembrava importante. L'aveva riaperta e si era nuovamente perso su quell'accozzaglia di lettere sconclusionate. Nello scritto c'era qualcosa di estremamente importante, che andava al di là delle sue conoscenze. Era come trovarsi davanti una montagna con la cima coperta di nuvole. Non poteva vedere la vetta senza salire…

Cosa doveva fare quindi? Sarebbe stato saggio tornare indietro e consegnare la lettera al notaio del maleficio? Dopo l'interrogatorio si era informato e aveva scoperto che si chiamava Gallerani; era soprannominato il notaio filosofo e passava per un funzionario integerrimo e stimato. Sarebbe bastato? Decise di no: integerrimo o meno, l'avrebbero arrestato senza dargli il tempo neppure di parlare. Non poteva quindi rientrare a Mantova senza un piano preciso. Un piano che gli consentisse di discolparsi, riabilitando al tempo stesso il suo vero nome. L'unico che gli avrebbe permesso di continuare a dipingere…

Il rintocco della campana lo riportò, sporco, accaldato e stanco, sul viottolo che conduceva al borgo. I solchi dei carri lasciavano al centro un ciuffo ingiallito che serpeggiava tra il paesaggio lacustre. Lo seguì di buon passo, costeggiò un vecchio edificio in pietra grigia con il tetto in terracotta coperto di edera, un uliveto e una piccola vigna. Superò recinti per le bestie, rastrelliere per il foraggio e una colombaia e infine si ritrovò tra le case che portavano alla chiesa.

Fermo all'ombra del campanile, osservò i fedeli uscire ordinatamente a testa bassa dal portone, il prete che li salutava a uno a uno chiamandoli per nome. Erano contadini, per lo più, con abiti consunti ma in ordine per la messa domenicale. C'era anche qualche cappello piumato, dei mantelli più di prestigio, ma nel complesso si trattava di povera gente.

Si avvicinò per capire se qualcuno potesse essere intenzionato a dar da mangiare a un viandante. Se gli avessero chiesto il nome, avrebbe risposto che si chiamava Antonio Rivolta. Aveva elaborato anche una storia per rendere credibile il suo viaggio: veniva da

Lecco e stava andando da suo cugino a Ferrara. Ma tutto ciò non fu necessario, perché le prime parole che udì da parte dei fedeli appena usciti dalla chiesa lo folgorarono.

«Pare siano state ritrovate le teste delle due donne», stava dicendo un tizio sdentato a un suo compare in brache e farsetto.

«Ho sentito che erano cieche», aggiunse quest'ultimo.

De Tatti si immobilizzò. Sapeva bene del problema di vista di Rita, ma non poteva immaginare che anche la prima vittima fosse cieca.

«Sembra che l'assassino abbia asportato gli occhi per mangiarli».

«Macché mangiarli; li ha carbonizzati, come per marchiarli a fuoco».

De Tatti si dondolò sui piedi, ormai attorniato dai fedeli sul sagrato. Entrambe le donne erano cieche ed entrambe le teste erano state ritrovate.

«Scusate, lorsignori», disse, avvicinandosi ai due contadini. «Non ho potuto fare a meno di udire i vostri discorsi».

I contadini lo guardarono con diffidenza, senza proferire parola.

«Forse non sapete che c'è stato un altro delitto…».

Sul volto del più alto, comparve l'espressione impaziente di un giovanotto scalmanato che debba sorbirsi la predica di un genitore. «Un altro delitto?»

«Ho sentito che anche un ambasciatore francese sarebbe stato ucciso». De Tatti sottolineò le sue parole digrignando i denti.

«L'ho sentito anche io», fece un altro, che si aggiunse al crocchio sul sagrato. «Ma lui non era cieco; pare oltretutto che la testa dell'ambasciatore non fosse *nel pozzo* dove hanno trovato quella delle due donne».

All'improvviso, l'immagine del boia che infieriva al chiaro di luna sul corpo di de La Sablière si parò davanti agli occhi del pittore. La testa si era staccata di netto ed era rotolata in un canale di scolo, verso la Fossa Magistrale. *Non in un pozzo.*

Mentre il gruppetto di curiosi si infoltiva e i dettagli della vicenda si facevano via via più fantasiosi, De Tatti si allontanò lentamente. Aveva avuto un'idea…

Capitolo 36

Mantova, porta dei Mulini. Molte ore dopo.
All'imbrunire.

«Rivolta», dichiarò, saltando giù dal calesse. «Mi chiamo Antonio Rivolta».

«Motivi del viaggio? Quanto vi fermate? Quando ripartirete? Siete in salute?». Il capo di compagnia addetto agli ingressi in città era seduto a un tavolino. Alzò appena lo sguardo dal suo registro. Prima di smontare, doveva completare i controlli su almeno quindici carri, incolonnati ordinatamente sul ponte arso dalla luce rossa del tramonto.

«Commerciamo in olio. Ci fermiamo due settimane», inventò De Tatti. Approfittando della gentilezza di uno dei contadini del borgo, che in cambio di un aiuto con la merce si era offerto di accompagnarlo con il suo carro, era riuscito a tornare a Mantova in mezza giornata.

«Ripartiremo il 10 aprile», aggiunse il compagno di viaggio da sotto il cappello che gli ombreggiava la fronte. «Siamo in perfetta salute».

Il capo compagnia annotò qualcosa con la sua penna d'oca e poi fece cenno ai birri di aprire il portone. «Avanti!», sbraitò, rivolgendosi subito ai foresti che venivano dopo De Tatti.

Mentre l'eco della voce si spegneva oltre le porte, il pittore tirò un sospiro di sollievo. Se lo stavano cercando, probabilmente erano più attenti a chi fuggiva dalla città e non a chi stava entrando.

«Messer Rivolta», si rivolse a lui il contadino. «Temo che le nostre strade si dividano qui. Non è vero?». Sembrava titubante, quasi non volesse salutare il giovanotto che l'aveva accompagnato.

«È così purtroppo», confermò De Tatti. «Vi ringrazio per la vostra compagnia, messer Fausto. E soprattutto per il prestito». Così dicendo, poggiò il palmo sulla gerla che il contadino aveva acconsentito a lasciargli usare. Lo salutò e si fece inghiottire dalle ombre dei vicoli di San Jacopo.

Non poteva permettersi di perdere altro tempo: le indagini erano certamente progredite negli ultimi giorni e se voleva essere sicuro di essere ascoltato, doveva arrivare prima di Gallerani in un luogo ben preciso. Camminò di buon passo lungo i bastioni fiancheggiati da case basse di legno, alcune con il tetto di paglia, altre coperte di tegole. In una finestra brillava la luce di una candela e intravide persino un'ombra femminile occultata da una tenda. Senza che quasi se ne accorgesse, all'udire dei primi rintocchi dell'Ave Maria, si ritrovò a costeggiare le mura del convento di San Francesco e subito dopo comparvero le torri della Pratella. Era di nuovo lì a tre giorni esatti dall'uccisione dell'ambasciatore.

Accelerò il passo, nascondendo la testa sotto il cappuccio del mantello e raggiunse il punto in cui de La Sablière era stato decapitato. La scure che infieriva sul corpo esanime gli si parò davanti, come un monito sulla sua sorte, se solo l'avessero visto. Ma nessuno lo notò. Rallentò il passo in prossimità della macchia di sangue che ancora insozzava il selciato e andò diritto, verso il canale di scolo.

«Chi va là?». Una voce, lontana ma autoritaria, lo costrinse a fermarsi. Si voltò solo per rendersi conto che i nuovi soldati che stavano montando di guardia avevano fermato un cavaliere in groppa a un ronzino nero. Sollevato, continuò per la sua strada.

La testa dell'ambasciatore era rotolata lontano dagli assalitori ed era caduta verso la Fossa Magistrale. Si trattava di un canale, in alcuni punti largo poco meno di un braccio, che da sotto il Bastione d'Ognissanti conduceva direttamente al fiume. A volte ci finivano i rifiuti del mercato, i liquidi dei pitali, e le deiezioni degli animali. Nessuno si sarebbe preso la briga di andare a rimestare in quell'anfratto immondo a meno che non sapesse cosa cercare.

Certo, dopo la sua fuga, le guardie sarebbero potute tornare indietro per recuperare la testa dell'ambasciatore. Ma non era detto che l'avessero fatto; dopotutto, l'obiettivo era lui, e l'ambasciatore era solo la scusa per incastrarlo.

Saltò con le calzebrache nel pantano del canale e per non essere scorto dal vicolo sovrastante, procedette carponi. L'odore nauseabondo gli provocò un conato di vomito che faticò a ricacciare in gola, ma si costrinse a proseguire. Pestò qualcosa che si muoveva ancora e giurò perfino di essere stato morso a un polpaccio. Alla fine però, dove le mura si facevano più spesse, il suo coraggio fu ripagato: la testa mozzata dell'ambasciatore era ancora lì, incastrata nella grata che fungeva da setaccio prima che i rifiuti venissero riversati nel lago. Il taglio sul collo era nero e netto e faceva da contraltare al pallore del volto. I capelli danzavano nell'acqua scura come i tentacoli di una medusa.

Senza pensarci due volte, l'afferrò e la tirò a sé. Ma era incastrata. Imprecò e trattenendo un nuovo conato fu costretto ad avvicinarsi di più e ad afferrarla con entrambe le mani. I ferri a croce della grata erano conficcati tra le ossa sporgenti del collo. Tirò più forte, infilando le dita tra il mento gonfio e le orecchie. Una. Due e tre volte. Non successe nulla. Per un momento considerò seriamente di lasciare la testa dov'era e di andare a chiamare rinforzi. Poi cambiò idea. Non aveva fatto tanta strada per restare a mani vuote. La testa, oltretutto, era l'elemento essenziale del suo piano. Si fece forza ancora una volta e caricò un calcio dall'alto verso il basso. E a quel punto uno scricchiolio secco annunciò un movimento ondulatorio. La corrente fece ondeggiare quel teschio coperto di pelle, ma lui fu celere ad afferrarlo al volo per i capelli.

Esausto, con la bocca secca e il sudore che luccicava sulla pelle pallida, la infilò di getto nella gerla di messer Fausto e, come un sorcio, uscì dal canale.

Capitolo 37

Nei pressi di porta Leona, quartiere San Pietro. Mezz'ora più tardi. Ora prima.

Sprofondato in una confortevole poltrona del suo salottino, Gallerani ingollò un altro bicchiere di vino. Era una pessima abitudine, lo sapeva, ma da quando era rimasto solo quella era la sua migliore compagnia. Si sforzava di non bere di giorno, mentre il lavoro gli teneva impegnata la mente, ma la brocca di rosso del Montenetto era la sua compagnia quando era da solo. Come la sera.

Allungò le gambe e chiuse gli occhi. Non era ancora sufficientemente alticcio da dimenticare i problemi, così la sua mente continuava a rimuginare. Aveva dedicato l'intero giorno precedente a raccogliere elementi sulla questione che continuava a tormentarlo: la terza ragazza. Il suo rapimento alla parrocchia di San Gervasio aveva confermato che, almeno per un filone dell'inchiesta, il difetto visivo delle vittime era determinante. Se da una parte l'istituto della chiesa aveva infatti ammesso che la giovane Benedetta era cieca dalla nascita, aveva acquisito un elemento in più: anche la prima vittima, Costanza Monticelli, risultava essere stata ospite delle suore che si occupavano di accogliere le sfortunate giovani.

Massaggiandosi le tempie, si domandò che fine avesse fatto la ragazza. Nulla riusciva a togliergli dalla mente che la disputa a seguito della quale era scomparsa fosse collegata all'assassino. Voleva assolutamente evitare che Benedetta diventasse una nuova vittima, ma d'altra parte non aveva indizi per ritrovarla.

Gallerani si appoggiò al bastone e si alzò a fatica, andando verso la finestra. Il vino doveva cominciare a sortire un qualche effetto, perché ebbe l'impressione che in strada i suoi gemelli stessero giocando rumorosamente. Alzò le tende e la fredda luce della notte invase la camera.

Guardò giù e riuscì a inquadrare solo l'acqua scura del canale che scorreva placida, tagliando in due la città.

Tornò a riflettere: il fatto che le tre donne fossero tutte cieche rendeva ancora più complicato incastrare nella vicenda l'omicidio dell'ambasciatore. Cosa legava Antoine de La Sablière al loro destino, se non la sorte della decapitazione? Lui ci vedeva bene, a quanto ne sapeva, e le differenze con le altre due vittime erano davvero troppe per essere casuali. Ciò avvalorava quindi l'ipotesi che aveva rappresentato all'inquisitore Istriani: si trattava di delitti indipendenti.

La maggior parte dei criminali erano dilettanti approssimativi e commettevano errori: per questo venivano acciuffati. Le teste ritrovate e il rapimento della giovane a San Gervasio erano forse l'errore che Gallerani aspettava? Gli tornarono in mente piccoli dettagli dei suoi interrogatori. Frasi lasciate a metà dai testimoni, incertezze e dubbi... Improvvisamente, senza che quasi se ne rendesse conto, l'immagine di un sospetto sostituì nel suo immaginario quella della brocca di vino sul tavolo. Era davvero possibile o erano i fumi dell'alcol ad avergli messo in mente quell'idea? Incredibilmente, ora vedeva un filo lieve che legava il possibile colpevole alle vittime: un filo lieve che, se identificava un ipotetico assassino, non chiariva però il movente.

In quel momento, la sensazione che ci fosse qualcuno in strada si fece più reale. Dei colpi di batacchio ritmici e insistenti stavano rimbombando nell'androne. Qualcuno stava bussando alla porta.

Gallerani accantonò le sue riflessioni e si mosse sorreggendosi al bastone. Andò al portone e si sistemò il giustacuore.

«Chi è?», grugnì, alticcio. Se avesse aperto, l'ospite inatteso, chiunque fosse, si sarebbe certamente accorto dell'odore di vino.

«Fatemi entrare, eccellenza».

La voce era maschile e non gli era del tutto ignota. Incredulo, scosse il capo e dimenticando il vino aprì di getto. «Cosa ci fate voi qui?».

Giulio De Tatti, il mantello a coprirgli il capo, gli mostrò la gerla che portava sulle spalle. «Ho qualcosa da farvi vedere».

«Come mi avete trovato?»

«Siete stimato da molti, notaio», confessò il pittore. «O dovrei chiamarvi notaio filosofo. Ho semplicemente chiesto in giro».

Gallerani studiò meglio il giovanotto. Emanava un olezzo profondo e persistente, davanti al quale il problema dell'odore di alcol passava decisamente in secondo piano. I suoi abiti erano inzuppati e lerci. «Cosa vi è capitato?»

«È una lunga storia». In quel momento, una ronda di birri, di cui si vedeva solo una lanterna dondolante nel buio, svoltò dalla chiesa di Santa Croce, in fondo al vicolo. Erano diretti verso di loro.

«Presto, non fatemi restare sulla strada: ho una cosa da mostrarvi».

Gallerani sporse la testa dall'uscio e intravide il gruppetto di militari che marciavano rumorosi. Si fece così di lato in un tacito invito a entrare e subito dopo richiuse la porta. La luce della stanza rese ancora più chiaro lo stato miserrimo del giovane. Emanava tuttavia qualcosa di insolito: forza, speranza e al tempo stesso, forse, paura.

«Mi dovete più di una spiegazione, maestro De Tatti».

«So chi ha ucciso l'ambasciatore francese», sbottò subito il pittore.

«Non siete il solo a dirlo: qualcuno ad esempio insiste che sareste stato voi a decapitare de La Sablière».

«Non sono stato io! Mi vogliono incastrare». De Tatti sfoderò un sorriso risentito, poggiando la gerla sul pavimento. «Ma voi non gli credete, giusto? L'ho capito alla locanda: non mi ritenete colpevole di delitti così efferati».

«È sangue quello?», cambiò discorso Gallerani, indicando la gerla.

«State indietro, eccellenza, vi prego». Così dicendo De Tatti tolse il coperchio e come un giullare che si dilettava in trucchi di magia, sollevò la testa dell'ambasciatore.

Disgustato, Gallerani si voltò di scatto. «Santissim…».
«Permettete che vi spieghi».
«Come avete avuto quella testa?»
«Ve l'ho detto, ho visto gli assassini. Sono stati i birri. Gli hanno sparato e poi una specie di boia, un omaccione armato di scure, l'ha decapitato in strada; la testa è rotolata nella Fossa Magistrale».
Il notaio deglutì. Non voleva guardare la gerla, ciò nonostante era come una calamita per il suo sguardo.
«Ho sentito che alle altre due vittime sono stati asportati gli occhi», illustrò De Tatti. «Allora ho pensato di portavi *questa*. Sono andato a cercarla, visto che sapevo dov'era… affinché mi credeste».
«La curiosità è insubordinazione nella sua forma più pura», sorrise il notaio. Per essere un *mollaccione*, come l'aveva definito il conte Arianti, De Tatti aveva uno stomaco forte.
Nel frattempo, il pittore sollevò di più il capo gonfio e inanimato di de La Sablière e lo portò a favore di luce. Era esangue, blu, con un sorriso uguale a quello di un teschio. «Vedete, i bulbi oculari dell'ambasciatore ci sono eccome», esclamò.
«Riponetela, vi prego». Gallerani cercò di essere garbato ma il suo disagio risuonò nelle parole come la nota stonata di una corale. Per quanto trovasse quella situazione surreale e ai limiti dell'inverosimile, il fatto di avere davanti la prova tangibile della sua teoria gli diede forza: i delitti erano diversi e questo avvalorava l'intuizione che gli assassini fossero almeno due.
«Poc'anzi dicevate che vi vogliono incastrare».
«È così. Quando hanno ucciso l'ambasciatore sapevano che sarei stato lì. Mi aspettavano».
A quelle parole, Gallerani ripensò a quanto gli aveva raccontato Simonetti, l'ufficiale che aveva denunciato il giovane. «Urlavano», aveva detto, parlando del litigio tra il pittore e l'Arianti. «Pare che il conte gli abbia ordinato di andare all'appuntamento alla Pratella per consegnare una lettera».
«Cosa ci facevate alla porta della Pratella proprio giovedì sera?».
De Tatti fissò il muro come se l'intonaco avesse una faccia e *lo* stesse guardando a sua volta. Non poteva dire la verità senza ri-

velare l'esistenza dello scritto che teneva sotto il mantello. D'altra parte non voleva certo farsi accusare di spionaggio adesso che l'accusa di assassinio sembrava essere quasi scongiurata. Mentre provava a elaborare su due piedi un'improbabile bugia, la fortuna girò, perché qualcuno bussò alla porta. Di nuovo.

«Chi è?», urlò il notaio, senza muoversi di un pollice.

«Eccellenza, scusi l'ora». Da oltre lo stipite giunse un vocione netto, nasale. «Sono il caporale dei fanti di notte. Va tutto bene?».

Gallerani contemplò De Tatti. Il suo viso era sbiancato nell'udire le parole "caporale" e "fanti". «Spostate quella... *cosa*», sussurrò il notaio. «E rimanete in silenzio».

Il giovane fece scorrere la gerla con il piede e si infilò nell'ombra della stanza attigua.

«Certo che va tutto bene», borbottò Gallerani, zoppicando verso la porta. Socchiuse l'uscio e cacciò fuori solo il naso. «Perché non dovrebbe?»

«Ci hanno segnalato un *foresto* da queste parti. La vostra vicina afferma di averlo veduto entrare nella vostra casa». Il caporale, un giovanotto dal tono non troppo arguto, si grattò la testa, domandandosi se non fosse stato troppo solerte. «Sapete, con quello che sta succedendo, abbiamo pensato vi potesse servire aiuto».

Gallerani si lasciò andare a una risata misurata. Voltò il capo verso l'ombra del mantello di De Tatti, che si allungava sulla scalinata d'alabastro, e tornò a fissare il caporale. Avrebbe potuto semplicemente dire la verità: che il sospettato che in tanti cercavano era in casa sua... con la testa della sua vittima.

«Nessun aiuto, vi ringrazio», ammonì invece, poggiando paternalisticamente una mano sulla spalla del giovane. «E dite alla mia vicina che *bere vino non è la risposta, piuttosto ti fa dimenticare la domanda*».

Capitolo 38

Monastero benedettino di Sant'Andrea, Mantova, 1048 d.C.
542 anni prima... Due secoli dopo il primo ritrovamento del Preziosissimo Sangue.

Beatrice di Lorena, sposa di Bonifacio di Canossa, aveva vissuto a Mantova abbastanza a lungo da conoscere molto bene la storia della città. Sapeva che dopo l'invasione degli ungari, quei territori erano stati assegnati dall'imperatore alla famiglia di suo marito. Insieme ai feudi sulle rive del Mincio, negli anni erano entrati a far parte del dominio dei Canossa anche Modena, Carpi e Reggio, Brescia, Ferrara, Parma, Piacenza, Cremona. Oltre alla Toscana, naturalmente, che le aveva permesso di fregiarsi del titolo di marchesa.

Era una donna ricca, stimata e considerata da tutti la mano invisibile che aveva guidato le conquiste di Bonifacio. C'era lei dietro l'ambizione del marito di diventare il *dominus* dell'intero Nord Italia. E c'era lei dietro l'accumularsi di un patrimonio di terre degno di un re. Grazie all'investimento di centinaia di libbre d'argento, aveva acquisito poderi da Milano al Lucchese, alcuni dei quali persino *cum castro et turre*.

Tra le vicende che Beatrice aveva appreso nei suoi soggiorni a Mantova, ve ne era una, tuttavia, che stimolava la sua fede molto più della storia dei Canossa. In città aveva trascorso tre mesi di festeggiamenti per il suo matrimonio. Proprio durante quei lunghi banchetti, in cui le vivande erano servite in vasellami d'oro e il vino in secchi, aveva appreso il motivo per il quale quella diocesi era tanto importante. La vicenda del ritrovamento del sangue di Cristo si perdeva nella notte dei tempi eppure aveva solleticato la sua sete di conoscenza; alcuni sostenevano che per sfuggire ai barbari, la reliquia ritrovata da un fedele di sant'Andrea fosse stata nuovamente seppellita. Si diceva una parte nel giardino dell'allora ospedale e un'altra nella vicina chiesa di San Paolo. In quei terreni era poi sorto il monastero benedettino di Sant'Andrea. Esattamente dove si trovava adesso…

«Come sapete», chiosò il vescovo Marciano, camminando sotto un porticato sorretto da colonne, «l'edificio è stato voluto dal mio predecessore Itolfo, per affermare il potere episcopale di fronte a san Benedetto Polirone». Era di mezza età, scalzo, curvo e avvolto in un abito di lana grezza.

«Conosco la storia», assentì Beatrice, che seguiva il religioso con passo veloce. Dietro di lei, un folto seguito di servitori, paggi e garzoni muniti di mazze, si muoveva con discrezione. «Come vi dicevo nella mia lettera, sono però più interessata alla chiesetta nel luogo della prima *inventio*».

«Ma certo, marchesa, è proprio lì che vi sto conducendo». Il vescovo fece strada e la piccola delegazione si infilò in un corridoio laterale, che li condusse giù per una scala buia e ripida. «In questa zona un tempo c'era l'orto dell'ospedale. Si dice che qui fosse stata trovata la reliquia. Fu Leone III, dopo averne accertato la genuinità, che ordinò di costruire la cappella. Eccoci».

Riemersero alla luce del sole e si fermarono sul lato di un chiostro: c'erano alcune aiuole, rade, ma in primavera dovevano essere di sicuro molto appariscenti. Le spine dei cespugli di rose sfiorite brillavano alla luce mattutina, davanti ai battenti di una piccola chiesa con pareti in calce bianca. Beatrice attese che due frati aprissero la porta e fu introdotta nell'angusta navata. Il transetto era sorretto da archi a tutto sesto. L'abside aveva forma semicircolare, con un affresco raffigurante forse il giudizio universale, che copriva l'intera cupola. Intorno all'altare, quattro nicchie ospitavano altrettante statue lignee di san Giacomo, santa Barbara, san Ruffino e naturalmente sant'Andrea.

«È questa la cappella che è apparsa in sogno alla vostra servitrice?».

La marchesa annuì lentamente. Il motivo della sua visita al monastero era il sogno che le aveva raccontato la sua dama di compagnia. La giovane, una ragazza a modo di origine campana, era devota di sant'Andrea e l'apostolo di Cristo le era apparso nel sonno. Per la seconda volta, aveva spiegato dalla sua croce, era necessario riportare alla luce la sacra reliquia del sangue di Cristo. Solo la sua padrona, aveva detto, era in grado di poterlo fare.

«Le statue sono mai state rimosse?».

Il vescovo allargò le braccia. «La chiesa è qui da duecento anni. Come vi dicevo, per non profanare il luogo del primo ritrovamento, il monastero è stato costruito tutt'intorno».

«Va bene, cominciamo a toglierle», ordinò la marchesa, con il piglio di un generale che dava ordini alle sue truppe.

Marciano scivolò nel silenzio. Le decime non bastavano mai e conosceva la grande disponibilità di denaro della consorte di Bonifacio. Sapeva che se fosse stata soddisfatta, se avesse trovato ciò che cercava, ne sarebbe derivato un obolo per il monastero. Chissà, forse con le sue montagne di denaro avrebbe persino fatto costruire una nuova chiesa o una cattedrale.

Gli operai della contessa si misero al lavoro. Rimossero le statue, che riposero ordinatamente lungo il porticato, e cominciarono a infierire con martelli e picche sulle nicchie dell'altare. Gli affreschi si sgretolarono e la polvere invase la navata. La marchesa si fece il segno della croce e rimase immobile dov'era, lo strascico sul pavimento e le braccia dritte lungo i fianchi.

Occorsero diversi minuti perché tutte le nicchie fossero demolite. Dietro ognuna non c'era altro che un muro di mattoni, tenuto insieme dalla pozzolana grigia.

«Non c'è nulla, dunque?». Beatrice era chiaramente delusa. Aveva sperato che il sogno della sua dama di compagnia fosse rivelatore, esattamente come quello di secoli prima.

«Le nicchie erano poggiate al muro portante dell'abside», spiegò il capomastro, la picca adagiata sulla spalla come se fosse pronto a scaricare un altro fendente. «In mezzo però sembra ci fosse una porta».

Si spostò, per fare in modo che la luce proveniente dal rosone illuminasse la voragine di polvere e mattoni prima occupata dalla statua di sant'Andrea.

«Vedete?», indicò l'uomo. «Le pietre sono più chiare e la pozzolana qui è più scura».

«Cosa c'è oltre il coro?», domandò la marchesa al vescovo.

«Nulla, che io sappia», allargò di nuovo le braccia Marciano. Interpretando il disappunto della potenziale benefattrice, si sforzò però di aggiungere maggiori dettagli. «Forse il refettorio. O la dispensa».

«Buttate giù il muro», ruggì Beatrice, senza neppure lasciarlo finire. «Vediamo cosa nasconde la porta».

Gli operai si disposero a semicerchio e ricominciarono a martellare. Il rimbombo delle mazze riempì di nuovo la navata della chiesa, ma questa volta la polvere non fece in tempo neppure a depositarsi.

«Marchesa, guardate!».

Gli operai si scostarono e lasciarono che il raggio di sole solitario fosse proiettato all'interno. La marchesa si avvicinò e constatò con un certo sollievo che, oltre la parete divelta, si era aperta una piccola camera mortuaria: conteneva un sarcofago in pietra e una cassa di piombo. Sul primo era stato scolpito il nome in latino di Longino. Sulla seconda, un'incisione ossidata non lasciava adito a dubbi su quale fosse il contenuto: *Iesu Christi Sanguis*.

Capitolo 39

Chiesa collegiata di Santa Barbara, quartiere San Pietro, lunedì 26 marzo 1590.
Nello stesso istante in cui i fanti di notte bussavano alla porta del notaio Gallerani.
Ora prima.

I vespri erano da poco terminati quando il cappellano Cintio Petrozzani spense l'ultima candela del tiburio.

I benedettini si erano già ritirati e il grande presbiterio era vuoto e silenzioso. Il prete percorse la navata avvolta nella semioscurità, salì i gradini dell'altare e si fermò sotto la cupola.

Respirava in modo affannato, ma non era per la fatica dei suoi compiti terreni. Il fatto di essere il cappellano lo impegnava spirito e corpo e richiedeva la sua grande attenzione affinché la chiesa di Santa Barbara fosse perfetta. Sempre. Dopotutto quello era il luogo di culto più intimo dei duchi. Voluta da Guglielmo Gonzaga trent'anni prima, Santa Barbara sorgeva al centro degli edifici del palazzo Ducale, stretta tra il castello di San Giorgio e il cortile della Cavallerizza. Vi era perfino un lungo corridoio, che costeggiando la cancelleria la collegava alla Corte Nuova.

Cintio Petrozzani era diventato il cappellano di quella piccola ma sublime chiesa quasi subito. Era stato proprio il duca Guglielmo, il padre dell'attuale duca Vincenzo, a raccomandare al vescovo il suo nome. Di buona famiglia, terzo di quattro figli, la sua intera esistenza era stata fin da subito consacrata a Dio. Ma per quanto fosse considerato da tutti un prete modello, Cintio sapeva di non meritare quel rispetto. Era un peccatore. Un peccatore che aveva commesso crimini peggiori dell'omicidio. San Giovanni Crisostomo, lo stesso san Paolo e da ultima l'Inquisizione, perseguitavano quelli come lui.

«Ecco, questa fu l'iniquità di tua sorella Sodoma», gemette Cintio, mentre si inginocchiava davanti all'altare. L'abside decorata, con i cassoni che si intersecavano gli uni sugli altri, riluceva alla luce bluastra che penetrava dalle alte finestre. Il crocifisso lo fissava dall'alto, arcigno, serioso, accusatore.

Il cappellano scosse la testa. Portò la mano alla cintura, dove aveva assicurato un piccolo pugnale turco con l'impugnatura d'osso. Lo strinse fino a che le dita non sbiancarono. Poi lo lasciò e si sfiorò l'inguine. Provava dolore… lo stesso dolore che l'aveva spinto a chiedere l'aiuto degli uomini. Non era nulla di grave gli avevano spiegato, era un disturbo tipico della sua età. Sarebbe guarito, gli era stato assicurato, e per un po' era stato meglio. Poi, però, senza sapere esattamente come, era caduto nel peccato. Il fato lo aveva messo davanti all'altra persona e lui non aveva saputo resistere. Era caduto nel vizio peggiore e per questo meritava l'inferno.

Si sfiorò le tempie. Il suo riflesso sui candelabri d'argento gli restituì l'immagine di qualcuno che non era lui. Si guardava e non riusciva a riconoscersi. Come aveva potuto? Come aveva potuto lasciarsi trascinare al punto di offrire in cambio ciò di cui non poteva disporre? E solo per avere quello che il suo corpo bramava…

Era sempre stato solo e la solitudine a volte fa brutti scherzi. Si era sforzato per anni di nascondere la sua vera essenza, ripetendosi che lui era forte e che ce l'avrebbe fatta ugualmente. Come era sempre stato. Ma poi era successo. Per caso forse, ma le carezze di un altro uomo gli avevano regalato sensazioni tanto forti da non riuscire a fermarsi.

La notte, quando era nella sua cella, si girava nel letto, ripetendosi che stava sbagliando. Chiedeva perdono a Dio e piangeva. Il giorno successivo, però, non era capace di fermarsi. Si era arrovellato senza sosta ed era arrivato a una conclusione: non aveva altra scelta se non…

Si alzò e nell'ombra scese i gradini del presbiterio. Piangeva. "Nasciamo soli, moriamo soli", si disse, ciabattando con i sandali sul pavimento.

Raggiunse la cappella dove era custodita una grande cassa di cristallo, ornata da molte colonnine. All'interno era custodito un vaso d'oro purissimo, che a sua volta conteneva una piccola ampolla. Sfiorò con il coltello il vetro e fu scosso da un brivido.

«Sono un peccatore», piagnucolò. «Sono un peccatore. Sono un peccatore».

Strinse la mano attorno al manico del pugnale e infine rigirò la lama verso il suo stesso addome.

Il dolore lo pervase ma chiese un'ultima volta perdono al Signore: il suicidio era peccato mortale, lo sapeva bene. L'inferno, tuttavia, l'avrebbe accolto in ogni caso per ciò che aveva già fatto e che avrebbe continuato a fare senza quell'ultimo sacrificio.

Mentre il cuore martellava sempre più forte nel petto, provò a rimanere in ginocchio. Avrebbero dovuto trovarlo così, in un ultimo atto di sacrificio. Tuttavia non ci riuscì. Cadde all'indietro, proprio sotto la loggia e la trabeazione vitruviana, che gli sembrò ripiegarsi su di lui come in un abbraccio. La sua agonia durò per un tempo indefinito, fino a che l'ultimo respiro non gli si spezzò a metà in gola.

Capitolo 40

Palazzo vescovile di Quingentole, poche miglia a sud-est di Mantova.
Diverse ore dopo.
Mattina presto.

I quattro cavalieri lanciati al galoppo sfrecciarono rumorosi per la campagna. Erano partiti da Mantova subito dopo l'alba e una volta raggiunto il Po l'avevano attraversato su una zattera che collegava con una cima le due sponde. Poi avevano spronato nuovamente i destrieri fino a che il pioppeto, che si specchiava nella palude immobile, non era comparso sull'orizzonte.

«Siamo arrivati. Forza». Il bargello Lauro Lemma si rivolse ai due birri che lo avevano accompagnato. Con loro c'era una quarta persona, l'inquisitore Domenico Istriani, che a dispetto dell'età cavalcava con la perizia e l'intraprendenza di un giovanotto.

«Lasciate che parli io», consigliò quest'ultimo.

I quattro si immisero in un viale alberato e rallentarono quando la massiccia costruzione, stretta e lunga, non apparve tra i rami. Erano stati Ludovico Gonzaga prima ed Ercole Gonzaga poi, quando erano vescovi di Mantova, a trasformare quella residenza di campagna nel superbo palazzo che avevano dinanzi. A quanto si diceva, per abbellire il vestibolo erano stati chiamati artisti del calibro di Gianluigi de Medici e Giulio Romano e le loro opere adornavano le stanze del nuovo vescovo.

«Dobbiamo parlare con sua eccellenza», annunciò l'inquisitore dall'alto della sella a indirizzo delle due guardie pontificie di picchetto. Il saio ruvido gli copriva entrambe le gambe, ma con i talloni nudi punzecchiò il cavallo per ammansirlo.

«Il vescovo non aspettava nessuno, a quanto so», si giustificò la guardia, stringendo la lancia. Sapeva bene chi aveva di fronte e cercò le parole più adatte per riservargli il giusto trattamento. Sebbene il tribunale dell'Inquisizione non fosse temuto come un tempo, una visita dell'Istriani non passava certo inosservata. «Ma prego, accomodatevi. Lo stalliere si prenderà cura dei vostri palafreni».

I quattro smontarono e furono condotti in un androne che diede accesso al giardino interno. Piante ornamentali, ulivi, una fontana e fiori variopinti dagli odori intensi diedero loro l'impressione di essere stati catapultati in un mondo del tutto estraneo alla realtà. Avulso dalla città, dalle lotte intestine che divoravano la corte e soprattutto dai delitti e dalla sica di sangue che stava turbando i mantovani.

Percorsero il porticato e furono introdotti in una grande sala, sulla cui parete campeggiava un superbo affresco di caccia: segno evidente che quell'edificio era stato in passato usato dai Gonzaga come luogo di villeggiatura e svago. Il pavimento era lastricato con mattonelle in cotto e un grande seggio, decorato con stelle d'oro, era collocato in fondo alla stanza. I due birri si assicurarono di avere le spade ben riposte nei foderi e, come il bargello Lemma, attesero in silenzio. Non dovettero aspettare molto, perché una porta che dava sul corridoio interno si aprì in quell'istante. Ne emerse il vescovo Alessandro Andreasi in persona. Era anziano, avvolto dalla lunga tunica nera orlata di rosso, trafelato, magrolino, con una chierica interrotta solo da pochi capelli sulla fronte.

«Inquisitore Istriani», lo salutò, avanzando lentamente e porgendo l'anello da baciare. «Qual buon vento vi porta qui nella mia umile dimora?».

L'Istriani piegò il ginocchio il minimo indispensabile e una volta alzatosi si affrettò a presentare i suoi accompagnatori. «Brutte notizie, temo, eccellenza. Immagino conosciate il bargello di città Lauro Lemma».

Il vescovo lo salutò con lo sguardo. Era colto e abituato ad avere a che fare con il potere. Fedelissimo del duca Guglielmo Gonzaga, che l'aveva nominato nunzio apostolico a Roma e a Milano, era stato lui a incoronare il figlio Vincenzo solo tre anni prima. «A cosa devo la vostra visita, dunque, con cotanti accompagnatori».

«Il cappellano di Santa Barbara, eccellenza».

Il vescovo inarcò la fronte piccola, resa ancora più bassa dal ciuffo che gli cingeva le tempie. Si spostò di qualche passo e andò a sedersi sul suo scranno. «Cintio Petrozzani», ricordò. «Buon teologo; cosa gli è capitato?»

«Si è tolto la vita. Questa notte». Istriani indugiò, incerto se aggiungere ulteriori dettagli, ma il vescovo chiuse gli occhi, come se fosse stato colpito al petto. Si fece il segno della croce.

«Si è tolto la vita?»

«Il suo corpo è stato rinvenuto all'alba, prima delle laudi», intervenne timidamente il bargello Lemma.

«Gli hanno trovato ancora il coltello in mano».

«E perché si sarebbe ucciso?»

«Stiamo cercando di capirlo, eccellenza». Il tono di Istriani si fece più colloquiale. «Speravamo che vi fossero giunte voci sui suoi turbamenti interiori. Turbamenti che l'hanno evidentemente condannato agli inferi».

«Non lo conoscevo così bene. Mi fu raccomandato dal duca Guglielmo. So soltanto che era malato, se è questo che mi state chiedendo».

«Sapete di cosa soffrisse?».

Il vescovo rimuginò per un istante. «Una malattia vigliacca. Così mi scrisse: *vigliacca*. Ma qualcosa che comunque un medico fisico poteva guarire. Non sembrava troppo preoccupato, quindi tenderei a escludere che possa essere questa la ragione del suicidio». Mentre pronunciava quelle parole, rifletté sulla ragione per la quale l'inquisitore era andato da lui così di buon mattino e prima che la voce della disgrazia giungesse alle sue orecchie. Era stato proprio Andreasi, anni prima, a incaricare Petrozzani dell'onere di cappellano di Santa Barbara. Era affidabile, mite e di buon comando. Il prete giusto a cui si potevano far custodire le reliquie di Nostro Signore Gesù Cristo.

«È accaduto qualcosa al...?», azzardò di getto, come se un fulmine gli avesse stimolato quel pensiero.

«Siamo qui proprio per questo. Immaginavamo che una volta appresa la notizia vi sareste fatto questa domanda».

«Ebbene?»

«L'ampolla appare intatta, dentro il baule di cristallo».

Il vescovo si carezzò l'angolo dell'occhio. Quel gesto era come una macchia su una pagina scritta con una splendida grafia: rendeva evidente quanto fosse a disagio nell'affrontare quell'argomento.

«Il cappellano si è suicidato e l'ampolla appare intatta», notò a mezza voce. «Ciò nonostante siete qui accompagnato dai birri. Qual è la ragione, dunque?».

Capitolo 41

Palazzo del Capitano di Giustizia, quartiere San Pietro. Tre ore dopo. Tarda mattinata.

Gallerani si affrettò, allungando il passo su piazza San Pietro percorsa da una fitta folla di persone, carrozze e carri. Le sette campane del duomo stavano suonando ma a stento sovrastavano gli schiamazzi del mercato. Bancarelle e ceste di polli erano ovunque: dai piedi della torre della Gabbia fino al palazzo delle Bollette, con i commercianti che richiamavano i clienti a suon di urli.

Il notaio si strinse nel mantello e superò una domestica, che con un pesante cesto pieno di verdure tenuto contro il fianco era diretta come lui verso il palazzo del Capitano. Le bifore gotiche sulla facciata, il porticato slanciato, i mattoni rossastri avevano un qualcosa di sinistro. Forse era solo l'ombra del sole che, basso dietro l'edificio, faceva risaltare le merlature che coronavano il tetto come una fila di pugnali sul cielo. Più probabilmente la strana sensazione che provava Gallerani era legata invece al biglietto che aveva ricevuto poco prima.

"Siete convocato per conferire con lo scrivente alla sedicesima ora di oggi. Firmato CdG don Rodrigo Dalla Raffa", diceva.

Sebbene nelle corti europee fosse diffusa la cosiddetta ora "alla francese", a Mantova, come nel resto della penisola, l'"ora italica" godeva ancora del favore della Chiesa: si trattava di una convenzione che legava l'inizio della nuova giornata – l'ora prima, appunto – al tramonto. Visto che il messaggio lo convocava per la sedicesima ora, quindi a fine mattinata, era in perfetto orario. Il problema era però un altro: il notaio conosceva la grafia tondeggiante e inclinata a destra di don Rodrigo e non aveva dubbi che la missiva fosse stata scritta direttamente di suo pugno. Cosa mai poteva spingerlo a scomodarsi di persona? Il capitano di Giustizia era infatti il giudice al vertice della curia criminale del ducato. A lui era delegata una parte importante dell'amministrazione della giustizia, con facoltà di condannare a morte i rei anche in contumacia. Di solito non si esponeva mai in prima persona e mandava avanti il podestà o i suoi birri. Era persino raro che gli rivolgesse la parola.

«Eccellenza!». L'alabardiere davanti al grande portone gotico del palazzo lo salutò con solerzia. Ritrasse la lancia e fece cenno di passare con il capo coperto dall'elmetto. «Il capitano vi attende nella sala di Passerino».

Gallerani si appoggiò al bastone e, mentre saliva lo scalone di pietra, trattenne con il palmo le medaglie e i camei appuntati alla sua toga. Fu introdotto nel salone che occupava in lunghezza gran parte della facciata. Il tetto ligneo, con travi a vista affiancate e decorate, faceva da contraltare alle decorazioni geometriche parietali sul lato sinistro. A destra si aprivano invece le finestre che si affacciavano sulla piazza, mentre in fondo, un crocchio di nobili confabulava a bassa voce.

Zoppicando, Gallerani si avvicinò e vide che oltre all'inquisitore Istriani, che aveva incontrato pochi giorni prima, tra loro c'era anche il capitano. Indossava un pettorale d'armi in cuoio coperto da un mantello rosso drappeggiato, che lo faceva sembrare più imponente di quanto in effetti non fosse. Non era giovane ma neppure vecchio. Gesticolava con le mani, facendo frullare nell'aria le larghe maniche a strisce di velluto. Aveva l'aria di una persona talmente potente che era abituata a vedere esauditi tutti i propri desideri.

«Ranuccio», lo salutò don Rodrigo Dalla Raffa. La sua pronuncia sibilante dalla cadenza spagnola rimbombò nella grande sala. «Con quanto è successo al cappellano di Santa Barbara, mi cogliete in un brutto momento. Aspettavo però vostre notizie da giorni».

Gallerani, sorpreso dall'inconsueta loquacità, spostò il peso dalla gamba buona a quella malata.

«Ero convinto che, dopo la visita del capo contrada Simonetti, l'indagine avrebbe fatto progressi».

Il notaio sapeva che Simonetti, l'uomo che aveva denunciato il conte Arianti, era un fedelissimo del capitano. Il fatto che le sue accuse fossero palesemente false lo avevano però persuaso a proseguire l'indagine seguendo il filo dei suoi pensieri.

«Con tutto il rispetto, fare progressi significa brancolare da un errore all'altro». Incerto nella voce, Gallerani abbassò il capo.

«Il fatto che siate soprannominato il notaio filosofo non è un caso, dunque. Tuttavia, da voi ci aspettiamo risultati, non solo massime».

«A onor del vero, il capo contrada mi ha fornito elementi importanti», mentì Gallerani. «Pare che il maggior indiziato della morte dell'ambasciatore sia un pittore che risponde al nome di Giulio De Tatti. Tuttavia...».

«Tuttavia?»

«Nel delitto dell'ambasciatore ci sono alcuni aspetti da approfondire». Gallerani si schiarì la gola. «Non sono certo che sia frutto della stessa mano che ha ucciso le due donne».

«Suvvia, Ranuccio», sbottò il capitano, poggiando il palmo sul guardamano della spada. «Ci sono testimoni, mi dicono. Il pittore è stato visto decapitare il francese. E poi Simonetti mi ha parlato anche di un possibile mandante: il conte Filippo Arianti».

«In effetti, mi è stato riferito di un litigio e del fatto che il conte avrebbe incaricato questo De Tatti di andare alla Pratella la sera di giovedì». Gallerani si grattò il capo sotto la cuffietta. «Cioè proprio quando Antoine de La Sablière è stato ucciso».

«Ebbene?», lo interrogò il capitano di Giustizia. «Avete un testimone, un colpevole ed elementi sufficienti di prova, mi pare. Non fatevi assillare dai vostri dubbi. Cosa state aspettando ancora?»

«Eccellenza, ho parlato sia con De Tatti che con il conte Arianti, per verificare i fatti».

«E cos'altro avete da verificare? Il pittore è stato visto decapitare l'ambasciatore».

«Purtroppo gli uomini di Simonetti se lo sono lasciati sfuggire, però», obiettò Gallerani, con la forza del fatto che la fuga del pittore non poteva essergli imputata. Se solo avessero saputo...

«Lui forse si sarà messo al riparo dai nostri strali, ma mi risulta che neppure il conte Arianti sia stato arrestato, però».

«In effetti no, eccellenza». Gallerani misurò le parole. Più il capitano parlava, più la sgradevole sensazione che aveva già provato con Simonetti si accentuava. Cercavano in tutti i modi di indirizzare le indagini, senza avere il minimo dubbio sul fatto che i colpevoli fossero De Tatti e Arianti. Oltretutto, il pittore, la sera prima, aveva accusato proprio i birri della morte dell'ambasciatore.

«Oltre ai dubbi di cui vi ho parlato, purtroppo nel frattempo è stata rapita un'altra ragazza. Abbiamo concentrato le nostre priorità per trovarla».

«Trovatela allora, per tutti i demoni!». Il capitano adesso aveva i muscoli della faccia tesi, come se stesse resistendo a una forte emozione. «Un ambasciatore viene decapitato. Due donne sono state uccise e adesso il cappellano di Santa Barbara. Cosa diavolo sta succedendo a questa città?».

Il notaio fu tentato di estrarre il suo corno da sotto il mantello, ma in effetti non ne aveva bisogno per capire che nelle parole di don Rodrigo c'era qualcosa di strano. Da una parte sembrava sinceramente turbato per le morti recenti, dall'altra aveva una fretta ingiustificata di arrestare un nobile. Se solo avesse voluto, avrebbe potuto farlo prelevare dai suoi uomini. Il fatto che non potesse usare autonomamente la tortura per estorcergli una confessione complicava però la sua situazione. O non voleva domandare al Senato il permesso di torturarlo o c'era qualcosa di più. Stava insistendo sull'indagine: era perché voleva una copertura rispettabile a una condanna che lui stesso giudicava ingiusta?

«Ranuccio», ricominciò con calma il capitano. «Con quello che è successo a Santa Barbara, non posso permettermi di avere troppi casi aperti. Vi chiedo quindi la cortesia di chiudere almeno questo».

Gallerani non sapeva nulla di quanto era accaduto nella basilica dei duchi, ma era la seconda volta che Dalla Raffa tirava fuori l'argomento. Suppose che la presenza dell'inquisitore Istriani potesse avere a che fare con quella vicenda.

«Dovete fare in fretta, lo capite? Trovate questo De Tatti e fate in modo che faccia il nome del conte. E poi traete in arresto l'Arianti. Subito. Non perdete altro tempo».

«Come desiderate». La testa del notaio si mosse su e giù, con la paura del potere a guardiano della sua anima; indipendentemente da quanto aveva detto, non avrebbe certo arrestato il pittore per costringerlo ad accusare Arianti. Se la situazione non fosse stata così tremendamente seria, a Gallerani sarebbe persino sfuggito un sorriso. Cosa avrebbero detto nel sapere che Giulio De Tatti si rifugiava proprio in casa sua?

«Potete prendere congedo», concesse, dopo una lunga riflessione, il capitano di Giustizia. «Tutti quanti».

I nobili e l'inquisitore si mossero parlottando verso la scala. Quando furono sulla porta, con la piazza assolata e affollata di carrozze che si apriva davanti a loro, il notaio allungò il passo e raggiunse l'inquisitore Istriani.

«Posso farvi una domanda?».

Il domenicano, il viso ossuto nascosto dalle pieghe del saio, si voltò, senza proferire parola.

«Il capitano ha menzionato qualcosa occorsa al cappellano di Santa Barbara».

«Si è suicidato», lo gelò Istriani, visibilmente scosso. «È accaduto questa notte».

Le parole dell'inquisitore non lasciarono indifferente Gallerani. I suoi vecchi ingranaggi, gli stessi che lo avevano spinto a individuare un possibile colpevole – ma non ancora un movente – si rimisero in moto. «Potete dirmi cosa è successo, con esattezza?».

Dieci minuti più tardi, la corazza del capitano di Giustizia sferragliò per il corridoio stretto, alto e lungo del secondo piano del palazzo. Si fermò di fronte a una porta massiccia tempestata di borchie ed entrò.

«Dunque?», lo sferzò accusatoria madonna Bianca Donati, in piedi dinanzi al camino acceso. Indossava un collo di pelliccia e un abito nero increspato sul petto. Il suo vestito emanava una nota d'acqua di rose, ma l'alito aveva un vago odore di ippocrasso al miele.

«Ha dubbi sul fatto che l'assassino delle donne sia lo stesso dell'ambasciatore».

La donna accennò un sorriso rigido. "È colpa vostra e di quei tangheri che avete incaricato", pensò.

«Tuttavia», proseguì il capitano, «mi ha assicurato che il conte Arianti sarà messo ai ceppi come desiderate».

Capitolo 42

Non molto distante dal palazzo del Capitano. Contemporaneamente. Tarda mattina.

«*In nomine Patris et Filii et Spiritus Sancti*». L'uomo, inginocchiato di fronte a un'icona sacra nell'angolo della sua stanza da letto, si alzò in piedi.

Dopo una delle sue crisi di rimorso, adesso che aveva chiesto nuovamente perdono a Nostro Signore si sentiva meglio. L'inferno era la sua sorte, lo sapeva bene, ma uccidere quelle due donne era stato necessario. D'altra parte, la sua intera vita era stata costantemente tesa a quello scopo e ora si sentiva vicinissimo.

«Amen», mormorò, suggellando la preghiera con il segno della croce. L'abbraccio della religione era stata la conseguenza logica dei suoi studi. Una folgorazione mistica derivata dalle sue lunghe meditazioni. Riteneva di essere una persona generosa e benefica, e aveva sempre trovato ingiusta la povertà, le iniquità sociali e i malanni che affliggevano il mondo. Per questo si era dedicato anima e corpo al prossimo, fino a quando era stato folgorato da Dio, davanti al quale aveva giustificato i suoi atti più abominevoli.

Si spostò di qualche passo. Il suo umor nero, oltre che dal rammarico per le donne, era legato anche al povero Cintio. Il cappellano di Santa Barbara, benché condividesse le sue stesse abiette perversioni, non era altrettanto forte. Non era stato capace di reggere la pressione e si era tolto la vita. Un'altra vita spezzata in nome del fine più grande.

«Abraamo stese la mano e prese il coltello per sacrificare suo figlio». Richiamò alla memoria il passaggio della Bibbia che aveva messo a fondamento delle sue azioni. Era convinto fosse una forma di devozione. Malata, deviata forse, ma di certo rappresentava la sua stessa essenza. Il suo peccato e il fatto che sarebbe andato dritto nelle braccia del maligno erano il prezzo da pagare per il fine più grande. Mancava pochissimo. Ormai i veneziani dovevano essere quasi arrivati.

Aprì un portagioie sistemato al centro di una credenza laccata. All'interno c'era un plico di lettere ingiallite, tenute insieme da un fiocco, e un sacchetto con alcuni testoni d'argento. Afferrò quest'ultimo e si sedette sul letto sfatto, in un'aura fatta d'attesa.

La cassa venne caricata a braccia dalla barca al carro. Era pesante come quella di un morto, ma più rudimentale: costruita da travi di pino grezze, che lasciavano passare aria e luce, aveva la forma di un grosso parallelepipedo, stretto, lungo tre braccia e con un coperchio inchiodato.

«Facciamo presto», incitò lo sgherro butterato. «Altrimenti *quello* non ci paga neanche il cibo che le abbiamo dato».

Il più giovane salì sulla panca del cocchiere e schioccò la frusta. Non dovevano fare molta strada: dall'uscita del trafficato porto dell'Ancona, dove avevano attraccato dopo due giorni lontani dalla città, il tragitto era breve. Sapevano che qualcuno avrebbe potuto fermarli, ma erano stati bene istruiti su cosa dire: portavano viveri da Venezia e a riprova di ciò avevano un documento firmato con tanto di ceralacca.

«Ti fidi di lui?», chiese a un certo punto il giovanotto. Dovette alzare la voce per sovrastare il cigolio delle ruote che arrancavano sul vicolo affollato di carri e carrozze.

«Se non mi fidassi, pensi che ti avrei trascinato in questo affare?». Il butterato, seduto sulla cassa nel retro del carro, si grattò il capo. «È suo zio: l'abbiamo fatto a fin di bene, lo sai».

Il giovanotto scosse il capo. Tirò le redini e fece imboccare al cavallo l'arco che li immise nella contrada del Corno. Raggiunto il muro perimetrale dell'edificio in cui erano diretti, la facciata tozza con poche finestre comparve davanti a loro. Oltre il tetto spiovente, si scorgevano gli alberi dei velieri alla fonda nel lago. Girarono intorno alla cappella, davanti ai quali sostavano alcuni gentiluomini in toga rossa, e in pochi minuti furono a destinazione. La porta era scura, di un colore verde oliva.

«Forza». L'anziano saltò giù dal carro. «Scarichiamo la cassa».

Finalmente bussarono alla porta.

L'uomo si alzò, soppesando tra le mani il sacchetto colmo di monete d'argento. Attraversò la piccola casa vuota e andò ad aprire.

«Due giorni», esordì lo sgherro, sciorinando un sorriso sopra le sue labbra beffarde. Con la mano mostrò la cassa, posizionata per terra. «Come avete ordinato».

L'uomo si affacciò fugacemente dalla porta, per assicurarsi che fuori non ci fosse nessun altro. Ed era così. «Presto, entrate». Si spostò e fece strada. «Appoggiatela qui. Siete stati attenti?».

I due veneziani con la cassa sulle spalle lo seguirono nell'ingresso, che fungeva anche da cucina. Era una stanza quadrata illuminata da un'unica finestra, con una stufa di ferro dai tubi che salivano verso il soffitto, un tavolo massiccio e quattro sedie. Per fortuna la cassa non era troppo pesante e non ebbero quindi difficoltà a adagiarla sul pavimento di legno. «Certo che siamo stati attenti. Potete verificare di persona». Così dicendo fece un cenno al suo compare.

Quest'ultimo estrasse dalla cintura un attrezzo oblungo con la punta a uncino e cominciò a rimuovere i chiodi del coperchio, che saltarono uno dopo l'altro.

L'uomo trattenne il fiato. Era stato costretto a rivolgersi a quei due malfattori perché non era più in grado, con i suoi mezzi, di trovare altri candidati. Per sua fortuna, in città era attiva la meritoria parrocchia di San Gervasio. Lì poteva reperire tutti i ciechi che voleva; certo, qualcuno si sarebbe potuto insospettire, per questo aveva chiesto ai due giovanotti di rimanere lontani dalle mura dopo il rapimento. Sarebbero dovuti tornare quando le acque si fossero calmate e due giorni probabilmente non erano il tempo sufficiente. La fretta di compiere la sua missione, tuttavia, lo aveva spinto ad abbreviare l'attesa.

«Ecco fatto», comunicò il giovanotto con la faccia da cane lupo, appena l'ultimo chiodo fu rimosso.

«Aprite».

Insieme, i due sollevarono il coperchio e soddisfatti mostrarono il contenuto.

«Bene arrivata, nipotina mia». Un sorriso grande come l'abbraccio di Nostro Signore gli si disegnò sul viso. La ragazza era legata, accovacciata e terrorizzata, ma un bavaglio le impediva di urlare. Il composto di oppio e alcol che aveva fornito ai due uomini doveva aver esaurito il suo effetto, perché si era svegliata in anticipo. «Ben fatto. Potete andare».

Rovesciò le monete sulla mano del butterato e si affrettò a chiudere la porta, non prima di essersi raccomandato con i due di tenere la bocca chiusa. Nel malaugurato caso in cui avesse fallito di nuovo, il loro aiuto pagato a peso d'oro gli sarebbe potuto servire ancora.

«Vieni, Benedetta cara», sussurrò alla giovane. «Ti mostro la tua nuova camera».

L'aiutò ad alzarsi e, legata, la condusse in braccio nel piano interrato. Era quasi buio nel piccolo locale a volta. L'unica luce era quella dell'angusta scala a chiocciola, che illuminava di taglio gli attrezzi appuntiti, le catene e una sega insanguinata. Per sua fortuna, o per sua sfortuna, Benedetta non poté vederli.

Capitolo 43

Ospedale Grande di San Leonardo, quartiere San Nicolò. Poche ore più tardi.
Metà pomeriggio.

«Che Dio l'abbia in gloria». La suora che aveva accompagnato Gallerani al secondo piano dell'ospedale si fece il segno della croce, contemplando la testa dell'ambasciatore. I birri l'avevano depositata sul tavolo, al centro di un vassoio d'argento, estraendola da una cesta.

«Eccellenza», esordì incerto il chirurgo Pavese, stretto nella toga rossa. Accanto a lui, come sempre c'era un silenzioso Bonaccini. «Posso domandarvi dove l'avete rinvenuta?».

Gallerani, che aveva volutamente disatteso l'ordine del capitano di Giustizia di trarre in arresto il conte Arianti, aveva seguito il suo istinto. Si era dato appuntamento con i due medici che l'avevano assistito nelle prime fasi dell'indagine e poi aveva fatto portare la testa di de La Sablière all'ospedale.

«L'hanno trovata nella Fossa Magistrale», spiegò, spiccio, «nei pressi della porta della Pratella».

«Noto delle sostanziali differenze con le teste delle altre due vittime». Francesco Pavese uscì dal cono d'ombra della stanza del reparto delle donne piagate, e girò attorno al tavolo. L'unica finestra, piccola e quadrata, proiettava una stanca luce ambrata, che rendeva difficile scorgere a pieno i dettagli. Mise una mano davanti alla fiammella della candela e si avvicinò per esaminare con attenzione la base del collo.

«Quali differenze?»

«È stato decapitato con un colpo solo, netto».

«Come avviene con la scure di un boia?». Mentre poneva quella domanda, Gallerani ripensò alle parole di De Tatti, pronunciate la sera prima a casa sua: «Una specie di boia gigante l'ha decapitato in strada».

Pavese poggiò la candela sul tavolo e avvicinò uno stelo, per saggiare la pelle gonfia e semidecomposta del colore della pece. «Esattamente. Proprio come con la scure di un boia. Nelle due donne l'assassino ha usato una sega, infilando la lama tra le vertebre, qui invece il colpo è secco. Forse di un'arma bianca molto affilata o più probabilmente di una scure».

«Immagino serva esperienza per operare una decapitazione così netta; questo è compatibile con la vostra tesi che l'assassino stesse facendo pratica nelle prime due vittime?»

«A dire il vero», indugiò Pavese, «in questo caso ho proprio la sensazione che la mano sia nettamente diversa».

Mentre Pavese parlava, Gallerani osservò Eleuterio Bonaccini che annuiva lentamente. Le parole del chirurgo confermavano una volta di più la sua teoria che gli assassini fossero due persone distinte.

«Le sclere oculari poi... vedete? Gli occhi sono presenti, non hanno quelle specie di bruciature di madame Boniforte e della ragazza».

«Cosa ve lo fa pensare, messer Bonaccini?». Gallerani ricordava che il medico fisico aveva supposto che gli occhi delle due vittime fossero così deturpati a causa dei topi nel pozzo o della decomposizione.

«Veramente...». Il medico anziano fece un passo avanti, facendosi il segno della croce. «A me pare che qui non vi siano segni di alcun tipo. E sono d'accordo con Pavese che questa volta l'assassino ha usato un *utensile* diverso. Tuttavia...».

Gallerani aggrottò la fronte. «Tuttavia?»

«Tuttavia non ho elementi per avvalorare la sua ipotesi che gli assassini siano due soggetti diversi. Vedo, quello sì, l'impronta acuta del maligno».

Gallerani sollevò un sopracciglio. «Non vi facevo così religioso, dottore», lo sollecitò accennando un sorriso.

«Lo sono come tutti».

«Più che l'impronta del maligno, a ogni modo io invece vedo l'impronta degli uomini…».

Bonaccini si carezzò la toga porpora. «Il fatto è che abbiamo tre vittime decapitate in una settimana. Appare improbabile che improvvisamente, senza l'intervento malefico di Satana, intendo, due assassini distinti abbiano cominciato a uccidere allo stesso modo».

Togliendo l'influsso di Satana dall'analisi di Bonaccini, Gallerani rilevò comunque nelle sue parole un elemento estremamente concreto. In effetti, sembrava difficile che casualmente due malviventi si fossero messi a uccidere alla stessa maniera nel giro di pochi giorni. C'era ovviamente un'altra possibilità, ovvero che il delitto dell'ambasciatore fosse un tentativo di emulazione. Ciò significava conoscere i dettagli delle prime due morti e soprattutto avere un motivo per farlo.

«Sono stati i birri. Gli hanno sparato». Le rivelazioni di De Tatti tornarono di nuovo, prepotentemente in mente a Gallerani. Perché i birri avevano sparato a de La Sablière e soprattutto avevano inscenato la sua decapitazione? La spiegazione era solo una: perché volevano incastrare il pittore, già indiziato della scomparsa di madame Boniforte. Mettendo alle strette De Tatti, lui avrebbe accusato di riflesso anche il conte Arianti, che passava per il suo mandante…

«Riguardo agli occhi delle due vittime, messer Pavese, ricordo che voi non eravate d'accordo con messer Bonaccini su quale fosse la causa delle bruciature».

«Ricordate bene, eccellenza. Perdonatemi, Eleuterio». Pavese si voltò verso il collega, quasi chiedendo venia per ciò che stava per dire. «Le sclere della ragazza, invece di essere candide, sembravano nocciole abbrustolite, come se fossero state bruciate con un attizzatoio. Nella testa di madame Boniforte, pace all'anima sua, invece il trattamento era stato riservato solo all'occhio sinistro. L'altro era pressoché intatto. Questo dettaglio configge con l'idea della decomposizione… non ha senso che si sia decomposto soltanto uno dei due occhi».

«Qual è la vostra ipotesi dunque?»

«L'assassino era *interessato* agli occhi delle vittime, questo mi pare ovvio».

Interessato agli occhi delle vittime. Gallerani lo sapeva bene. Non a tutti gli occhi, però: solo quelli affetti da una qualche menomazione. E a riprova di ciò aveva lasciato intatto l'occhio sano della Boniforte.

«E perché tagliare la testa?».

Pavese allargò le braccia. «Se non le avessimo trovate, non avremmo saputo del suo interesse per i ciechi, forse...».

Bonaccini si avvicinò nuovamente al tavolo, come per sincerarsi che davvero l'ambasciatore avesse ancora i bulbi al loro posto. Ed era così. Le parole di Pavese e Gallerani sembravano essere confermate dai fatti.

«Messer Pavese, poco fa», continuò Gallerani, «accennavate a qualcosa sulla differenza di tagli tra le prime due decapitazioni e quella dell'ambasciatore».

«È così, infatti». Il chirurgo si spostò di un passo, tornando al di là del tavolo. Aveva lo sguardo deciso di chi sa con esattezza cosa sta dicendo. «Nei primi due delitti, come vi dicevo, l'assassino ha usato una sega, che ha con perizia inserito tra le vertebre».

«È un'operazione complessa?»

«No, se si hanno nozioni di anatomia. L'unico modo per segare la testa in modo agevole è inserire la lama nei tessuti molli: esattamente quello che ha fatto».

«Quindi chi ha decapitato le prime due vittime sapeva come agire?»

«Mentre nella prima giovane si vedevano tentativi più approssimativi, con escoriazioni ed ecchimosi sul collo, nel corpo di madame Boniforte la mano era più sicura. Sapeva cosa stava facendo, se è questo che mi state chiedendo». Pavese tacque, come se stesse riflettendo sulle sue conclusioni. «...Ma di certo non aveva esperienza».

Di certo non aveva esperienza.

Quel dettaglio era una fortuna per l'indagine di Gallerani, anche se purtroppo adesso l'assassino aveva un'altra vittima su cui fare pratica.

Capitolo 44

Palazzotto Donati, quartiere San Nicolò. Alcune ore dopo. Ora dell'Ave Maria.

Quello era il momento della giornata in cui lo scoramento prendeva il sopravvento. Il sole si abbassava, il cielo si striava di rosso e poco dopo le ombre della sera avvolgevano i vicoli e i palazzi signorili di Mantova.

Madonna Donati era assorta nei suoi pensieri, seduta in abiti da giorno sotto il baldacchino del letto e con le ginocchia strette al seno. Fuori dalle polifore, osservava l'andirivieni nel cielo di nuvole sempre più scure.

Benché non fosse riuscita ancora a decodificare quel dannato crittogramma, aveva elaborato un piano che avrebbe messo fuori gioco il conte Arianti. Non aveva elementi certi su di lui, ma il semplice fatto che avesse indirizzato ai francesi una missiva in codice non giocava a suo favore. Sapeva che il duca Vincenzo non avrebbe fatto imprigionare un nobile senza elementi concreti, e per questo era stata necessaria la decapitazione di monsieur de La Sablière. Aveva approfittato dei sospetti su De Tatti, dell'ignoto assassino che si aggirava per la città e soprattutto del fatto che conosceva il luogo di consegna della lettera. E nonostante ciò, il suo piano era fallito. Il pittore era fuggito e il notaio incaricato di trovarlo sembrava poco propenso ad assecondare le richieste del capitano di Giustizia.

«Ha dubbi sul fatto che l'assassino delle donne sia lo stesso dell'ambasciatore», le aveva riferito quella mattina don Rodrigo

Dalla Raffa. Certo, con il senno di poi avrebbe potuto ingaggiare uomini più affidabili. Simonetti si era rivelato troppo approssimativo: invece di far decapitare l'ambasciatore con una sega, come da sue istruzioni, aveva a sua volta incaricato un tagliatore di teste professionista. Ma era inutile rimuginare sugli errori: la guerra la si combatte con i soldati che si hanno a disposizione e lei aveva a che fare con cialtroni come Dalla Raffa e Simonetti.

«Il conte Arianti sarà messo ai ceppi come desiderate», l'aveva tuttavia rassicurata il capitano di Giustizia. Se era davvero così, nonostante gli errori commessi avrebbe avuto comunque la possibilità di far confessare l'Arianti. Sempre ammesso che ci fosse davvero riuscita: il duca Vincenzo non avrebbe mai acconsentito alla tortura, non le restava quindi altra soluzione se non usare l'astuzia...

«Madonna Donati?».

Un servitore era fuori dalla porta. Stava bussando.

Legò le tende alla colonnina del letto e andò ad aprire. «Cosa c'è?»

«Il caporale dei fanti di notte chiede di voi», disse l'uomo, immobile in corridoio. Teneva tra le mani un candelabro d'ottone, che formava una piccola campana di luce tutt'intorno a lui.

«Fatelo accomodare in biblioteca». L'incarnato della Donati si ravvivò come d'incanto. Mentre si sistemava l'acconciatura per mettere in risalto i due grossi diamanti che le pendevano ai lati del collo, si compiacque per la sua intuizione. Era stata lei, infatti, appena le avevano comunicato la notizia della fuga di De Tatti, ad avvisare i fanti. Non aveva troppe speranze che sarebbero riusciti laddove le guardie della Pratella avevano fallito. Al punto in cui era, tuttavia, aveva comunque preferito provare.

Pochi minuti dopo, raggiante come solo una dama della sua bellezza poteva essere, scivolò silenziosa nella biblioteca. «Ditemi che portate buone notizie».

Il giovanotto si inginocchiò, annuendo lentamente. Indossava un'uniforme scura e teneva l'elmo sotto il braccio. Emanava un fascino nervoso e un odore impuro. «Credevamo che il De Tatti fosse fuggito in barca ma ci sbagliavamo», esordì.

«Sapete dov'è?»

«Non mi crederete, madame». Per la prima volta il giovane osò fissare la dama negli occhi. «Una vecchia, che abita nel palazzo di rimpetto a quello di sua eccellenza messer Gallerani... Ebbene, giura di aver visto ieri un giovanotto corrispondente alla descrizione del De Tatti entrare a casa del notaio».

«Ieri?».

Il caporale percepì una punta di astio nella domanda della nobildonna. Si affrettò così a giustificare l'indugio con il quale era andato a riferirle l'accaduto. «Ieri sera. Ho messo due uomini di guardia, volevamo accertarci che fosse davvero lui e acciuffarlo. È stato visto da una finestra ed è certo che sia lui. Purtroppo però non è più uscito».

A dispetto di quel ritardo, la Donati parve sollevata. De Tatti e la lettera che doveva evidentemente avere ancora addosso – visto che le guardie non l'avevano trovata negli abiti all'ambasciatore – gli fornivano un appiglio importante con il conte. Esattamente ciò che stava aspettando per attirarlo nel suo inganno. «Siete certo sia ancora a casa del notaio criminale?»

«Certo come la morte, madame». Il caporale sorrise, inarcando le labbra fino a che non gli si formarono due fossette agli angoli della bocca. «Sospetto che si rifugi sotto il mantello di messer Gallerani».

Capitolo 45

A casa di Ranuccio Gallerani, quartiere San Pietro. Contemporaneamente.
Ora prima.

«Devo dirti una cosa». Lei gli prese la mano, titubante. «Promettimi che non ti arrabbierai».

Giulio De Tatti, avvolto nel buio della camera da letto, si girò verso Lucia. I brividi che avevano cominciato a percorrergli la schiena da qualche giorno a quella parte gli diedero una scossa. Chiuse gli occhi.

«È successa una cosa».

«Cosa?»

«C'è stato un bacio».

De Tatti deglutì e alzò la testa dal guanciale. «Con chi?»

«Non te lo dico».

Silenzio.

«Solo un bacio?».

Silenzio.

«Solo un bacio. Niente di più», specificò Lucia.

De Tatti tirò su le coperte e si voltò dandole le spalle, in preda a un misto di rabbia e commozione. Non era per le parole di Lucia, o forse era anche per quello. Era perché non si trattava della prima volta…

«Da quanto va avanti?», le chiese, con la ferita di molti anni prima che gli si riapriva nel petto.

«È successo due o tre volte. Ma adesso è tutto finito».

«Tutto finito?»

«Tutto finito. Te lo giuro». La voce di Lucia tremò, spezzata dall'emozione. «Credimi».

«Sei una bugiarda», la sferzò lui, deglutendo amaro. «Non ti credo».

«Te lo giuro. È stata una stupidaggine… e te lo sto dicendo».

«Sei una bugiarda», ribadì De Tatti, con il tono più grave che il suo stato d'animo gli consentì. Si alzò dal letto e arraffò degli abiti a caso.

Conosceva Lucia da oltre metà della sua vita. Si erano sposati giovanissimi, convinti di essere fatti l'uno per l'altra. E poi, molti anni prima, lui aveva scoperto la vera essenza della ragazza. Lo aveva tradito, per lungo tempo, con un ribaldo conosciuto al lavatoio. Probabilmente non si sarebbe neppure ravveduta, se non fosse stato lui a scoprirla. Ma era successo. Avevano parlato, pianto, discusso sugli errori di entrambi – anche De Tatti, in realtà, aveva analoghi peccati da farsi perdonare – e alla fine avevano deciso di dimenticare. C'era voluto del tempo, ma da quel momento il pittore non aveva più minimamente pensato di ripetere gli stessi errori che tanto dolore avevano causato. Era convinto che Lucia fosse la sua anima gemella e non voleva perderla più. Per la giovane, forse più debole o più probabilmente perché lui con il passare degli anni, a dispetto dei propositi, le dedicava sempre meno attenzioni, non era andata così.

«È stata una cosa sciocca», ripeté Lucia, sollevandosi sul gomito. «Te l'ho detto. Non è come l'altra volta…».

«Che schifo. Mi fai schifo», inveì, afferrando la maniglia della porta. Chissà, se ci fossero stati dei figli a spronarli per restare insieme… Magari avrebbero potuto ricominciare per loro, dopotutto era successo solo "due o tre volte" ed era stato *solo* un bacio. Invece non c'erano figli per i quali avrebbe dovuto fare un altro sforzo. "Un mulo può fingersi un cavallo, ma prima o poi raglia". Un bugiardo resta sempre un bugiardo e suo nonno, il grande Francesco De Tatti, glielo ripeteva sempre. Non era per il bacio, o i baci in sé – per quanto De Tatti non credesse che quella fosse la sola verità – ma era perché se lo aveva tradito due volte, certamente l'avrebbe rifatto. Gli aveva spezzato il cuore. Di nuovo. Forse Lucia era davvero la sua metà, e forse lui si sarebbe pentito di non averle concesso un'altra possibilità. Ma il ripetersi della stessa situazione che pensava di aver ormai superato fu un trauma molto diverso dal primo. Innescò in lui una reazione inaspettata e imprevedibile che gli provocò stanchezza, rifiuto, scoramento. L'idea stessa che non ci sarebbe stato più alcun futuro insieme.

Quella mattina comunicò così ai suoi genitori l'intenzione di andarsene. Forse avrebbe potuto denunciare l'adulterio, lasciare Lucia al destino che si meritava, in convento, da sola o persino di fianco a un pezzente qualunque. Però non lo aveva fatto: *lui* era quello forte, superiore, pieno di risorse. Almeno era ciò che credeva: il destino oltretutto gli aveva regalato un nome importante e un grande talento come pittore. Avrebbe ricominciato altrove.

Con una lettera di referenze scritta dall'anziano padre, in cui veniva anche spiegato di chi era nipote, era quindi partito alla volta di Pavia. Lì, si diceva, una pala d'altare da dipingere non si nega a nessuno.

De Tatti voltò il capo verso il ritratto che addobbava la parete del piccolo salottino del notaio Gallerani. Rimanere in casa per l'intera giornata, con le luci del giorno morenti oltre la finestra, aveva tolto gli argini al fiume di tutti i suoi ricordi. Era passato più di un anno da quel "devo dirti una cosa", e per la prima volta avvertiva la differenza tra essere solo ed essere *da* solo. Dopo Pavia c'era stata Mantova, dove aveva racimolato qualche lavoretto grazie al suo cognome, ma si era scontrato con la dura realtà: forse non era così bravo come pensava; di sicuro il futuro che aveva pianificato lontano da Lucia non era stato rigenerante come aveva creduto. Aveva conosciuto madame Rita, certo, ma il loro rapporto non era minimamente paragonabile a quello che aveva con sua moglie.

Per madame Boniforte si trattava semplicemente di un passatempo passeggero, e per lui la dama era solo un tentativo di rivedere Lucia. E poi c'era stata madonna Bianca Donati. Ecco, se c'era una bugiarda vera, una che lo aveva realmente messo nei guai, era certamente quella fiorentina...

«Un grosso per i vostri pensieri». Il notaio filosofo, curvo, appoggiato al bastone e con la toga fino ai piedi, era sulla porta. Lo osservava con un mezzo ghigno.

De Tatti sorrise. «Per un grosso non mi scomodo neppure. Mi accontento però di uno scudo».

Gallerani sghignazzò a sua volta, nascondendo il viso con il pugno. «Non merito un po' più di riconoscenza per avervi tolto dalla forca?»

«Come sono andate le vostre indagini?», cambiò argomento De Tatti. «Vi siete sincerato di ciò che vi ho detto? L'assassino dell'ambasciatore non è il Cacciatore di cieche».

Gallerani fece un passo avanti e si mise a sedere sul bordo di uno sgabello decorato, di fronte al giovane pittore. Ancora una volta, guardandolo, rivide il suo Luca. Ma questa volta era diverso: De Tatti aveva qualcosa di più, un'energia che gli piaceva. Era come se suo figlio fosse cresciuto, come se dal bozzolo di un ragazzo acerbo fosse emersa la farfalla di un uomo fatto e finito. Era come se Luca fosse *diventato* un vero uomo.

«Il vostro racconto del boia che taglia la testa all'ambasciatore è verosimile: a differenza delle decapitazioni delle due donne, il taglio è netto sul collo».

«Quindi mi credete?»

«Credo che non c'entriate niente con le recenti morti e che qualcuno voglia incastrarvi».

«Però...?»

«Però... avete ragione, c'è un però». Qualcosa sotto l'occhio del notaio ebbe un fremito. Lo fissò ancora e come per mettersi sullo stesso piano del giovane, e per discutere ad armi pari depositò il corno d'osso sul tavolino. Non ne aveva bisogno per sapere che non mentiva: sapeva che il giovane era stato incastrato dagli uomini di Simonetti affinché denunciasse il conte Arianti. Ciò che non sapeva era però il motivo.

«Perché continuate a nascondermi qualcosa?».

Per evitare il cipiglio accusatorio del notaio, De Tatti si voltò verso il camino. Vide la fiamma avvolgere e divorare un ciocco di legna.

«In questa vicenda ci sono dettagli che non mi avete ancora rivelato», chiarì Gallerani. Mentre si rivolgeva al pittore, gli tornarono in mente le parole di Simonetti. «Ad esempio il vostro rapporto con il conte Arianti: pare che vi abbia *ordinato* di andare all'appuntamento per consegnare una *lettera*».

Teso, De Tatti valutò se rivelare a Gallerani la verità per intero. Avrebbe dovuto dire che faceva parte, seppur con un ruolo minore, di una congiura contro i Gonzaga? Una congiura che l'aveva messo a parte di lettere in codice, assassini e spie. L'uomo che l'aveva già salvato una volta avrebbe cambiato atteggiamento davanti a quei fatti?

«Perché eravate alla Pratella?», lo incalzò Gallerani. «È vero che dovevate consegnare una missiva per conto del conte Arianti? È possibile che sia questa la ragione per la quale qualcuno vuole incolparvi di tutto?».

Una fitta al cuore trafisse De Tatti, seguita però da un moto di sollievo. Cosa mai doveva tenere nascosto, se Gallerani sapeva già tutto?

«Avete ragione», ammise, quasi rasserenato. «Devo dirvi una cosa, ma promettete che non vi arrabbierete». Le stesse parole che aveva pronunciato Lucia gli sgorgarono dalle labbra con naturalezza. Chissà, forse allora, quella volta, anche lei aveva detto la verità...

«C'è di mezzo una cospirazione e ho una spia alle calcagna... ma io non c'entro, non ne sapevo nulla». Estrasse la lettera dal panciotto e la porse a Gallerani. Aperta, con il sigillo rotto. «Mi hanno offerto dei soldi e la possibilità di mostrare al duca i miei dipinti. Dovevo solo consegnare questa lettera al francese, ma non ne conoscevo il contenuto. Sono solo uno stupido corriere».

Il notaio scrutò prima il giovane e poi lo scritto.

D	E	U	S	U	C	R	B	E	Z	U	R	I	T	I
C	R	E	X	A	L	R	V	I	B	E	U	R	G	O
A	P	R	E	X	P	D	E	U	S	I	A	N	Z	I
R	E	X	S	T	D	E	U	S	R	O	Z	Q	Z	I
M	U	O	R	O	E	Z	Z	I	O	R	H	O	C	C
R	O	O	B	X	E	R	Y	B	T	R	E	G	H	I
R	R	O	S	X	M	A	G	O	P	L	N	A	N	O
T	H	H	H	A	P	O	N	T	R	A	B	V	E	L
R	E	X	Y	J	G	U	A	R	R	E	T	T	Q	I
D	E	U	S	E	U	S	T	O	H	R	I	D	U	X
D	E	U	P	Z	O	D	R	I	N	O	G	T	T	I
S	B	X	C	A	U	J	E	F	F	I	I	D	I	U
V	E	L	V	E	L	U	T	A	L	A	H	C	S	A
S	A	N	C	T	U	S	F	P	I	O	R	E	Q	E

«L'avete aperta voi?»

«Certo che no. Come avrei potuto consegnare una missiva con il sigillo rotto?».

Gallerani si dondolò sullo sgabello, concentrato sullo scritto, sulle lettere e sul fregio che le incorniciava. «E allora chi l'ha aperta?»

«Vi ho detto che c'è una spia alle mie calcagna».

Il notaio tornò a osservare il foglio di pergamena. Emanava il tipico odore di sudore asciutto. Più che dalle parole, parve essere interessato dal cartiglio. «Mi domando perché vi hanno lasciato la lettera», rifletté ad alta voce. «Se fosse stata sufficiente per incastrare voi, o il vostro mandante, vi avrebbero arrestato seduta stante».

«L'ho riletta più volte, ma non riesco a comprenderla».

«Ovviamente sapete chi è la spia che ha rotto il sigillo. L'avete visto?»

«Certo che l'ho *vista*».

«È possibile dunque che questa spia abbia avuto il tempo di leggerla con attenzione o magari perfino di copiarla?»

«È successo mentre dormivo, quindi non posso escluderlo».

Gallerani rimase impassibile. Il pudore che De Tatti conservava sul nome di quella sedicente spia significava non solo paura... ma anche qualcos'altro. Ritegno forse?

«Cosa aspettate, Giulio, meglio la vergogna sul viso che una macchia sul cuore: ditemi chi è la spia che vi vuole incastrare».

Non ebbe il tempo di ottenere risposta, perché proprio in quel momento qualcuno bussò violentemente alla porta.

«Aprite!», urlarono.

I sensi del notaio, allenati al pericolo, si attivarono. Si poggiò al bastone e zoppicando andò al portone.

«Messer Gallerani, aprite», insistettero da oltre il battente. Bussavano con maggior veemenza, forse con l'elsa della spada. «Sono il capo contrada Simonetti. Devo parlare con voi».

«Domani mattina sarò a palazzo del Podestà».

«È una cosa urgente, messere. *Affari di Stato*».

Il notaio indugiò, stretto in una morsa: nell'altra stanza un giovane congiurato di cui non riusciva a pensar male e fuori dalla porta i birri che certamente lo cercavano. Si voltò verso De Tatti, appena comparso sull'uscio affacciato sulla scala: il suo sguardo era trasfigurato dalla paura. Poggiò la mano sul chiavistello e aprì.

Capitolo 46

Basilica di Sant'Andrea, Mantova, giorno dell'Ascensione dell'anno 1530.
Sessant'anni prima... Cinque secoli dopo il secondo ritrovamento del Preziosissimo Sangue.

Il corteo di chierici attraversò l'arco trionfale a fornice che dava accesso alla navata. Come l'intera basilica, era stato progettato da Leon Battista Alberti, ispirandosi ai canoni dell'antichità classica. Già dalla facciata, inquadrata da paraste corinzie, si percepiva la magnificenza dell'intera costruzione.

Era stato il marchese Ludovico III Gonzaga, mezzo secolo prima, a deciderne l'ampliamento necessario ad accogliere i pellegrini che accorrevano a Mantova per la reliquia. Chi vi entrava non poteva che rimanere colpito dall'alta navata, sovrastata da un soffitto a botte con lacunari e dalle splendide cappelle laterali. Ovunque si posasse lo sguardo, non c'erano che ori, intarsi, statue, affreschi e dipinti che colpivano e ammaliavano l'osservatore.

Mentre le campane in città suonavano a festa, il corteo preceduto da otto preti passò tra due ali di folla e lasciò il passo al vescovo di Mantova Ercole Gonzaga. Tra le mani stringeva i magnifici contenitori lavorati in oro che custodivano il Preziosissimo Sangue e l'Umilissima Spugna. I due vasi erano stati commissionati all'orafo milanese Benvenuto Cellini da sua madre Isabella D'Este, che era pochi passi davanti a lui.

Il vescovo Gonzaga, con i paramenti rosso e oro e la dalmatica che formava un lungo strascico sui marmi della navata, si voltò alla sua destra. A mano a mano che avanzava all'interno della chiesa, alla luce dei ceri riusciva a inquadrare i volti di tutta la nomenclatura cittadina. Più si avvicinava ai pilastri che torreggiavano sulla cripta, con l'incenso degli aspersori che si apriva al suo passaggio, più i membri della corte si facevano importanti. Fino a che non arrivò proprio sotto l'altare: lì, sua madre Isabella, in adorazione mistica, era accanto al duca, suo fratello Federico, che fiero contemplava i vasi.

Ercole proseguì verso la crociera, tra la navata e il transetto illuminati dai fasci di luce provenienti dalla magnifica cupola sopra di lui, e si fermò sull'altare. La festa dei Sacri Vasi era un evento estremamente importante e non solo per motivi di glorificazione religiosa. Per i Gonzaga, il fatto stesso che le reliquie fossero conservate proprio a Mantova era motivo di orgoglio; la manifestazione aveva quindi anche lo scopo di celebrare la loro dinastia e affermare il loro potere.

«Qualcosa vi turba, madre?». Per non disturbare la funzione, il duca si chinò sussurrando nell'orecchio di Isabella d'Este, adorno con una vistosa perla pendente.

La marchesa, che indossava un ricco abito in seta azzurro gallonato in oro filato, appariva tutt'altro che raggiante. Non era mai stata una bella donna e fin da giovane uno stato di pinguedine aveva caratterizzato il suo fisico. Chi l'avesse vista quel giorno avrebbe faticato a credere che in quella nobile in sovrappeso, quasi sessantenne, avesse albergato un tempo l'energia che aveva reso celebre Mantova. Nata a Ferrara e cresciuta in una delle corti più raffinate d'Italia, il suo amore per l'arte l'aveva fatta diventare un'importante mecenate. Era stata lei, dopo aver sposato Francesco II, a portare in città i migliori artisti del suo tempo. Pittori come Raffaello e Mantegna, poeti come l'Ariosto, musicisti e pensatori, avevano contribuito a far guadagnare al marchesato la *grandeur* che adesso tutti i regnanti gli invidiavano.

«È un momento importante per la nostra famiglia», bisbigliò ancora il figlio. Per lui lo era certamente, visto che oltre al titolo di marchese, da pochissimo aveva ricevuto dall'imperatore Carlo V anche quello di duca. «Dovete sorridere».

Isabella lo guardò di sottecchi. Mentre l'altro suo figlio, Ercole, dall'altare celebrava l'ostensione delle reliquie, lei non aveva che un pensiero. «Non possiamo permettere che il Preziosissimo Sangue riposi lontano da noi», borbottò.

Il duca distolse lo sguardo, concentrandolo sui raggi che diffusi dalla cupola venivano proiettati sull'altare. Un panno di seta ricamata la copriva per intero, facendo risaltare l'oro dei Sacri Vasi. «Non capisco, madre, cosa intendete dire?»

«Intendo dire che voglio la reliquia più vicina alla nostra famiglia».

«Intendi portare via il Preziosissimo Sangue da Sant'Andrea? Proprio adesso?».

Per Isabella quella sarebbe stata la soluzione migliore ma sapeva che era impraticabile. La chiesa di Sant'Andrea era stata costruita sul luogo del ritrovamento ed era stata pensata appositamente per accogliere i fedeli. Gli stessi fedeli che, proprio grazie alla reliquia, riconoscevano a loro la supremazia politica che fin dal Trecento i Gonzaga avevano temuto essere soltanto temporanea. Si erano sempre ritenuti provvisori su quel trono e pensavano che da un giorno all'altro qualcuno – come loro avevano fatto con i Bonacolsi – glielo avrebbe portato via. Adesso che il Preziosissimo Sangue aveva trovato una collocazione definitiva in quella magnifica basilica, il loro potere aveva però finalmente garanzia di stabilità.

«Certo che no, figlio mio. Sappiamo entrambi che non è possibile portarla via da qui». Per la prima volta in quella giornata di festa, sul volto di Isabella fiorì una luce di gioia. «Ho in mente qualcos'altro: dobbiamo costruire un'altra basilica all'interno del palazzo Ducale. Sarà in onore di santa Barbara».

Capitolo 47

Chiesa collegiata di Santa Barbara, quartiere San Pietro, lunedì 26 marzo 1590.
Ora prima.

Madonna Donati si inginocchiò accanto a un gentiluomo di spalle e si fece il segno della croce.

«Ho il vostro permesso?». Voltò appena il capo. Dalla pelliccia che le stringeva le spalle emergeva il suo collo da cigno, messo in risalto dall'acconciatura alta.

«Ritenete che possa essere coinvolto?». Chino proprio sotto l'altare centrale, gli occhi del duca Vincenzo puntarono le ombre.

«Non lo so ancora, ma pare nasconda un ricercato».

Vincenzo, che negli ultimi giorni aveva dovuto rinviare due feste già programmate a palazzo del Te, sospirò. Non gli era mai piaciuto occuparsi di politica e aveva sempre prediletto trascorrere il tempo tra i vizi che suo padre Guglielmo aborriva. Adesso, però, sul trono c'era lui e qualcuno bramava per toglierglielo. I francesi? I Savoia? Non poteva saperlo fino a che la sua fidata Bianca non fosse venuta a capo della questione.

«Gode di buona fama. Sapete che è soprannominato il Filosofo?»

«L'ho sentito dire».

«È pur sempre un notaio del maleficio presso la curia criminale».

«Un notaio che protegge uno dei cospiratori».

Il duca lasciò che l'antifona in latino di sottofondo riempisse il silenzio. In gioventù – benché si ritenesse non a torto ancora giovane – aveva ucciso e fatto uccidere per molto meno. Persino suo padre era dovuto intervenire, più volte, per placare i suoi bollenti spiriti. Adesso tuttavia non voleva certo apparire un despota che fa deportare funzionari di Stato. D'altra parte, in gioco c'era decisamente di più che una semplice nomea.

«E va bene, diletta nostra», concluse. «Avete il mio permesso».

Venti minuti dopo, cinque stalloni arabi fermarono la loro corsa nei pressi della porta Leona, dove li attendeva un contingente di birri armati di tutto punto.

«Il notaio è rientrato da poco». Simonetti salutò la Donati, porgendole il braccio per aiutarla a smontare dalla sella.

La dama lo ignorò e spiccò un balzo. A dispetto dell'abito lungo celato dalla cappa, si ritrovò faccia a faccia con lui. «Andiamo allora».

«Sono il capo contrada Simonetti. Devo parlare con voi!».

Ranuccio Gallerani, acquattato dietro la porta di casa sua, si aggrappò al pomello del bastone come se fosse stata un'ancora di salvezza.

«È una cosa urgente. *Affari di Stato*».

De Tatti si alzò dal divano e comparve sull'uscio che dava sulla scala. Sembrava soffocare dalla tensione, come se il velluto del farsetto gli stesse schiacciando le costole.

Intanto stavano ancora bussando. Forse Gallerani avrebbe dovuto prendere tempo, indicare al pittore da dove scappare. Ma non c'era via d'uscita, lo sapeva bene. Non aveva possibilità. Poggiò una mano sul chiavistello e aprì.

«Notaio Gallerani», lo riprese Simonetti, con il vocione di un pastore che richiama le pecore. «Sappiamo che nascondete un ricercato».

«Come dite?». Il notaio portò la mano all'orecchio, fingendo di non avere udito.

«Il pittore De Tatti è qui da voi. Lo sappiamo. È stato visto».

Gallerani alzò la testa: in strada, alla luce blu della luna, contò numerosi birri, disposti a semicerchio. Dietro di loro c'era però una donna, con il capo coperto da un cappuccio. Nel momento esatto in cui il notaio incrociò lo sguardo con lei, ella avanzò di un passo, slacciando il mantello sul collo.

«Siamo qui su ordine del duca Vincenzo», cominciò con voce salda. La luce della lanterna appesa al palazzo le illuminò gli zigomi bianchi e aggraziati. «L'uomo che proteggete è parte di una cospirazione contro il duca».

Gallerani la riconobbe immediatamente e tutto gli fu chiaro.

«Ovviamente sapete chi è la spia che ha rotto il sigillo», aveva chiesto poco prima a De Tatti. *L'avete visto?*»

«Certo che l'ho *vista*».

L'ho *vista*. Una donna dunque... Chi se non madonna Donati?

«Se entrate forse posso esservi utile», esortò la dama Gallerani. Non era certo di quanto stava facendo, ma decise di saggiare la teoria che si era materializzata nella sua mente. «Forse ho ciò che cercate».

Simonetti provò qualcosa di strano. Allungò il braccio come per sbarrare la strada al notaio, che tuttavia non si era neppure mosso. Era come se le poche parole della Donati e di Gallerani l'avessero del tutto tagliato fuori dal discorso.

«Avete bisogno di De Tatti perché non avete prove contro il conte Arianti», azzardò ancora Gallerani, sempre ignorando Simonetti e rivolgendosi soltanto alla dama dagli abiti candidi. «Ma in realtà non vi serve lui: vi serve solo decodificare *la lettera*. Quella che probabilmente avete letto e forse copiato... ma non compreso, evidentemente». Tacque, per saggiare l'effetto delle sue supposizioni. «Io però forse posso aiutarvi».

«Scansatevi, e presto avremo le prove che ci servono», sbottò ancora il capo contrada, sguainando la spada.

Ma in quel momento la Donati poggiò la sua mano guantata sull'elsa, per spingerlo ad abbassarla. «Messer Simonetti, fatevi da parte. Da ora in poi proseguo da sola».

Capitolo 48

Subito dopo.

Gallerani, la Donati e De Tatti si sedettero attorno a un tavolo nella cucina del notaio. In mezzo a loro era posizionata la missiva che il conte Arianti aveva scritto in codice.

«Ciò che comincia con bugia, finisce con inganno», esclamò Gallerani, poggiando una coppa di gelatina di frutta e tre ciotole. «Sono dunque questi i vostri metodi? Incastrare un innocente solo perché non riuscivate a comprendere il testo?».

La Donati, l'aria gelida che sembrava tuttavia nascondere un qualche ripensamento interiore, sorrise a stento. Non aveva parlato molto da quando aveva rivisto De Tatti ma i suoi silenzi apparivano niente di più che una tattica.

«Con tutto il rispetto, messer Gallerani, le vostre massime di filosofo da taverna non attaccano con me. Non si può certo affermare che De Tatti sia un innocente».

«Se ha una colpa, è di essere stato troppo sciocco per capire in tempo cosa gli veniva chiesto». Gallerani lo adocchiò, come avrebbe fatto un padre che redarguisce un figlio. Come avrebbe fatto con uno dei *suoi* figli, ove fossero finiti nei guai. «E di essersi fatto abbindolare da voi».

«Ehi», protestò De Tatti. «Io sono qui. Vi sto ascoltando!».

Il notaio si voltò di nuovo verso la giovane. «Perché è chiaro che siete stata voi a cercare di incastrarlo. Avevate una lettera che nasconde una congiura, ma non potevate dimostrarlo perché non comprendete il codice. Avevate un mandante che non potevate far arrestare senza prove. E da ultimo avevate un semplice corriere, un colpevole perfetto da incarcerare, visto che era già sospettato della sparizione della sua mecenate».

«Tratto lui in arresto», bisbigliò la Donati, «non avrebbe avuto difficoltà a incolpare l'Arianti».

De Tatti si schiarì la gola. «Mi sono fidato di voi», ringhiò. «Non vi interessa nulla dunque della mia pittura?». Sapeva già che era così, ma dirlo lo aiutò a togliersi un peso.

«Non ve l'abbiate a male, Giulio: ciò che ho detto di voi, lo pensavo veramente. E comunque ho fatto quanto dovevo per una buona casa, per il mio duca».

Senza sapere esattamente come, De Tatti si commosse. Aveva un'espressione nostalgica e addolorata, come se lei avesse pronunciato un'accusa che non era capace di smentire. Si voltò e fu lesto ad asciugarsi le piccole lacrime con la mano.

«Stando così le cose», riprese il filo del discorso Gallerani, «a mio parere se davvero avete ragione a temere una congiura contro il duca, non vi è sufficiente fermare il conte Arianti. Dovete assolutamente scoprire cosa nasconde questa missiva».

La Donati sfiorò l'originale della lettera. Conosceva già il contenuto perché aveva esaminato decine di volte il testo trascritto di suo pugno. «Poco fa, sulla porta, dicevate che potete essermi utile a decifrarla».

«Non sono certo di sapere di quale crittogramma si tratti», assentì Gallerani, «posso però dirvi cosa *non è*. Non è un sistema polialfabetico; non è il cifrario di Cesare o un suo derivato».

«Avete ragione. Era stato il primo tentativo che ho fatto».

«Non è neppure un cifrario a chiave variabile, se è per questo».

«Vi intendete di codici dunque?».

Le labbra di Gallerani si schiusero. «Ho letto qualcosa, ma non posso dire di intendermi di codici. Mi interessa di più l'arte e la pittura, a dire il vero».

La Donati si servì un po' di gelatina nella coppa e l'assaggiò. «E dunque, come potete aiutarmi?»

«Immagino che prima di escogitare la trappola per Giulio, vi siete arrovellata parecchio appresso a queste lettere».

«È così infatti. Come avete giustamente ipotizzato, ho fatto una copia del testo e ho provato in tutti i modi a cercare il *verme* per la decodifica».

Gallerani passò il dito sul bordo della ciotola. «Ciò che non avete fatto è fare una copia del cartiglio però, non è così?».

La Donati aguzzò lo sguardo, ma non comprese cosa intendesse il notaio.

«La mia è solo una teoria, perché come vi dicevo mi interesso più di arte, che di codici».

«Il cartiglio!», intervenne De Tatti, girando a sua volta la missiva verso di sé. «Avete ragione. Guardate!».

D	E	V	S	U	C	R	B	E	Z	U	R	I	T	I
C	R	E	X	A	L	R	V	I	B	E	V	R	G	O
A	P	R	E	X	P	D	E	U	S	I	A	N	Z	I
R	E	X	S	T	D	E	V	S	R	O	Z	Q	Z	I
M	U	O	R	O	E	Z	Z	I	O	R	H	O	C	C
R	O	O	B	X	E	R	Y	B	T	R	E	G	H	I
R	R	O	S	X	M	A	G	O	P	L	N	A	N	O
T	H	H	H	A	P	O	N	T	R	A	B	V	E	L
R	E	X	Y	J	G	U	A	R	R	E	T	T	Q	I
D	E	V	S	E	U	S	T	O	H	R	I	D	V	X
D	E	U	P	Z	O	D	R	I	N	O	G	T	T	I
S	B	X	C	A	U	J	E	F	F	I	I	D	I	U
V	E	L	V	E	L	V	T	A	L	A	H	C	S	A
S	A	N	C	T	U	S	F	P	I	O	R	E	Q	E

«Vi riferite ai quattro segni sugli spigoli?». La Donati non li aveva notati la prima volta che aveva visto lettera: la fretta di copiare il testo doveva averla tratta in inganno. «Ritenete che siano dei riferimenti per qualcosa?»

«Mi pare assomiglino a *crocini*, quelli che alcuni pittori usano per delimitare l'area di disegno. Qui sono stilizzati, forse, ma a una prima occhiata sembrano richiamare una certa posizione».

Madonna Donati passò l'indice sul cartiglio. Senza prestarci troppa attenzione, si sarebbe potuto ignorarli, ciò nondimeno erano lì; non avevano inoltre nulla a che fare con l'elemento grafico, di cui oltretutto rovinavano la simmetria. Sembravano fatti a posteriori, per indicare, proprio come sosteneva il notaio, una determinata posizione.

«Avete perso il vostro tempo a cercare una logica nelle lettere», la riprese Gallerani. «Ma se non ci fosse una logica?»

«Immaginate di posizionare sopra la lettera un altro oggetto, che nasconda dei caratteri e ne lasci invece visibili altri». De Tatti era incredulo: l'aveva studiata centinaia di volte e non se ne era reso conto. Mimò ciò che aveva intuito dalle parole del notaio e incrociò le mani sopra il testo. Lasciò volutamente degli spazi tra le dita, permettendo che restassero visibili solo alcuni caratteri a casaccio.

«Forse avete ragione», fece notare la Donati, eccitata. «Senza sapere quante lettere mostrare e quante nascondere, è impossibile decodificare il testo. Le variabili sarebbero migliaia. Forse queste lettere nascondono un'unica parola. O forse dieci. O forse poche sillabe».

«Per decodificarla serve un oggetto che il destinatario potrebbe già possedere. Immagino qualcosa con altrettanti riferimenti del cartiglio, che dovrebbero essere sovrapposti a quelli della lettera».

«Sul corpo dell'ambasciatore non c'era nulla di simile», commentò la Donati, lasciando cadere il cucchiaino nella coppa di gelatina. «E neppure tra i suoi effetti personali, che abbiamo già rispedito a Parigi».

«A Parigi?». De Tatti inclinò il capo, carezzandosi la barba.

«Sì. Antoine de La Sablière sarebbe tornato a Parigi. È lì che avrebbe portato la *vostra* lettera».

Un lampo attraversò la mente del pittore. Al momento non ci aveva prestato troppa attenzione, ma alla luce di quelle parole, forse adesso acquistava un certo significato.

Improvvisamente si ritrovò in un vicolo, al buio, fuori dal portone della torre Arianti. Era il mercoledì precedente, la sera prima del giorno della consegna. Era andato dal conte per chiedere spiegazioni su quanto gli stava accedendo e successivamente avrebbero perfino urlato e litigato. Prima, però, quando era ancora in strada, era stato quasi travolto da un cavallo dal mantello grigio, lanciato al galoppo. L'istante precedente, aveva tuttavia visto e udito qualcosa.

«Non è necessario che vi ricordi di prestare attenzione», si era raccomandato il conte Arianti, a indirizzo del cavaliere già in sella. Subito dopo, con una deferenza decisamente inopportuna per una banale scatola, gli aveva consegnato un contenitore di legno e aveva dato un'ultima indicazione. «*Deve arrivare a Parigi intatto*».

«E se il destinatario non avesse ancora ricevuto l'oggetto per decodificare il testo?», sbottò De Tatti, facendo balzare le sue pupille argute da Gallerani alla Donati.

La donna si voltò verso di lui, non capendo cosa intendesse.

«Se l'Arianti, oltre a me, avesse affidato a un altro corriere la chiave?»

«Siate chiaro. Cosa intendete dire?».

De Tatti si profuse in un risolino malizioso. «Intendo dire che forse c'è un modo per permettervi di decifrare questa lettera. E io conosco qual è».

Capitolo 49

Da qualche parte in città. Contemporaneamente.
Un'ora dopo il tramonto.

Benedetta di San Zeno, la ragazza che era entrata in quella casa in una cassa, ne uscì, morta, in un sacco di canapa.

Pochi minuti prima di caricarsela sulle spalle, l'aguzzino era sgattaiolato dalla porta verde e si era diretto alle scuderie. Aveva scelto un piccolo e robusto baio e lo aveva portato alla rimessa dei carri. Lì era montato sul primo e nel silenzio della città avvolta dal buio lo aveva condotto davanti alla sua casa.

Con un ultimo sforzo si avvicinò alla ruota sporca di fango e lasciò cadere il sacco nel pianale del carro. Il cadavere esangue era abbastanza leggero anche per uno come lui, così non dovette faticare più di tanto. Non aveva dovuto faticare neppure a tagliarle la testa: quel dannato Gallerani sapeva già che il Cacciatore di cieche, come l'avevano soprannominato in città, uccideva solo donne non vedenti. Non aveva quindi più senso decapitarla per nascondere quel dettaglio tutt'altro che marginale. Oltretutto, vista l'eventualità che qualcuno potesse scorgerlo a dispetto delle tenebre, era meno rischioso occultare un unico sacco con il corpo e non anche quello con la testa.

«Signore, perché mi fai questo? Perché?», si disse a mezza voce, mentre saliva sulla panca del cocchiere. «Dove ho sbagliato? Dammi un segno». L'uomo, stanco e provato dal nuovo insuccesso, sapeva che ancora una volta la morte di un'innocente avrebbe alimentato le malelingue. *Cacciatore di cieche.* Quel nomignolo non gli piaceva affatto, soprattutto perché non era la verità: l'essere un assassino presupponeva un intento nell'uccidere, una volontà che lui non aveva mai avuto. Il suo scopo era un altro, ben chiaro a Dio, e gli uomini della curia criminale per sua fortuna non lo avevano compreso.

Schioccò la frusta sul dorso del cavallo e nel vento della notte si diresse alla contrada del Corno. Se fosse stato fortunato, avrebbe abbandonato il cadavere facendolo scivolare nell'acqua del lago senza essere visto. Non lo fu, perché una balia insonne, affacciata a una delle finestre dell'Ospedale Grande di fronte al porto, invece lo vide.

Capitolo 50

Torre degli Arianti, quartiere Sant'Andrea. Un'ora più tardi. Ora terza.

Giulio De Tatti aveva riacquistato il suo buon umore. In groppa a una giumenta messagli a disposizione dal notaio, aveva attraversato i vicoli bui della città ed era arrivato sino al portone della torre Arianti.

Sulla facciata, la lanterna che aveva illuminato il volto del cavaliere partito al galoppo solo pochi giorni prima ardeva stanca. Più ripensava a quell'avvenimento, più si convinceva di aver riconosciuto persino il viso androgino del giovane che quasi lo aveva travolto.

Passò davanti alla finestra della guardiania e il suo riflesso nel vetro gli restituì finalmente l'immagine che gli piaceva di sé. Deciso, fiero, con la chioma castana che gli cadeva rigogliosa sulle spalle. Sotto le ciglia lunghe e scure lampeggiava lo sguardo di sempre. Finalmente era tornato anche il suo carisma, che nell'ultimo periodo non era più riuscito a scorgere, prima per le sue vicende personali e poi per i guai più recenti.

Smontò dalla cavalla e si avvicinò al batacchio, che azionò con decisione. L'intuizione sul conte Arianti, avuta poco prima davanti alla Donati, l'aveva spinto ad andare subito da lui. Se davvero voleva aiutare quella donna a venire a capo della cospirazione, l'oggetto che il nobile aveva consegnato al giovane cavaliere era di fondamentale importanza. E lui – solo lui – aveva una merce di scambio che poteva tornare estremamente utile per recuperarlo: l'originale del crittogramma.

«Messer De Tatti», lo accolse sull'uscio il maestro di casa. Lo squadrò da capo a piedi. Oltre al miserando aspetto figlio dell'immersione nella Fossa Magistrale, il pittore emanava anche un certo olezzo, che lo zibetto del notaio non era riuscito a debellare del tutto.

«Devo parlare con il conte», esordì il giovane. «Porto notizie importanti».

Un colpo di tosse secco – meno evidente dei precedenti giorni, stimò il pittore – lo colse dalla cima dello scalone di marmo.

«Finalmente, maestro Giulio. Credevo foste fuggito». L'Arianti era impettito, con i capelli lisci sciolti e il suo solito sorriso sghembo.

«Fatemi entrare, presto», abbassò la voce De Tatti, voltandosi furtivamente verso il porto. «Potrebbero cercarmi».

L'Arianti fece un cenno al maestro di casa e questi si scansò.

«La lettera, Giulio. Che fine ha fatto la lettera?»

«È qui», lo rassicurò il pittore, sfiorando il giustacuore ed estraendone un angolo tra pollice e indice.

Arianti tirò un sospiro di sollievo. Se la missiva era ancora tra le mani di De Tatti, il notaio non aveva prove contro di lui. Guardò nuovamente il domestico e lo congedò. «Venite».

Si spostarono nel solito salottino del piano nobile. Il camino ardeva sulla parete corta e il muro ricordava la pelle rugosa di un marinaio, pronto a scrostarsi da un momento all'altro. Per la prima volta il pittore ebbe la sensazione che quella stanza evocasse una certa dissolutezza.

«Cosa è successo?»

«L'ambasciatore è stato ucciso, e per poco io non facevo la stessa fine».

«Qualcuno afferma che siate stato voi a ucciderlo». Arianti lo fissò e solo allora sembrò notare la trasandatezza del suo aspetto. «Si dice che lo abbiate decapitato».

«È una menzogna naturalmente: qualcuno mi vuole incastrare».

«Qualcun altro, dunque? Ammiravo la vostra pertinacia, ma deduco che avete cambiato idea e non ritenete più che sia io la fonte dei vostri guai. Ma se non io, chi dovrebbe volervi incastrare?»

«Questo dovete dirmelo voi, eccellenza». Il pittore estrasse la missiva e la mostrò al conte, mettendo in evidenza il sigillo rotto. «La riconoscete? Cos'è con esattezza?».

L'Arianti non apparve troppo stupito che la lettera fosse aperta. «Qualcosa che non deve cadere in mani sbagliate».

«Ve lo dico io cos'è: è il motivo per il quale le spie del duca sono alle mie calcagna. Sanno che dovevo consegnarla per vostro conto, perché ci hanno sentito litigare…».

«Vogliono incastrare voi, per intrappolare me», dedusse l'Arianti, con un velo di malanimo nello sguardo.

De Tatti abbassò gli occhi, ma sotto sotto fu contento di quell'affermazione. Insieme a Gallerani e alla Donati, avevano ben pianificato quel colloquio e le cose sembravano mettersi nel migliore dei modi.

«Credo anche io che intendano colpire voi attraverso di me», sottolineò il pittore. «È chiaro quindi che, fin tanto che rimango in città, metto in pericolo anche vostra eccellenza».

L'Arianti si voltò e allungò le mani verso le fiamme del camino, pensoso. Rimase nella stessa posizione per alcuni istanti, muovendo i pugni senza parlare.

«L'altra sera mi diceste che se avessi consegnato la lettera tutto si sarebbe sistemato». Anche De Tatti si spostò e andò alla finestra. Ciò che stava per dire era la parte più difficile, perché non era possibile prevedere quale sarebbe potuta essere la reazione del conte. «Se vi dicessi che sono disposto a consegnare la lettera di persona?».

L'Arianti si voltò, sospettoso. Non disse nulla.

«Pensateci: è la scelta più conveniente per tutti. Il mio futuro qui a Mantova è già compromesso e voi non sarete costretto a trovare un altro corriere».

«Perché lo fareste?»

«Ve l'ho detto: non posso rimanere in città. Sono ricercato a causa vostra».

Le parole di De Tatti dovettero sortire un qualche effetto perché il conte si mordicchiò il labbro inferiore.

«Ho letto la vostra missiva, eccellenza», lo apostrofò ancora il giovane, saccente. «Non mi intendo di codici, ma sono in grado di giudicare una persona. Se fossi in voi, e dovessi consegnare un messaggio compromettente, che riporta il mio stemma, oltretutto, mi assicurerei che solo il destinatario possa leggerlo».

«Cosa intendete dire?»

«Intendo dire che, oltre a me, avete evidentemente incaricato un altro corriere».

Arianti tornò una maschera di pietra. Deglutì. «Non dite...».

«Non affrettatevi a negare: ho visto il giovane cavaliere a cui avete consegnato un piccolo scrigno, l'altra sera».

«Non avete visto *nulla*. *Non sapete nulla*».

«Non offendete la mia intelligenza, conte». De Tatti sbandierò di nuovo lo scritto con il sigillo spezzato. «Non ci avevo fatto caso al momento, ma vi siete raccomandato con il giovane di arrivare a Parigi e di stare attento. E l'oggetto che gli avete consegnato era più o meno delle dimensioni di questo scritto».

«E con ciò?»

«Sospetto che serva per decodificare il crittogramma. Magari sovrapponendolo a questi crocini». De Tatti si voltò del tutto, poggiandosi con celata indifferenza al parapetto della finestra. «Ammetto che è solo un sospetto, ma sono sicuro che il notaio filosofo lo troverebbe comunque interessante».

«Mi state ricattando? Cosa volete?»

«Ve l'ho detto, non posso rimanere a Mantova». Il giovane sbatté le palpebre. «Posso però consegnare la lettera per voi in cambio di qualche scudo in più».

Arianti tossì un paio di volte, ma stava evidentemente soppesando la proposta di De Tatti. «Come posso fidarmi?»

«Vi fidate di più del giovane visconte Paolo Oberteghi? Perché è lui *l'altro corriere*, o sbaglio?»

«Come fate a saperlo?»

«Ve l'ho detto, l'ho visto: dopo le vostre raccomandazioni, il suo cavallo quasi mi travolgeva. È passato a un braccio dal mio naso». De Tatti accennò un sorriso. Il sottile labbro inferiore e la delicata piega degli angoli verso l'alto gli conferirono un'aria beffarda. «Ammetto che non ero certo che fosse davvero lui fino a un momento fa, quando voi stesso me lo avete confermato. Al ricevimento avevo però intravisto diversi nobili di Casale, che potevano aver accompagnato il giovane: il conte De Tori, che non mi risulta però sia sposato, il cavalier Garretti, che ha solo due figlie femmine, e la moglie del visconte Oberteghi. Credo che quest'ultima abbia un figlio con un'età compatibile a quella del cavaliere che ho veduto».

In tutto il profluvio di chiacchiere di De Tatti c'era qualcosa che per il conte valeva la pena considerare: trovare un altro corriere sarebbe stato difficile e pericoloso. Oltretutto, la lettera doveva arrivare con urgenza a Parigi, visto che l'altro corriere – come l'aveva chiamato il pittore – doveva ormai essere oltre metà strada.

«Se vi fidate più di lui che di me», incalzò ancora De Tatti, «in alternativa posso consegnare la lettera al visconte: per trecento scudi posso raggiungerlo e mettergli tra le mani il vostro prezioso scritto. Così non sarete costretto a giustificarvi con i francesi del fatto che il latore non è de La Sablière».

L'Arianti si carezzò il mento, meditabondo. Le sue riflessioni durarono però molto poco. «Vi posso dare duecento scudi, non una moneta di più».

«Voglio anche una lettera di referenze, in cui tessete le mie lodi di artista».

A quelle parole, anche l'Arianti si lasciò andare a un sorriso.

«Ritratti, pale d'altare… se sarò ben presentato, in Francia c'è di sicuro lavoro per me».

Forse fu quella richiesta a far apparire sincera la proposta di De Tatti. O più probabilmente fu la voglia dell'Arianti di trovare una soluzione semplice a un problema complesso. Il risultato fu che il conte andò a uno scrittoio, ne estrasse due fogli di carta. Intinta la penna d'oca nel calamaio, si mise a scrivere.

«Prestate attenzione», si raccomandò alcuni minuti più tardi, depositando un foglio tra le mani del pittore. «Raggiungete il visconte Paolo Oberteghi a Milano. Vi ho scritto il recapito: albergherà per qualche giorno al Rebecchino, dai baroni Molina, in attesa di un lasciapassare. Poi si dirigerà verso Monza, Lecco e il passo dello Spluga.

«E le mie referenze?».

Il conte gli poggiò sul palmo una seconda lettera. Era chiusa e il sigillo con la lepre tra gli artigli dell'aquila faceva bella mostra di sé. «Buona fortuna».

Capitolo 51

A casa di Ranuccio Gallerani, quartiere San Pietro. Più tardi. Ora quarta.

«Ecco a voi». De Tatti lasciò cadere sul tavolino lo scritto con il quale il conte gli aveva fornito le indicazioni per trovare il secondo corriere.

Il notaio e Bianca Donati si erano trasferiti in un salottino attiguo, con poltrone e divano foderati di velluto azzurro e ornati da rami dorati. Gallerani aveva messo un paiolo di polenta sul camino.

«Come avete fatto ad averla?».

De Tatti sorrise. «Non eravate voi che tessevate le mie lodi a palazzo del Te?».

La Donati si rabbuiò per una frazione di secondo. Brevissima, ma che il pittore riuscì comunque a percepire. Scosse il capo. «Vi chiedo scusa… per ciò che vi ho fatto».

Il pittore non sembrò colpito da quelle parole. Si avvicinò al camino e gettò tra le fiamme la lettera di referenze che gli aveva scritto l'Arianti. Chiederla era stata un'arguzia, anche se ovviamente non gli serviva: lui non aveva la minima intenzione di andare via da Mantova. O meglio, voleva farlo, ma di certo sarebbe tornato.

«Vi perdono», gemette infine, rivolto alla Donati, «a una condizione».

«Una condizione?»

«Voglio che mi portiate con voi. Non avete visto Paolo Oberteghi. Io sì. Posso esservi utile».

«Mi dispiace, non è possibile».
«E perché mai?».
La Donati setacciò le mani di Gallerani, seduto su uno sgabello accanto al camino: mescolava con calma la polenta. «Perché io lavoro da sola».
«E sbagliate, madonna». De Tatti andò a sedersi accanto a lei, sul divano. «Se invece di lavorare da sola aveste chiesto aiuto, forse, non saremmo arrivati a questo punto».
La Donati rilesse le poche righe che il conte aveva fornito a De Tatti per rintracciare il giovane visconte. Ripensò alla lettera in codice e al fatto che, senza il pittore, di certo non ne sarebbe mai venuta a capo. Pensò tuttavia anche ad altro: al suo passato; al duca... ai suoi trascorsi a Venezia. E non cambiò idea.
«Vi ringrazio per ciò che avete fatto, ma da questo momento è compito mio».
De Tatti strinse i pugni. Non sapeva neppure lui perché voleva andarle appresso. Forse era solo la voglia romantica di lasciarsi il passato alle spalle, di cominciare qualcosa di nuovo e di più stimolante. Se fosse riuscito a rintracciare il visconte, il duca Vincenzo gli sarebbe stato riconoscente... ma sapeva che non era neppure per quello. La ragione era un'altra: madonna Donati. Per un istante l'immagine della sua Lucia si spense nei suoi ricordi e Bianca prese il suo posto. Durò solo un attimo, perché poi si sbriciolò come un'inafferrabile statua di sabbia.
«Se mi posso permettere», intervenne Gallerani, con un grande cucchiaio di legno tra le mani, «se non fosse stato per Giulio, staremmo ancora brancolando nel buio. Abbiamo bisogno l'uno degli altri: il maestro conosce il corriere e io posso trovare elementi per le mie indagini. Vi ricordo che il nostro assassino – o i nostri assassini – hanno rapito una terza ragazza».
La Donati aprì la bocca. Sembrava combattuta, come se volesse controbattere, ma il bussare alla porta glielo impedì.
«Per una serata sola, questo è decisamente troppo», scherzò il notaio alzandosi in piedi. I colpi alla porta erano più delicati di quelli di Simonetti, ma non per questo meno invadenti.

«Chi è?», balbettò, raggiunto il gancio sullo stipite.

«Sono il bargello Lemma», proclamò una voce dal marcato accento. «Perdonate l'ora, notaio. Ma temo ci siano brutte notizie».

Madonna Donati e De Tatti si sporsero dall'uscio, incuriositi da quell'ennesima incursione nei loro progetti.

«Cosa accade?»

«Benedetta di San Zeno, notaio. La terza donna». Il bargello si fece lugubre. «Hanno trovato il corpo».

«Che disgrazia!». Una fitta alla stomaco scosse Gallerani.

«A differenza delle altre vittime», proseguì Lemma tentennante, «non è stata decapitata». L'incertezza gli si leggeva in faccia e sembrava stridere con il suo portamento fiero da uomo di legge. «Dovete venire. Dovete *vedere* i suoi occhi».

Il notaio si voltò verso De Tatti e la Donati. «Temo dovrete andare da soli a Milano».

"L'assassino dell'ambasciatore non è il Cacciatore di cieche". De Tatti si ripeté una delle frasi che aveva usato per convincere il notaio della sua innocenza.

«Devo prendere congedo, amici miei», si rivolse ancora a loro Gallerani. Agguantò il mantello e se lo buttò sulle spalle. «Ma anche voi, andate: la strada per Milano è lunga. Ci rivediamo al vostro ritorno». Fece per uscire e si voltò un'ultima volta. «Messer Lemma, avete convocato Bonaccini e Pavese?».

Si chiuse la porta alle spalle con rinnovato vigore e lasciò soli De Tatti e la Donati. Non prima che sentissero la risposta del bargello. «Li ho mandati a chiamare, stanno arrivando».

I due si guardarono, in un silenzio imbarazzato. Fu la dama ad aprire la bocca per prima. «Andiamo, maestro».

«Intendete dire che vengo con voi a Milano?».

La Donati aveva già indossato la cappa e il cappuccio le copriva la testa. «Muovetevi, *varesino*, prima che cambi idea».

Capitolo 52

Nei pressi della porta del Baluardo, quartiere San Pietro. Mezz'ora più tardi.
Ora quinta.

Si era alzato un forte vento e aveva cominciato a piovere. Quando Gallerani era passato sotto i bastioni, diretto alla spiaggia, era stato così accolto da un gruppo di mantelli incappucciati. Potevano essere una decina in tutto, neri, rossi e con i tipici drappeggi delle uniformi dei birri. Erano disposti a semicerchio e davano le spalle al castello di San Giorgio rischiarato dai riflessi del lago; la povera Benedetta era adagiata in mezzo a loro, composta pudicamente su una lettiga e illuminata da diverse lanterne.

«È rimasta impigliata tra le reti di una feluca», spiegò Lemma, facendo strada sulla ghiaia scivolosa del greto. Le onde si infrangevano violentemente sulla riva e le sterpaglie erano piegate dalle folate intermittenti di vento. «Stava uscendo dal porto dell'Ancona e pare l'abbia trascinata per un bel tratto».

Gallerani inquadrò il ponte più lontano, quello dei Mulini. Le nubi basse e le tenebre lo nascondevano quasi per intero e, al di là delle acque frastagliate, si riuscivano a scorgere solo poche lampare intermittenti.

«Per l'ennesima volta possiamo dire di essere stati fortunati, se di fortuna si può parlare», dichiarò, immaginando il percorso che doveva avere fatto la feluca: era uscita dal porto, aveva manovrato formando un semicerchio per oltrepassare galeotte e feluconi alla fonda, e poi si era diretta verso il castello di San Giorgio. «Se la ragazza non fosse rimasta impigliata sarebbe stato difficile ritrovarla».

«Venite, vi devo mostrare una cosa».

I due si mossero, avvicinandosi ai mantelli che parlottavano. Gallerani si fece avanti circospetto e notò subito che accanto al corpo erano ammucchiati diversi sassi.

«Erano all'interno del sacco», spiegò Lemma, accosciandosi accanto alle spoglie della povera Benedetta. «Chi l'ha buttata nel lago sperava sarebbe andata a fondo».

Il notaio si grattò il capo. Il corpo, coperto per metà da un drappo candido, appariva diverso dai precedenti e fu proprio il giovane dottor Pavese a confermarlo.

«L'assassino sta cambiando il suo modo di agire», illustrò, facendo un passo sulla spiaggia.

Gallerani ascoltò senza distogliere il naso dal lenzuolo. Il chirurgo, notando l'interesse del notaio per un dettaglio celato sotto il drappo, si avvicinò alla lettiga.

«Immagino sarete interessato ai bulbi oculari della ragazza», suppose Pavese.

«Mostratemeli».

Il chirurgo si chinò e sollevò il lenzuolo.

Gallerani fu tentato di guardare altrove, magari verso le finestre del castello di San Giorgio, che si erano accese una a una negli ultimi istanti. Per le damigelle di corte, quel ritrovo di ammantellati doveva essere un piacevole diversivo. Subito dopo si concentrò sull'ovale angelico della ragazza. A differenza degli altri corpi, martoriati, gonfi e putrefatti, le spoglie della giovane erano in buone condizioni. Non fosse stato per le bruciature all'attaccatura del naso e sulle palpebre, di minore entità rispetto alle altre vittime, poteva sembrare stesse addirittura dormendo.

«Deve essere rimasta in acqua per poche ore», aggiunse ancora Pavese. «Non ci sono oltretutto segni di ferite che ne spieghino la morte».

Gallerani si poggiò al bastone e si avvicinò al medico fisico Bonaccini, intento a parlare con un tenente e con i suoi attendenti.

«Dottore», disse piano. «Posso chiedere la vostra opinione?».

Pavese, che era rimasto accanto al corpo fino a quel momento, si alzò e si avvicinò. Per un secondo parve risentito. Era tuttavia abituato alla diffidenza che i pazienti avevano nei confronti della sua giovane età, così si sforzò di non prestarvi attenzione.

«Mi pare di vedere delle similitudini più con il delitto dell'ambasciatore, che con quello delle due precedenti donne». Il medico, impettito e sicuro di sé, fece un passo di lato, per allontanarsi dai birri. Uno scroscio di pioggia lo costrinse a sollevare il cappuccio. «Il cadavere di questa poveretta non è stato deturpato. Non vi sono tagli ed ecchimosi».

«Come credete sia morta?»

«È presto per dirlo. Il fatto che non ci siano ferite da taglio fa però pensare che l'assassino sia lo stesso dell'ambasciatore».

Se non avesse parlato con la Donati, probabilmente anche Gallerani avrebbe condiviso quella supposizione. Seppur si notavano delle similitudini con la morte del francese, c'erano però anche molte più differenze: a lui avevano sparato, innanzi tutto, e poi un boia gli aveva tagliato la testa. Era vero, non c'erano ferite da taglio su entrambi i corpi, ma esisteva una differenza ancora più netta: la morte de La Sablière era stata un danno collaterale, per venire a capo di una congiura di Stato. Nulla che avesse a che fare con il Cacciatore di cieche. No, la mano che aveva ucciso quella povera ragazza era la stessa delle altre due donne.

«Io credo sia stata avvelenata», intervenne Pavese, all'improvviso.

Gallerani si voltò, incuriosito. «Avvelenata?»

«Ci ho pensato molto negli ultimi giorni». Il giovane chirurgo gesticolò mentre sciorinava la sua teoria. «Anche le altre due vittime, se diamo per scontato che la testa sia stata recisa *post mortem*, non avevano segni di violenza».

«Perdonatemi, collega, ma state andando oltre le vostre competenze», intervenne Bonaccini, scuotendo il capo per nulla convinto. «Ho già sentito la vostra teoria, ma voi siete un chirurgo mentre sono io il medico fisico. Aggiungo che è tutto da dimostrare che le altre due donne fossero già morte quando le loro teste furono tagliate».

«Lasciatelo finire».

«A mio parere è come vi ho detto: nessuna delle tre donne è morta per cause chiare. Erano sufficientemente giovani e in salute ma tutte avevano i medesimi segni sugli occhi. Bruciature, forse. Di certo qualcuno ha iniettato qualcosa nel bulbo oculare».

«Veleno?»

«È la spiegazione più ovvia: malattia e salute sono due estremi. Il compito del medico è quello di coltivare l'ambito della *neutralitas*, il terreno fra sano e malato. Se non sono morte per cause esterne, devono essere morte per cause interne…».

«Messer Gallerani», si intromise ancora Bonaccini. «Perdoni il mio collega, non sa evidentemente ciò di cui parla. Il veleno lascerebbe altri segni sui corpi, sulla lingua, nei visceri, sulla pelle. E qui, come vedete, non ci sono altri segni».

«E se i segni fossero proprio sugli occhi?». Pavese si avvicinò al corpo illuminato dalle lanterne. Una folata di vento si insinuò sotto il suo mantello scarlatto, con il risultato di farlo sembrare una bandiera che garriva. Ma il giovane chirurgo non si scompose. «Queste bruciature potrebbero essere i segni del veleno».

Bonaccini parve soppesare le parole del giovane. Con l'indice saggiò i piccoli segni sull'attaccatura del naso della vittima: sovrastavano le palpebre e si spegnevano sugli zigomi e sulle tempie.

«Iniettando un veleno nell'occhio, che è connesso alla carotide, questo si insinua più velocemente tra gli umori corporei», aggiunse ancora Pavese.

«Il delitto è opera della stessa mano che ha ucciso madame Boniforte e Costanza Monticelli», sentenziò Gallerani, più per sé stesso, che per agli altri. Ma mentre ascoltava Pavese, la sua teoria sul possibile assassino non faceva che trovare conferme. «E l'arma non è una sega: è il veleno».

Il medico allargò le braccia, per manifestare la sua impotenza. Era assolutamente sicuro che la mano che aveva vilipeso i corpi delle altre due donne era mutata, forse si era addirittura redenta.

Non fosse stato per gli occhi, il cadavere di quella povera ragazza era integro, esattamente come quello dell'ambasciatore francese. L'idea del veleno tuttavia, a dispetto di quanto aveva detto a Pavese, poteva avere forse un certo fondamento. Ma quale veleno? Come era possibile?

«Ci manca ancora un movente valido per tutte queste morti», osservò Gallerani, quasi gli avesse letto nel pensiero. Più ci rifletteva, più una frase pronunciata all'ospedale da Pavese il giorno precedete lo pungolava: «L'assassino è *interessato* agli occhi delle vittime». Lo sapeva bene. Si trattava di capire il perché...

Batté le mani e una frusta schioccò nel buio sotto l'arco della porta di San Giorgio, sul cui acciottolato comparve una carrozza traballante. Il valletto non fece in tempo ad aprirgli, che il notaio fu però richiamato da una voce maschile.

«Eccellenza Gallerani». Un militare in elmetto e corazza correva verso di lui. Appariva impacciato dalle calzature ferrate e dal petto d'armi, che cigolava nel silenzio della notte. «Eccellenza, una donna chiede di voi».

Il notaio attese che il giovanotto entrasse nel cono di luce delle torce che ardevano ai lati della porta.

«Una balia dell'Ospedale Grande».

«Una balia?»

«Sì, eccellenza». Il giovane si fermò di fronte a lui, il respiro affannato. «La notizia del ritrovamento è già circolata. La balia afferma di aver visto un uomo, poco dopo l'Ave Maria, che scaricava un pesante sacco nel porto».

Capitolo 53

Ducato di Milano, martedì 27 marzo 1590.
Poco prima di mezzodì.

Il rione Rebecchino, poco distante dal Duomo, era quanto di più angusto e opprimente si potesse immaginare. Costituito da un solo isolato, sorgeva attorno all'omonima osteria, nota in città per la sua insegna che raffigurava una donna che suonava la ribeca.

Giulio De Tatti e Bianca Donati ci erano arrivati dopo un lungo viaggio in groppa a due stalloni delle scuderie del duca. Sotto una pioggia che si era fatta torrenziale, avevano attraversato il territorio pianeggiante del ducato fino alle porte dei possedimenti milanesi, poco sopra Parma. Lì, avevano mostrato alle guardie una missiva firmata dal duca Vincenzo in persona. Era indirizzata al principe di Castelvetrano e duca di Terranova, governatore di Milano, Carlo d'Aragona Tagliavia, e chiedeva libera circolazione per entrambi.

I militari, appostati in una torretta di guardia di mattoni rossi, con indosso lunghi mantelli per difendersi dalla pioggia, li avevano fatti attendere. Quel gentiluomo e quella dama, fradici e stanchi per la lunga cavalcata notturna, dovevano essergli sembrati alquanto sospetti. Una missiva con il sigillo del duca di Mantova richiedeva tuttavia la necessaria attenzione. Un cavaliere, così, era partito a spron battuto ed era tornato solo al sorgere del sole.

«Siete i benvenuti», aveva sciolto la riserva il comodante delle guardie, con un accento chiaramente spagnolo. «Proseguite verso nord ed entrerete a Milano da porta Ticinese».

La Donati e De Tatti si guardarono e nell'aria fredda del mattino varcarono così il confine spronando le loro cavalcature nella desolazione di paglia e fango delle campagne. Furono necessarie alcune ore per raggiungere gli imponenti bastioni della città, ma alla fine gli sembrarono emergere come un veliero da un mare di nebbia.

Una volta superata la porta, alla vista di accattoni a ogni angolo, percepirono immediatamente gli stenti della popolazione dominata dagli spagnoli. Il fatto che il territorio fosse amministrato da un governatore e che il re fosse altrove non faceva che alimentare le disuguaglianze. I nobili, specie se di origine iberica, erano sempre più ricchi, mentre il popolo era sempre più povero. A ciò si aggiungevano le riforme di Filippo II: le tasse si erano fatte insostenibili per i proprietari terrieri e i saccheggi delle soldatesche nei campi e nelle riserve di cibo erano sempre più frequenti.

«Da quella parte», indicò De Tatti. Nel frattempo aveva smesso di piovere ma la coltre grigia e umida che avvolgeva la città non accennava a sollevarsi. «Dobbiamo seguire per il Duomo».

Si addentrarono in vicoli malandati, con edifici cadenti, pecore a pascolare per strada e bancarelle con pochi viveri da vendere. Superarono il conservatorio e il ponte delle Fobie e poi, seguendo l'indicazione di un agiato abitante del contorno, voltarono verso corso di porta Romana. Da lì, la strada fu più agevole. Raggiunsero il palazzo Reale e poi voltando a mancina furono nella piazza del Duomo.

Per quanto fossero abituati alle splendide chiese di Mantova, la magnificenza e la grandezza di quell'ottava meraviglia del mondo li lasciò sgomenti. Era come vedere una immensa montagna di marmi e mattoni, sola al centro di uno spiazzo pianeggiante. Come se non fosse in mezzo a una città, ma sorgesse in un deserto. I gugliotti protesi verso il cielo, le colonne, i portali, le statue: tutto era così maestoso che il resto appariva minuscolo e sembrava come scomparire al confronto.

«I baroni Molina risiedono in un grande palazzo tra Pianta de Mercanti e la Pescheria vecchia», comunicò De Tatti, rileggendo le indicazioni fornitegli dal conte Arianti. «Alle spalle del Rebecchino».

«Deve essere al di là di quei palazzi».

Alla loro sinistra, affacciato sulla piazza, sorgeva un blocco di edifici gentilizi. Le luci del mattino facevano brillare il vetro vecchio e deformato delle finestre che punteggiavano la facciata austera.

Smontarono dai cavalli affaticati e tenendoli per le briglie attraversarono la piazza, tenendosi il cantiere del Duomo alla destra. Girarono a lungo attorno al Broletto in cerca di informazioni e dopo aver ottenuto da più passanti notizie precise e concordanti, si diressero alla Loggia degli Orsi. L'insegna dell'osteria che sorgeva poco distante e dava il nome al rione era esattamente come gli era stata descritta: una donna in qualche maniera equivoca, intenta a suonare la ribeca.

All'interno della taverna dalle pareti in sasso, due lumi a mano, pendenti dalla trave del palco, spandevano una mezza luce. Pochi avventori erano seduti di qua e di là d'una tavola stretta e un garzone trottava innanzi e indietro, in fretta e in furia, al loro servizio. L'oste, sotto la cappa del focolare, osservava con apparente disinteresse, gli occhietti chiari e fissi, l'aspetto luciferino e la barbetta rossiccia.

«Cosa vi porto?», domandò, asciugandosi le mani su uno strofinaccio e avvicinandosi ai due nuovi arrivati.

De Tatti e la Donati si accomodarono in un tavolino ad angolo e la dama, tenendo il cappuccio sul capo, diede le spalle alla porta. La dissolutezza di quello scantinato sarebbe stata forse adatta a una donna di facili costumi, e una come lei avrebbe certo destato qualche domanda. Attirare l'attenzione non era tuttavia ciò che gli serviva, se volevano trovare il giovane visconte Paolo Oberteghi.

«Ci hanno riferito che negli ultimi giorni è stato qui spesso un giovane nobile del Monferrato».

L'oste esplose in una risata sguaiata. «Non chiedo da dove vengono i miei clienti».

«Ciò nonostante, potreste averlo notato». La Donati poggiò sul tavolo due scudi veneziani. «Pensateci bene».

L'uomo fece ballonzolare le sopracciglia folte sulle monete. «Ora che ci penso... alcuni giorni fa è arrivato un giovanotto che non avevo mai veduto prima. Deve essersi trovato bene, perché in effetti dopo la prima sera si è ripresentato in più occasioni». Afferrò le monete e poggiò una caraffa di rebecco al centro del tavolo. Qualcuno sosteneva che il nome del locale non fosse dovuto all'insegna, bensì al tipo di vino della zona che vi veniva servito. In un caso o nell'altro, le informazioni raccolte da De Tatti e la Donati indicavano quel luogo come punto certo dove avrebbero incontrato il visconte.

«Quando l'avete visto l'ultima volta?»

«Ieri sera». L'oste fece sparire le monete nelle pieghe del grembiule.

«Siamo suoi conoscenti di lunga data», chiosò la Donati. «Lo stiamo cercando per riferirgli un importante messaggio». La fiorentina si voltò, per essere sicura che nessuno degli avventori stesse prestando loro attenzione. Nessuno li guardava: la maggior parte sonnecchiava sui tavoli, così fece scorrere un'altra moneta sotto la sua mano affusolata.

«C'è un posto dove possiamo soggiornare, qui nei paraggi? Così, se doveste vederlo di nuovo, vi saremmo gradi se veniste a riferircelo».

«Potete stare in corso de' Mercanti d'oro, qui vicino». Udendo un tintinnio sopra la porta, l'oste si voltò. «Ma non credo che ce ne sarà bisogno: il vostro amico è appena entrato».

De Tatti alzò lo sguardo. Oltre il bancone di mescita si intravedeva il portone, sormontato da una ruota di carro, al quale erano appese due lanterne. Un giovane con un mantello color castagna, cappello piumato dalla tesa larga e borsa di pelle a tracolla, avanzava a testa bassa tra i tavoli. «È lui, è Paolo Oberteghi».

La Donati si alzò e d'istinto portò una mano alla cintura, dove aveva assicurato un piccolo pugnale ungherese.

Si mossero insieme. Cercando di non fare rumore, girarono attorno al bancone, uno dalla parte del camino, l'altra dal lato della porta.

«Visconte», mormorò De Tatti, raggiunto il tavolo al quale il giovane si era appena seduto. «È un piacere rivedervi».

Oberteghi, chiaramente alticcio a dispetto dell'ora, sembrò non capire. «Ci conosciamo?»

«Non ci hanno mai presentati, in effetti», ghignò De Tatti. «Ma diciamo che lavoriamo per lo stesso padrone».

Il giovane nobile si drizzò sulla schiena.

«Il conte Filippo Arianti».

Il respiro gli gelò fra i denti. Probabilmente udendo quel nome non si sarebbe neppure spaventato. Forse avrebbe anche cercato di approfondire quanto aveva da raccontargli lo sconosciuto che aveva di fronte. Invece Oberteghi si voltò, come se avesse avuto l'impressione di avere qualcuno alle calcagna. E infatti era così: a differenza di De Tatti, che non ricordava di avere mai visto, la dama che avanzava con le mani sotto il mantello gli sembrava di conoscerla. Anzi, era proprio certo che fosse lei…

Spinse il tavolo in avanti, investendo il pittore, e con un balzo scavalcò la panca.

La Donati cercò di frapporsi tra il nobile e la porta, ma lui fendette l'aria con un ampio mandritto e la fece barcollare all'indietro. Inforcò la scala a chiocciola di pietra, e scomparve oltre l'androne.

Capitolo 54

Subito dopo.

Le teste nere e allungate dei cavalli di una carrozza che si muovevano all'unisono gli si pararono davanti appena uscì dal vicolo.

Paolo Oberteghi si schiacciò contro il muro del palazzo e schivò la pariglia lanciata in direzione del Duomo. Subito dopo, assicurando il borsone a tracolla, si voltò indietro, verso l'ingresso del Rebecchino, e ricominciò a correre.

Inforcò un viottolo erto, a scalini. Tendoni rossi pendevano dai balconi e bancarelle male in arnese ostruivano il passaggio. Dopo diversi giorni in città conosceva abbastanza bene quel dedalo di vicoli per sapere da che parte andare. I nobili che l'avevano ospitato, i Molina, erano stati di parola: nel giro di un paio di mattine, il barone Piero era riuscito a ottenere dall'ufficio del gran cancelliere un lasciapassare a suo nome, che gli avrebbe permesso di raggiungere indisturbato Parigi. Fatta eccezione per l'incontro con la vipera del duca Gonzaga – quella Bianca Donati sulle cui vicende in molti avevano favoleggiato – poteva dire di essere fortunato, perché il documento era al sicuro proprio nel suo farsetto.

Si voltò ancora verso l'ingresso dell'osteria, ormai distante un centinaio di passi da lui, e si assicurò che i due mantovani non lo stessero seguendo. Le stradette intorno al Rebecchino erano affollate dai milanesi dell'ora di pranzo. C'erano sguattere che trascinavano borse, lavandaie con tinozze sulla testa, mercanti con ceste di polli; si vedevano accattoni mescolati a funzionari in mantello dall'incedere marziale. Sulle prime, si tranquillizzò non scorgendo i due inseguitori. Poi però, proprio sotto le guglie del Duomo che emergevano, alte come le mura di Gerico, tra i tetti, notò il giovanotto che gli aveva rivolto la parola. Era fermo e si guardava intorno, evidentemente disorientato dalla confusione.

Oberteghi sperò che non lo vedesse e per questo si fermò del tutto. Finse di osservare delle verdure quasi avariate su una bancarella e dardeggiò una nuova occhiata oltre la spalla. E a quel punto imprecò.

«Eccolo!», suggerì la Donati, girando attorno a un contadino che tirava due bovi sull'orlo della strada. «La bancarella di ortaggi».

De Tatti alzò la testa e lo vide: il mantello color castagna, il cappello piumato e la borsa di pelle a tracolla.

Si misero a correre entrambi, serpeggiando tra i passanti e facendosi largo a suon di spintoni.

«Fermatevi, visconte», urlò De Tatti. Ma era lontano: o il nobile non lo aveva udito, oppure più probabilmente non aveva la minima intenzione di ascoltarlo.

Il visconte Oberteghi era giovane e allenato per la corsa.

Superò in scioltezza i barili dell'osteria della Luna Piena, dove era stato un paio di volte negli ultimi giorni, e volò in direzione del Cordusio. Respirando al ritmo delle sue falcate, raggiunse la casa del vicario di provvisione in pochissimi istanti. Lì, oltre al solito picchetto di soldati spagnoli, c'erano svariate carrozze dai cocchieri gracidanti.

Oberteghi si voltò di nuovo e con sgomento constatò che i due inseguitori, uno da un lato della strada, l'altra su quello opposto, erano sempre alle sue calcagna.

Scrutò dritto davanti a sé e fu accolto prima dall'imponente statua di Filippo II in piazza de Mercanti e subito dopo dagli umori acri della Pescheria vecchia. A quel punto voltò a sinistra e si infilò in un'altra stradetta.

Bianca Donati era sfinita. Quella corsa la stava sfiancando e soprattutto aveva l'impressione di non riuscire ad avvicinarsi.

Il brulichio era più folto. C'era troppa gente in giro, troppi cavalieri, troppi passanti, troppi soldati spagnoli a frapporsi tra loro e il fuggitivo. Oltretutto, i militari erano ovunque e non potevano correre il rischio di essere fermati. Certo, la lettera del duca gli avrebbe fornito la garanzia di essere rilasciati, ma la loro missione richiedeva discrezione. Le domande, chiunque fosse stato a porle, non erano ben accette…

«Davanti al forno del pane!», indicò De Tatti sull'altro ciglio. Il visconte aveva superato una piazza e ora sfrecciava di fronte a un'insegna raffigurante una gruccia.

«Fermatevi», provò ancora la Donati. Ma anche questa volta senza ottenere alcun riscontro.

Oberteghi si voltò di nuovo, stringendo con la mano il borsone. L'oggetto contenuto all'interno era delicato e non poteva correre il rischio di danneggiarlo. Ma ce l'aveva quasi fatta. Doveva solo allontanarsi dal centro cittadino…

Continuò a correre tra vicoli tortuosi, ricoperti di polvere e di fango, per centinaia di passi e senza accennare a rallentare. Lo scorrere di siepi e orti fece emergere modeste casucce a due piani, che ogni tanto lasciavano posto a una piazza o a una stradina senza uscita. Fino a che non si ritrovò in una via più larga delle precedenti e meno trafficata.

Raggiunto il convento dei cappuccini, si sincerò di essere ancora inseguito. Ed era così, anche se i mantovani esausti sembravano non riuscire a raggiungerlo.

De Tatti correva a testa bassa, facendosi largo tra un gregge di pecore. Il pastore richiamò il cane lupo, irsuto e sgraziato, ma nonostante gli sforzi, questo non riuscì a far spostare le bestie belanti.

Il pittore ne scavalcò diverse e infine si ritrovò oltre i palazzi. Adesso era su una via impervia, divisa in due da un piccolo fossato che si perdeva in una fogna. Stavano velocemente uscendo dalla città.

Mentre il nobile del Monferrato non accennava a rallentare, costeggiò la cantonata d'una fabbrica e si voltò: la Donati era rimasta indietro; la sua preda invece era sempre più lontana, veloce e apparentemente decisa sulla direzione da prendere. E a quel punto capì la ragione…

La porta Orientale era formata da due pilastri e una tettoia, con la casuccia dei gabellieri da un lato e covoni di fieno dall'altro. Era poco distante: ce l'aveva quasi fatta.

Oberteghi constatò che l'inseguitore aveva rallentato. Era esattamente ciò che sperava. Interruppe la sua corsa quando era ormai in prossimità del punto di gabella e prese a camminare, con il capo puntato sul muro del lazzaretto. I due mantovani si erano fermati e ora stavano discutendo tra loro. La donna gesticolava, visibilmente contrariata: apriva e chiudeva i palmi, come se stesse sognando di strangolare qualcuno. Era forse preoccupata dalla presenza delle guardie?

«Dove siete diretto?», il gabelliere richiamò l'attenzione del giovane visconte. Avanzò piano verso di lui, con la spada che sferragliava al suo fianco. Fece balenare gli occhi vigili in direzione della città, dove lo sconosciuto aveva appena perso il suo sguardo, ma evidentemente non individuò nulla di insolito.

«A Monza e poi, attraverso lo Spluga, in Francia». Oberteghi, sudato e con il respiro affannato, mise la mano nel farsetto ed estrasse il lasciapassare. «Mi hanno detto di mostrarvi questo».

L'uomo non sembrò troppo sorpreso. Alzò un sopracciglio controllando prima la sacca a tracolla del giovanotto e poi ruppe la ceralacca della lettera. Riconobbe subito firma e sigillo. «Fate buon viaggio», lo congedò, restituendo immediatamente l'involto.

Oberteghi ringraziò e si infilò tra le due colonne della porta. La prima cosa da fare era trovare un cavallo ma nel frattempo si sistemò il borsone e si avviò di buon passo in direzione di Monza.

Capitolo 55

Cappella di Santa Maria della Cornetta, quartiere San Nicolò, mercoledì 28 marzo 1590.
Primo pomeriggio.

Piccola e graziosa, appena fu visibile in fondo alla navata, comparve l'ombra della giovanissima balia Agnese.

Lavorava al primo piano dell'ospedale, dove insieme ad altre ragazze si occupava della gestione degli *esposti*, i neonati abbandonati davanti alla porta grande. Lei stessa, in tenera età, era stata lasciata in fasce su quei gradini: era stata battezzata, le era stato fornito un corredo di camicie, coperte, scarpe e gonnelle che le era servito nel tempo. Soprattutto era stata più fortunata di altre trovatelle, affidate a balie esterne, perché invece la reggente aveva deciso di tenerla proprio all'ospedale. Una volta cresciuta, Agnese era rimasta a servizio nel reparto e le erano stati assegnati tre neonati, due maschietti e una femminuccia.

Nell'ultima settimana la bambina aveva lamentato dolori alle orecchie e così le notti della balia erano state quasi insonni. L'aveva cullata con amore – come *la sua* balia aveva fatto con lei – le aveva spalmato unguenti ma soprattutto l'aveva tenuta in braccio. Pareva infatti che la bimba provasse sollievo solo camminando per i corridoi del primo piano. Proprio quella veglia forzata aveva permesso ad Agnese, la notte tra lunedì e martedì, di scorgere dalla finestra qualcosa di strano. In quel momento passava sul lato ovest dell'ospedale dove, oltre all'orto dei semplici e a uno scorcio del lago, si vedeva bene il Quarto chiostro. Era la zona destinata agli alloggi della levatrice, dello speziale e di altre personalità dall'Assemblea dei presidenti, che amministrava l'ospedale. Lì, i carri non potevano circolare per non disturbare il riposo, eppure, alla luce timida delle finestre, ne aveva visto uno. Anzi, se si contava anche quello della notte precedente, ne aveva visti ben due.

«Notaio Gallerani», esclamò la reggente delle balie, all'ingresso della cappella. «Questa è la nostra collaboratrice più giovane, Agnese. È lei la ragazza di cui vi hanno parlato».

Gallerani, che aveva trascorso l'intero giorno precedente tra le scartoffie del palazzo del Podestà, annuì appena. I suoi sospetti su un possibile colpevole erano ancora in uno stato embrionale, non suffragati oltretutto da prove. Certo, l'idea che le ragazze fossero state avvelenate, come sostenuto da Pavese, era un elemento importante. Nulla di risolutivo però, perché c'era ancora qualcosa che non gli dava requie: pur restringendo il cerchio sui possibili colpevoli, infatti, non riusciva ancora a comprendere il possibile movente.

«Buongiorno, Agnese», la salutò il notaio estraendo il suo corno d'osso. L'androne centrale dell'ospedale, un locale quadrato con una statua al centro, da cui si accedeva anche alla cappella, in quel momento era vuoto ma le poche voci rimbombavano; in lontananza risuonava anche l'eco dei piatti e delle stoviglie dei degenti che pranzavano.

«Ho avuto notizia che dalla finestra dell'ospedale potreste aver notato qualcosa al porto».

La giovane, le mani incrociate sotto il seno, fissò la reggente. Era stata lei, dopo che Agnese le aveva confessato ciò che aveva visto (o che aveva creduto di vedere), a spingerla a denunciare l'accaduto.

«Cosa avete veduto con esattezza?»

«Un sacco, stretto e lungo, veniva caricato su un carro da un tizio». La ragazza abbassò il capo.

«Un sacco come questo?». Il bargello mostrò il lembo di canapa in cui era stato avvolto il cadavere di Benedetta. Non era un vero e proprio sacco, bensì somigliava a un bozzolo, ottenuto mettendo insieme due involucri differenti, legati al centro con una cima marittima.

«Mi sembra di sì».

«Immagino non abbiate riconosciuto l'uomo, altrimenti lo avreste già detto...».

«Era buio e il chiostro è lontano».

«Posso domandarvi perché vi siete insospettita nel vedere un sacco caricato su un carro? È una cosa così strana? Dopotutto il granaiolo, il canovaro e il legnarolo sono qui vicino, no?». Le tre figure citate dal notaio erano quelle che si occupavano di custodire le provviste destinate ai degenti. «Useranno bene, sacchi di questa fattura».

«Non è il sacco in sé, la cosa strana», si intromise la reggente, vedendo l'incertezza della giovane. «Ciò che è strano era *il carro*».

Gallerani si accigliò e fu invece Lemma a parlare. «E per quale ragione è strano?»

«Perché non era dal lato dei magazzini. Era sul chiostro delle case. Lì il priore non ammette la circolazione di carri... le eccellenze che dimorano in quella zona non devono essere disturbate, dice».

Le eccellenze che vi dimorano.

«E non capita mai che qualcuna delle *eccellenze* trasgredisca questa disposizione?»

«Sì, a volte capita. Ma è proprio questo il motivo per cui Agnese si è insospettita». La reggente le sfiorò una spalla, per esortarla a parlare.

«Non è successo solo una volta... Ecco perché l'ho notato».

Il bargello credette di interpretare l'espressione del notaio e incalzò. «Spiegatevi meglio».

«La sera tra domenica e lunedì, si era fermato un altro carro».

«Sempre nel chiostro?»

«Sempre davanti alla stessa porta verde». La giovane socchiuse le labbra, questa volta con meno timidezza. «Ho veduto due uomini che scaricavano una cassa».

«Come una cassa di ortaggi?»

«Certo che no». Agnese rialzò gli occhietti e inquadrò Gallerani e il Lemma, che immobile teneva la mano sull'elsa. «Molto più grande, lunga come una *cassa da morto*».

Pur nella crudezza di quelle parole, il notaio ebbe di che rallegrarsi: non aveva un nome o una descrizione ma almeno, finalmente, aveva in mano un elemento concreto per trovare il colpevole.

«Quindi, se non ho capito male: domenica notte è arrivato un carro che ha scaricato una grossa cassa davanti a una porta verde. Ieri, invece, qualcuno è uscito dalla stessa porta e ha caricato su un altro carro un sacco?»

«È così: l'ho seguito fino a dove il mio sguardo arrivava ma si è fermato poco dopo, sul molo del porto».

«E ha buttato il sacco in acqua...», indovinò Lemma.

«Siete stata di grande aiuto, Agnese». Gallerani aveva le mani informicolate per l'emozione. La sua immaginazione aveva appena ripercorso l'ultimo giorno della povera Benedetta: portata all'aguzzino in una cassa e uscita cadavere, la sera dopo, in un sacco.

«Volete dunque essere così gentile da mostrarci qual è *esattamente* la porta verde, da cui avete veduto tutti questi movimenti?».

Capitolo 56

Alloggi del personale medico, quartiere San Nicolò. Nello stesso istante.
Mezzodì.

Il chirurgo Pavese giunse trafelato davanti alla casa del dottor Bonaccini. Aveva portato con sé una cartella carica di documenti e un voluminoso libro rilegato in vitellino.

Il sentiero che conduceva all'uscio era costellato di pozzanghere lasciate dalla pioggia della sera precedente. Per non inzaccherarsi, dovette così camminare lungo uno dei solchi di ruote che segnavano la via.

«Dottor Bonaccini», lo chiamò, bussando violentemente sul batacchio. «Ho fatto la ricerca che chiedevate».

La porta si aprì e comparve il viso rossiccio e tondeggiante del medico fisico.

«Devo confessarvi che il vostro biglietto mi ha colto di sorpresa».

Bonaccini si rese conto che il collega era carico di carte e si offrì di prendere il voluminoso libro. Aprì la porta e lo aiutò a depositare tutto sul tavolo illuminato da un lume solitario. Era stato lui, dopo una notte insonne, a scrivere a Pavese per chiedergli maggiori approfondimenti sulla sua teoria del veleno. A dispetto delle sue perplessità davanti al notaio, infatti, l'idea del collega non era completamente strampalata; aveva oltretutto il pregio di fornire un chiarimento netto per la morte delle tre vittime del Cacciatore.

«Vedete, collega», cominciò Bonaccini, accennando un tiepido sorriso, «benché in molti mi dipingano come un orso, ho il dono di saper riflettere».

«E avete così rivalutato la mia teoria del veleno?»

«Ammetto che potreste avere ragione», ammise Bonaccini, prendendo una caraffa di vino e due bicchieri da una credenza. «Dovete però fornirmi più dettagli, per convincermi del tutto».

Pavese aprì la sua cartellina e mostrò al medico un foglio di appunti. «*Acrimoniae acidae et lixiviosae*», sciorinò.

«Conosco la teoria secondo la quale i processi vitali devono essere controllati da una bilanciata produzione di acidi e di basi».

«È esattamente ciò che ho cercato di dire l'altra sera, nonostante le vostre rimostranze davanti al notaio criminale». Pavese deglutì amaro, ma la voglia di confrontarsi con Bonaccini ebbe il sopravvento su quel malanimo temporaneo. «Gli stati patologici sono disequilibri di acidi e di alcali, causati da fermentazioni anormali con un eccesso di uno o dell'altro».

«E siccome le vittime erano a parer vostro in salute, ritenete che qualcosa abbia alterato il loro equilibrio».

«Esattamente». Il chirurgo sfogliò il volume. Era in francese ed era stato stampato solo un anno prima. Benché la conoscenza degli acidi e delle basi in natura fosse molto antica, era giunta in Europa solo nel XIII secolo a opera degli arabi. Pochi erano i medici che vi avevano dedicato studi approfonditi, tuttavia gli effetti degli alcali erano ben spiegati in quel libro.

«Come vedete, gli alcali in eccesso provocano conseguenze differenti degli acidi». Il giovane picchiettò con l'indice su una pagina. «La necrosi delle pelli non si arresta facilmente, e se ricordate, gli effetti del *veleno* erano molto più evidenti nella prima vittima che nella seconda e nella terza».

«Suggerite quindi che questo ipotetico veleno sia a base di alcali? E lo dedurreste dal fatto che abbia continuato a divorare i tessuti anche dopo la morte delle donne?»

«È possibile che il veleno abbia eroso i vasi che dai nervi del bulbo portano al cervello», confermò Pavese. «Non sono in grado di dirlo con certezza, ma il fatto che i tessuti fossero più compromessi nei primi cadaveri, quelli uccisi prima, che negli ultimi, lo farebbe pensare».

Bonaccini sembrò soppesare le parole del collega. «E se invece fosse stata iniettata una diversa quantità di veleno?». Per la prima volta Bonaccini sembrò accettare la teoria di Pavese. Voltò il libro verso di sé e lesse con calma una pagina in cui l'autore del testo illustrava le sue conoscenze, derivate, a suo dire, dalla medicina indiana.

«La parola stessa "alcali" deriva dall'arabo: *al qali*, cioè cenere».

«Esatto: le basi soda e potassa si possono ottenere dalle ceneri del legno di diverse piante».

Bonaccini si grattò il capo. «Vi devo le mie scuse, dottor Pavese». Chiuse la cartellina e la porse al collega. «Ve ne do atto, le necrosi sono compatibili con la vostra teoria: degli alcali sono stati iniettati nelle vittime attraverso gli occhi e hanno alterato l'equilibrio acido-base. I tessuti molli del bulbo hanno poi propagato la malattia fino al cervello ed è sopraggiunta la morte».

«Potremo avere la certezza che si tratti realmente di alcali attendendo uno o due giorni».

«Se i tessuti saranno maggiormente putrefatti nell'ultima vittima, rispetto a quando l'abbiamo rinvenuta, sarà la prova che avete ragione». Bonaccini si alzò. «Ma io credo proprio che sia così».

«La verità è come un pezzo di legno in mare, prima o dopo viene a galla», concluse Pavese.

«Vi ringrazio molto. Seppur non possiamo fornire elementi sul possibile assassino, capire cosa sia successo alle vittime può aiutare il notaio a scoprire la verità».

Pochi minuti più tardi, quando Pavese uscì dall'alloggio di Bonaccini, era contento: il fatto di avere convinto un così titolato collega era per lui motivo d'orgoglio. Le parole del medico fisico oltretutto lo galvanizzavano: grazie a lui, il notaio Gallerani avrebbe avuto maggiori elementi per scovare l'assassino. Doveva assolutamente metterlo a parte di quella scoperta e doveva farlo subito.

Mentre si avviava verso il palazzo del Podestà, non si avvide tuttavia che il notaio era invece a poca distanza da lui: insieme al bargello, stavano uscendo proprio in quel momento dal portone dell'ospedale. Non lo incrociò per un soffio e non lo vide così voltare a mancina e dirigersi al Quarto chiostro spalleggiato da un drappello di birri.

Capitolo 57

Ducato di Milano, sulla via per Monza. Nello stesso istante. Mezzodì.

La strada era sepolta tra due alte rive di erbacce, sassosa, fangosa, solcata da rotaie profonde, che a causa della pioggia erano niente più che rigagnoli. In alcuni punti era stretta; in altri, più bassa, s'allagava a tal punto che sembrava che altri viandanti si fossero fatti una strada nei campi incolti.

«Avete fame?». Giulio De Tatti, le mani sul pomello della sella, lanciò un'occhiata dietro la sua spalla. Il destriero di madonna Donati era distaccato di una decina di passi e trottava senza apparente fatica.

«Voi ne avete?». La donna, avvolta nella cappa che le scendeva fin sulla fronte, alzò il naso a tal punto che sembrò inquadrare la sagoma del Resegone, troneggiante oltre le cime degli alberi.

De Tatti le sorrise, spronando il suo animale con i talloni. Il fatto di essersi lasciati scappare il visconte Oberteghi aveva gettato la Donati in un umor nero che le si leggeva negli occhi. Per tale ragione avevano trascorso l'intera giornata precedente a cercare di ripercorrere i movimenti del giovane. Appena usciti dalla città attraverso la porta Orientale, si erano diretti verso Bergamo. Lì, il terreno pianeggiante che costeggiava il fossato degradava dolcemente oltre i bastioni e dava accesso alle campagne.

«Di grazia, messere», aveva domandato De Tatti all'oste di una taverna, che sorgeva come una macchia al lato della strada, poco fuori città. «Avete per caso veduto un giovane in abiti acconci ve nire in tutta fretta da queste parti?». Era seguita una descrizione approssimativa dell'Oberteghi, dal mantello marrone al cappello piumato, fino alla sacca di pelle che certamente custodiva l'oggetto che andavano cercando.

L'oste, pur ben stimolato a suon di ducati, non sapeva nulla. Un pastore, tuttavia, che consumava uno stufato fumante in un tavolino ad angolo, si rivelò invece estremamente utile.

«È passato tutto trafelato dal mio casale e mi ha offerto novanta scudi». Il pastore si era tenuto la cuffietta con la mano, come se nel pronunciare quella cifra fosse stata sul punto di saltar via. «Novanta scudi per la mia giumenta, *l'è roba da mat*! – È una cosa da matti».

«E voi cosa avete risposto, gliela avete venduta?»

«Voi cosa avreste fatto?». Il pastore si lasciò andare a un sorriso sdentato e sfacciato allo stesso tempo. «Novanta scudi per la mia giumenta: non lo avrebbe riportato neanche fino al lazzaretto, altro che a Monza o al passo dello Spluga, dove il giovane voleva andare».

Il pittore si era voltato verso la Donati e aveva annuito. Il fatto che quel tizio avesse dichiarato di essere diretto al passo dello Spluga faceva il paio con le indicazioni che il conte Arianti aveva fornito a De Tatti. Se avevano ancora un dubbio che lo sconosciuto che aveva offerto quella cifra esorbitante per un ronzino fosse l'uomo che cercavano, quel dettaglio lo fugò.

Erano risaliti sui loro stalloni arabi e seguendo le indicazioni di un cippo si erano diretti verso Monza. Avevano trottato in silenzio sulla strada diritta e a ogni buca De Tatti aveva ripensato al motivo per il quale si trovava lì. Gli venne persino da sorridere, nel pensare che lui si era messo in quei guai per poco più della metà di quanto Oberteghi aveva pagato la cavalla.

«Vi chiedevo se avete fame, perché lì c'è una locanda». De Tatti indicò con il guanto davanti a sé, strattonando le redini. «Potremmo fermarci e mentre mangiamo approfittarne per fare qualche domanda».

«Ieri siamo stati fortunati», commentò la Donati, laconica. «E Oberteghi è stato sciocco a fermarsi appena fuori dalle mura per acquistare un cavallo».

«Visto che è uno sciocco… magari potrebbe persino fermarsi a mangiare all'ora di pranzo… nell'unico locale nel raggio di miglia».

Un tiepido sorriso illuminò la dama. L'aria era fredda e la primavera sembrava volesse ritardare ancora un po', giacché due macchie rosse, grosse come monete, si erano dipinte sulle sue gote. «E va bene. A pancia piena si ragiona meglio».

Costeggiarono un muretto a secco, passarono davanti a un recinto di maiali e smontarono di sella sulla paglia di un piazzale. Legarono le cavalcature a due ganci nel muro scrostato ed entrarono da una porta tutta scarmigliata che non lasciava presagire nulla di buono sul livello del locale. L'interno, tuttavia, li sorprese: era meno peggio di quanto si sarebbero aspettati. Un bel fuoco arancione ardeva nel camino e illuminava l'unico stanzone, che godeva anche del sole pallido di una fila di finestre coperte da tendine colorate. I bicchieri sul bancone sembravano puliti e la padrona dal grembiule immacolato sorrideva a due avventori.

Scelsero un tavolo defilato e ordinarono da mangiare e da bere.

«È molto lontano da qui il passo dello Spluga?», si informò la Donati a indirizzo della padrona.

La donna – paciosa e con un seno che occupava metà del suo addome – poggiò posate e stoviglie di terracotta sul tavolo e scosse la testa. «Dovete raggiungere i laghi, a una mezza giornata di viaggio da qui», spiegò, netta. «Ma se volete superare la montagna vi conviene partire la mattina presto: oggi non ce la fareste prima che scenda il buio e restare sui monti, con la notte e il freddo a mordervi le orecchie, non è cosa per voi… con tutto il rispetto».

La Donati si costrinse a sopprimere un misto di delusione e fastidio; la padrona della locanda dovette rendersene conto perché cercò subito di addolcire le sue parole, che poi erano il vero motivo per cui aveva tirato fuori l'argomento: «Vi do lo stesso consiglio che ho dato a un giovane questa mattina».

«A un giovane?». De Tatti inarcò il sopracciglio, interessato molto più di quanto apparisse dalle sue parole.

«Sì, un giovane di città che come voi era diretto allo Spluga». La padrona si asciugò le mani nel grembiule. «Sembra che oggi tutti vogliano varcare le Alpi. Il mio defunto marito diceva sempre che non aveva senso aprire una locanda su una strada di passaggio come questa. Io però gli ripetevo: per andar al nord da Milano, bisogna per forza passar da qui».

«Che consiglio avete dato a questo giovane?».

La donna udì in quella domanda il suono di qualche moneta sonante. «Mio fratello Enrico gestisce anche lui una locanda, verso Lecco, a poche ore da qui: passate la notte da lui e poi partite riposati e di buon mattino. Se dite che vi mando io vi farà un buon prezzo».

«Quando è andato via il giovane di cui parlate?»

«Questa mattina».

La Donati finalmente si lasciò andare. Il fatto che il locale della donna fosse l'unico nel raggio di molte miglia era davvero una fortuna. Ma non certo per il motivo che pensava lei...

Capitolo 58

Alloggio del dottor Bonaccini, quartiere San Nicolò. Contemporaneamente.
Mezzodì.

Rimasto solo in casa, Eleuterio Bonaccini tornò al tavolo. Francesco Pavese gli aveva lasciato il libro, ancora aperto sulla pagina in cui si parlava degli alcali.

Come tutti, aveva sempre data per buona la teoria che i composti neutri in natura non esistessero e che fossero solo il risultato dell'equilibrio di un acido e di una base. Sapeva che alcuni chimici irlandesi contestavano tale impostazione, sostenendo l'essenza né acida né basica di molte sostanze. A dispetto di quelle teorie, però, fino a quel giorno Bonaccini non aveva mai troppo approfondito l'argomento perché la sua carriera e la sua intera vita erano infatti sempre state orientate al rispetto di un principio ben più semplice: "La conoscenza aveva due fini: il primo era gratificare la curiosità, la sede del sapere, e il secondo stimolare la devozione".

La devozione. Appunto: l'abbraccio della religione era stata la conseguenza obbligata del progredire dei suoi studi. A cosa l'aveva condotto quella folgorazione mistica?

Tirò a sé il libro di Pavese e rilesse il passaggio che più di tutti lo aveva colpito.

La nostra conoscenza, seppur limitata, degli acidi e delle basi in natura è molto antica: proviene infatti dall'India e risale al secolo XI. È giunta nella terra di Santa Romana Chiesa solo nel secolo XIII, ad opera di infedeli. La parola stessa "alcali" deriva dalla lingua degli arabi: *al qali* = cenere, giacché le basi potassa e soda vengono ottenute dalle ceneri del legno di numerose piante.

Bonaccini chiuse gli occhi. Era possibile?

Se era davvero come credeva, allora la morte delle ragazze poteva essere frutto di quell'artifizio. Alcune particole di alcali si erano mescolate con la sostanza iniettata nel sistema visivo delle vittime. Quello ne spiegava la morte, salvando, al contempo, la sua teoria, la sua fede e il suo esperimento.

Spinse la sedia all'indietro e si alzò, la testa che gli girava per l'emozione. Afferrò la brocca di vino e la rovesciò nella stufa spenta. La asciugò con attenzione e poi prese il lume che rischiarava il tavolo.

Si mosse con gesti meccanici, come in preda a un'allucinazione: andò alla porta dello scantinato e cominciò a scendere. La scala che portava al piano di sotto era a chiocciola, attorcigliata intorno a una colonnina di alabastro lavorata. Appena fu di sotto, l'odore acre del sangue gli assalì le narici. Avrebbe dovuto pulire meglio, si disse, facendo cadere i raggi di luce sulla sega con la quale aveva decapitato le prime due vittime.

Andò al tavolo, dove tra alambicchi e boccette di vetro afferrò la scatola di legno. Quanta sofferenza aveva provocato, ma era stato a fin di bene: per assecondare la volontà di Dio.

La osservò bene alla luce ballerina della fiammella. Non era stato lui a scegliere il contenitore, ma forse poteva essere stato usato per qualcos'altro… prima. Per pulire i residui della combustione di un camino? Per contenere cosmetici o medicinali a base di cenere? Non era un'ipotesi così peregrina…

Lo aprì sollevando il coperchio e affondò le mani nella terra contenuta nella scatola. Ne aveva usato quantità differenti in ognuna delle cavie, ma tutte avevano avuto gli stessi nefasti effetti necrotici. Era persino giunto alla conclusione che quel composto fine come la sabbia e marrone come le foglie d'autunno non fosse ciò che pensava. Ciò che nei secoli in molti avevano adorato.

A quel pensiero si fece il segno della croce; avvicinò la brocca e travasò la terra dalla scatola di legno alla ceramica bianca e pulita, in cui fino a poco prima aveva conservato il vino. La contemplò mentre scivolava via come polvere frusciante. Aveva l'aspetto di una massa di capelli che si dipanava lentamente.

«Abraamo stese la mano e prese il coltello per sacrificare suo figlio», si disse, in preda a emozioni contrastanti.

La sua fede aveva vacillato davanti ai corpi esanimi di quelle ragazze. Il problema però non era la sua devozione o un suo errore...

Capitolo 59

Chiesa collegiata di Santa Barbara, quartiere San Pietro, Anno Domini 1572.
Diciotto anni prima...

Guglielmo Gonzaga era diventato duca quasi per caso. Destinato come molti secondogeniti alla carriera ecclesiastica, la sua sorte era cambiata alla morte del giovanissimo duca Francesco, suo fratello. A dispetto delle circostanze della sua nomina, Guglielmo si era però dimostrato un politico capace e uno dei sovrani più lungimiranti e longevi della famiglia. Un monarca che i suoi discendenti avrebbero ricordato, non fosse altro per la profonda devozione alla reliquia del Preziosissimo Sangue.

Quella mattina, nella piccola piazza esagonale di Santa Barbara, Guglielmo era orgoglioso. Conosceva le volontà di sua nonna Isabella d'Este di riportare le ampolle più vicine alla famiglia, ma d'altra parte i suoi rapporti con il papato non erano mai stati idilliaci. In più circostanze aveva ostacolato gli eccessi delle autorità ecclesiastiche e non avrebbe mai potuto dunque spostare la reliquia dalla chiesa di Sant'Andrea. Non avrebbe potuto farlo, senza un luogo adeguato e una valida ragione...

«Dobbiamo costruire un'altra basilica all'interno del palazzo Ducale, in onore di santa Barbara». Quelle erano le parole che sua nonna aveva pronunciato all'indirizzo di suo padre Federico e che più volte erano state rivolte a suo fratello. Non a lui, ovviamente, che sarebbe diventato cardinale e che, magari, un giorno, avrebbe acquisito persino la dignità del soglio pontificio. Il destino aveva però voluto che adesso ci fosse lui a trasformare in realtà la volontà dei suoi avi.

Alzò il capo, impettito nei suoi abiti di raso, nel mantello, nel copricapo piumato, e ammirò la facciata della chiesa. L'aveva fatta erigere proprio a ridosso del castello di San Giorgio e del cortile della Cavallerizza, tra la Corte Vecchia e quella Nuova. Per progettarla aveva chiamato Giovan Battista Bertani, che aveva immaginato una facciata di marmo a tre archi sormontati da un grande frontone. Ed eccoli lì, i pilastri imponenti dal gusto manierista, che introducevano nel vestibolo presidiato da una selva policroma di lacchè. Guglielmo, con il figlio Vincenzo di soli dieci anni al suo fianco, li studiò a uno a uno: nobili, cavalieri, dame rigide come steli di canna, abati boriosi ed esponenti del clero; erano tutti smaniosi di presenziare all'inaugurazione della basilica, in attesa che da oltre il porticato giungesse una carrozza bardata di raso e ori.

E così accadde. Un corno risuonò lontano e i tamburi rullarono. Una coppia di cavalli pomellati comparve sotto la loggia di piazza Castello. I loro zoccoli cadenzati annunciarono lo stridio delle ruote sul selciato. La carrozza passò davanti ai volti ammirati e si fermò dinanzi all'arcata centrale della basilica.

Ne scese il vescovo di Mantova con la lunga dalmatica, accompagnato dal giovanissimo ed emozionato cappellano Cintio Petrozzani. Dietro di loro, alcuni chierici in abiti bianchi estrassero dalla carrozza una cassa di cristallo lucente. Sui lati era ornata da piccole colonne e si vedeva all'interno un vaso d'oro purissimo.

Guglielmo trattenne il fiato.

"Voglio la reliquia più vicina alla nostra famiglia", era il desiderio di sua nonna e di suo padre. Ecco, finalmente il loro sogno si era avverato. Una piccola parte della reliquia era stata prelevata dai Sacri Vasi di Sant'Andrea e depositata in un'ampolla, che a sua volta era stata inserita in quel contenitore.

La loro famiglia aveva finalmente una parte del Preziosissimo Sangue, davanti al quale avrebbero potuto manifestare la loro devozione. Guglielmo aveva persino chiesto ai progettisti di realizzare un collegamento che dal palazzo portasse direttamente a

Santa Barbara. Lo percorse proprio quel giorno, dopo che la cassa di cristallo fu sistemata nell'apposita cappella. Gli invitati si erano da poco congedati e lui, un passo davanti a sua moglie e suo figlio, camminò pensoso costeggiando il cortile dall'alto di quel corridoio.

Guardò giù dalle finestre, verso la piazza dove ancora si vedevano i petali di rose sparsi sul sagrato. Non poteva certo immaginare che nel giro di pochi anni quel minuzzolo di terra e sangue avrebbe causato morti e lotte intestine. Non poteva sapere neppure che tali sciagure si sarebbero potute evitare se Cintio Petrozzani non fosse stato scelto come cappellano.

Capitolo 60

Alloggio del dottor Bonaccini, quartiere San Nicolò, mercoledì 28 marzo 1590.
Mezzodì.

Eleuterio Bonaccini completò di travasare la terra dalla scatola di legno alla brocca e avvicinò la lanterna.

Il contenitore che Cintio Petrozzani aveva scelto per fare uscire la reliquia da Santa Barbara non sembrava affatto nuovo. Le assi inchiodate e rivestite di pece all'interno apparivano addirittura tarlate oppure corrose dalla cenere. Era dunque possibile che il dottor Pavese avesse ragione: particole di alcali potevano essere rimaste nell'involucro e poi dovevano essersi mescolate quando il cappellano aveva travasato la terra dall'ampolla alla scatola.

Bonaccini espirò lentamente e con le labbra tirate. Aveva pensato a tutto ma non a quello. Il cappellano avrebbe solo dovuto aprire la cassa di cristallo e sostituire la terra del Preziosissimo Sangue con un estratto qualunque delle rive del Mincio. Così aveva fatto, ottenendo in cambio ciò che anelava: sodomia, amore di Satana.

A quel pensiero lo sguardo sdegnoso di Bonaccini si rabbuiò. Aveva conosciuto Petrozzani per caso, a causa di quella che lui definiva "malattia da guarire". Ma l'Ospedale Grande non era il luogo per sanare quel malanimo che lo divorava da dentro. Il rogo dell'Inquisizione, forse, poteva estirpargli le sue pene carnali. Oppure, più semplicemente, poteva abbandonarsi all'idea che i crimini di sodomia potevano essere assecondati e non guariti.

Bonaccini non si era mai sposato ma mai avrebbe pensato di essere attratto da un maschio. Invece, vederlo così, nudo e indifeso davanti a lui, lo aveva colpito. Aveva scoperto in lui istinti che non sapeva di avere, e all'inizio gli era anche piaciuto. Certo, la notte non dormiva per la vergogna e il giorno si flagellava per chiedere perdono; tuttavia, insieme a Cintio aveva trascorso nel peccato carnale anche momenti piacevoli. Fino a che, la reliquia e la sua sete di conoscenza non si erano frapposte nel loro strano e abominevole rapporto.

«Devi fare qualcosa per me, Cintio», gli aveva confessato una notte, i loro sguardi illuminati dalla luce del camino della canonica.

«Tutto ciò che vuoi».

«Voglio il Preziosissimo Sangue».

Il cappellano si era alzato sul gomito, coprendosi con un drappo. «E cosa mai vorresti farci?», gli aveva domandato sbattendo le palpebre. «Non sei così devoto».

«Eccome se lo sono». Bonaccini si era fatto serio. «Molto più di quanto credi. Conosco la storia del centurione Longino, guarito dalla cecità perché venuto a contatto con la reliquia».

«Non sono certo di capire».

«Dio mi ha affidato un compito: aiutare il prossimo, anima e corpo».

Il cappellano aveva sorriso, allungando con civetteria la mano verso il basso ventre del medico. «Soprattutto il corpo».

«Non sto scherzando, Cintio». Si era alzato e, afferrato il giustacuore, si era rivestito in tutta fretta. «Non sono perfetto, lo sai bene. Però credo di essere benefico e generoso. Dio mi ha affidato il compito di sollevare il prossimo dalle malattie ed è esattamente ciò che intendo fare».

«E a cosa ti serve il Preziosissimo Sangue?»

«Conosci la parrocchia di San Gervasio?»

«Sì, le suore accolgono ragazze cieche».

«Ci sei mai stato?».

Il cappellano fece cenno di no con la testa.

«Io sì». Si asciugò gli occhi, che si erano inumiditi per l'emozione. «Stringe il cuore vedere tutte quelle ragazze».

«Continuo a non capire».

«Nostro Signore non ci ha forse chiesto di fare la nostra parte? Di muoverci un passo alla volta e di arrivare dove possiamo?». Aveva fatto una pausa, indugiando sulla sua toga rossa. «Io posso fare qualcosa perché sono stato illuminato da Dio. È Dio che mi ha chiesto di farlo».

«Ecco a cosa ti servivo io». Nonostante le sue parole, il cappellano aveva capito eccome. Si era messo a sedere, turbato. Improvvisamente, un velo grigio e lugubre si era frapposto tra lui e il suo amante. «Non mi hai amato, non è vero? Sei stato con me solo perché volevi che rubassi le reliquie per tuo conto?».

Bonaccini si avvicinò cingendogli le spalle e baciandolo sul collo. «Certo che no», mentì.

Diverse settimane più tardi, il medico era nello scantinato di casa sua, in un alloggio dalla porta verde nel Quarto chiostro dell'ospedale.

Il cappellano si era suicidato per il rimorso di aver fatto ciò che gli era stato chiesto, o forse perché dopo che l'aveva fatto Bonaccini non aveva più voluto vederlo. Anche tre donne erano morte e lui, finalmente, ne aveva capito il motivo.

La Boniforte e la Monticelli erano state sue pazienti: una lamentava problemi dopo un incidente in un podere, l'altra infezioni a una gamba. Entrambe però, a prescindere dai disturbi grazie ai quali si erano incontrati, erano cavie ideali per il suo esperimento: avevano la caratteristica che lui cercava; le avrebbe guarite dalla cecità.

Ripercorse mentalmente le fasi del suo esperimento e, più controllava la scatola, più era certo che il problema fossero gli alcali. La terra di Longino, seppur impura, era la stessa da millecinquecento anni. Forse sarebbe bastato solo bollirla; poi avrebbe dovuto trovare una nuova cavia. Ecco cosa doveva fare: doveva contattare i due veneziani per fargli avere un'altra ragazza.

Risalì nel soggiorno, infilò la toga e si apprestò a uscire. Ma non riuscì ad afferrare la maniglia che un violento bussare al battente lo costrinse a fermarsi.

«Aprite», rimbombò un vocione. «Aprite, sono il bargello Lemma».

Bonaccini si paralizzò. Perché andare a casa sua di persona? Sapeva della balia impicciona dell'ospedale, perché era lì quando il militare aveva chiamato Gallerani. Era possibile che avesse riconosciuto *lui*?

Capitolo 61

Pochi minuti prima.

«Volete dunque essere così gentile da mostrarci qual è esattamente la porta verde, da cui avete veduto tutti questi movimenti?». Con quella domanda, rivolta alla balia dell'ospedale, Ranuccio Gallerani aveva avuto conferma dei suoi sospetti.

La donna aveva indicato un ingresso sul lato corto del Quarto chiostro, la parte dell'ospedale riservata alle personalità: lo speziale, il balio, la priora delle donne, la levatrice risiedevano lì. E anche i medici, a quanto pareva… uno in particolare.

In quel momento erano tornate alla mente tutte le incertezze del dottor Bonaccini durante l'indagine. Il fatto che non volesse ammettere che la testa delle vittime era stata tagliata *post mortem*, quando Pavese ne era certo. Il fatto che avesse supposto che le necrosi erano frutto della decomposizione… e poi, soprattutto il fatto che la modalità di decapitazione delle donne suggeriva un'evoluzione dell'assassino, quasi l'acquisizione di maggior destrezza.

«Sapeva cosa stava facendo», aveva asserito Pavese, quando gli aveva mostrato la testa dell'ambasciatore. «Ma di certo non aveva esperienza».

Gallerani aveva già elaborato quel concetto e le domande che aveva posto ai due medici erano state studiate proprio per verificare la sua teoria. Chi, se non un medico fisico, non abituato a toccare i malati, aveva le conoscenze teoriche ma non l'esperienza pratica per decapitare un cadavere?

Si trattava quindi di capire *quale* medico fisico... Più volte, Bonaccini gli aveva fatto sorgere dei dubbi, ma era una personalità strana, riservato, ombroso per natura. Aveva la faccia di chi non rideva mai, era vero, ma ciò non faceva di lui l'unico candidato...

«Eccellenza, guardate qui», il bargello Lauro Lemma era inginocchiato, appena fuori dal colonnato del chiostro, davanti alla porta verde. Sul prato antistante si notavano evidenti segni di ruote dentate.

«Queste tracce sono più vecchie: l'erba è semplicemente schiacciata». Il bargello sfiorò con l'indice la terra. Poi indicò in un altro punto. «Queste altre invece sono più recenti. La pioggia di ieri notte ha fatto sì che il terreno infangato trattenesse i segni di un carro».

«La vostra ipotesi fa il paio con il racconto della balia», rifletté ad alta voce Gallerani. Il primo carro aveva portato la vittima a casa del medico, con il secondo invece l'assassino l'aveva allontanata, cadavere, da casa sua. «Bussate di nuovo».

«Dottor Bonaccini, aprite», echeggiò una voce. Con il guardamano dell'elsa della spada, un militare stava percuotendo il battente, che vibrava a ogni colpo. «Dottor Bonaccini, aprite, dobbiamo conferire con voi».

Il gruppetto di birri, sistemati a semicerchio intorno alla porta, attese, ma dall'interno non echeggiarono né passi né rumori.

Gallerani setacciò le tracce di ruote sull'erba del chiostro, laddove non era ammessa la circolazione di carri. Era sufficiente per accusare una delle eccellenze dell'ospedale?

«Entriamo a dare un'occhiata», ordinò.

Due militari sollevarono un grosso ariete di metallo e si avvicinarono, piegati dal suo peso.

«Non così, cerchiamo di aprire la serratura invece», raccomandò Gallerani. Se il medico non c'era, poteva essere utile guardare all'interno della casa ma al contempo, per non allarmarlo, non fargli sapere che erano stati lì. Al notaio piaceva vedere l'espressione dei criminali quando capivano che tutto era finito. Si sarebbe seduto su una poltrona e lo avrebbe aspettato come faceva spesso con i suoi sospettati... come aveva fatto anche con De Tatti alla locanda. Prima, doveva però essere sicuro che era davvero Bonaccini l'assassino che andava cercando.

La serratura fu forzata con un suono appena percettibile. Era possibile che, a dispetto di tutto, il medico fosse nascosto da qualche parte, pronto a sparare una schioppettata verso di loro. Per tale ragione, i militari entrarono a uno a uno, schiacciandosi contro le pareti. Ma non ci fu bisogno di tanta prudenza: a un primo giro di perlustrazione per le poche stanze fu subito chiaro che il medico non c'era.

«La finestra che dà sulla strada è aperta», constatò Lemma, entrando nella camera da letto del medico. La stanza era spoglia, con un'unica icona, sulle tinte del giallo e oro, sistemata in un angolo. Raffigurava san Longino in atto di devozione sotto la croce. Il letto era sfatto, con pochi abiti depositati sulla spalliera, come se qualcuno vi avesse rovistato in tutta fretta.

Gallerani avanzò lentamente sul pavimento di legno cigolante e si sporse dalla finestra, che si affacciava su un vicolo. Non era a piano terra, ma non era neppure troppo alta per saltare di sotto. Tanto più che i barili di una taverna lì vicino erano a poca distanza. Bonaccini poteva essere scappato prima del loro arrivo? Se era così non avrebbe avuto scampo: per fuggire da Mantova avrebbe dovuto usare una delle porte della città e i gabellieri, opportunamente avvisati, l'avrebbero certamente fermato.

«Cos'è questo?». Uno dei birri spostò con la punta della spada le vesti sparse sul letto.

«Un abito talare?».

Il notaio si avvicinò per vedere meglio. Tra i vestiti acconci del medico e le sue toghe rosse, ce n'era uno che stonava alquanto: un abito da prete, nero, con cinque bottoni argentei e un colletto a girocollo bianco. Sembrava consumato e di certo era più grande della taglia del medico.

«Eccellenza», chiamò qualcuno dall'altra stanza. «Eccellenza, venite a vedere cosa abbiamo trovato».

Gallerani giunse le mani dietro la schiena e tornò verso la cucina. Lì, un libro e due bicchieri sporchi di vino erano l'unico segno che attestava la presenza recente di qualcuno. Ma il militare si era diretto nel locale attiguo, una sorta di piccolo corridoio che dava accesso a una scala a chiocciola. Dal basso, la luce danzante di una candela segnalava la via sui gradini di pietra sconnessa.

«Da questa parte», segnalò la voce. «Fate attenzione alla scala».

Il notaio si poggiò al muro e scese lentamente. Quando entrò nello scantinato con il soffitto a botte, l'afrore del sangue rappreso gli aggredì le narici. Al centro troneggiava un tavolone massiccio, con grosse gambe a sciabola e delle catene assicurate ai quattro angoli. Poggiati al muro notò subito un grembiule da macellaio, dei guanti di pelle e attrezzi da mezzadro. Tra questi spiccava una sega mezza arrugginita.

Gallerani chiuse gli occhi, respirando lentamente al ritmo incalzante del suo battito. Se ancora avesse avuto dei dubbi sul medico, quello spettacolo macabro li fugò tutti.

Si avvicinò a un banco, dove accanto a un libro di anatomia dalle pagine ingiallite erano custoditi alambicchi, boccette e strumenti medici. Aprì il testo alla pagina segnata da una cordicella e lo richiuse subito di getto. Lì accanto, rinvenne anche una scatola di legno e all'interno notò tracce di terra, sparse anche sul piano e sul pavimento.

«L'assassino è *interessato* agli occhi delle vittime». Quella frase, pronunciata da Pavese qualche giorno prima, l'aveva tormentato a lungo. Forse adesso però acquistava un significato concreto.

Abiti da prete... Un'icona... Strumenti medici... Residui di terra...

«Per esperienza ogni assassinio ha un motivo. Se, come dite, qui non è il maligno, confido che saprete trovarlo». Quelle erano state le parole dell'inquisitore Istriani. «Trovato il movente, avrete la strada spianata verso il possibile, o i possibili, colpevoli...».

Ed eccolo il movente: non gli occorse molto affinché tutti i tasselli andassero ognuno al proprio posto nella sua mente.

Passò il palmo della mano sul bancone e con il pensiero tornò a due giorni prima, davanti al palazzo del Capitano…

Capitolo 62

Palazzo del Capitano di Giustizia, quartiere San Pietro. Due giorni prima.
Tarda mattinata.

«Il capitano ha menzionato qualcosa occorsa al cappellano di Santa Barbara», abbassò la voce Gallerani. Era appena uscito da un colloquio vivace, davanti al quale aveva ammesso di non credere che il colpevole dei delitti fosse il pittore De Tatti. A margine di quanto aveva rivelato don Rodrigo Dalla Raffa, era però emerso un dettaglio apparentemente non collegato alle decapitazioni. Un dettaglio che però aveva stimolato l'intuito di Gallerani.

«Il cappellano si è suicidato», lo gelò Istriani. «È accaduto questa notte».

«Potete dirmi cosa è successo, con esattezza? Il suicidio di un religioso non è cosa comune: non ha lasciato una lettera, un biglietto, qualcosa per spiegare il suo gesto?»

«Vengo proprio ora dalla residenza del vescovo: il cappellano era malato ma escluderei possa essere questa la causa del suicidio».

Le bancarelle del mercato brulicavano di passanti, molti di più rispetto a quando era arrivato, quindi il notaio dovette alzare la voce. «Vi ha detto di quale malattia soffrisse?»

«Una malattia *vigliacca*».

«Vigliacca?».

L'Istriani allargò le braccia, concentrandosi sulla coppia di cavalli aggiogati a una carrozza che sferragliava sul selciato. «Il vescovo ha usato esattamente queste parole. Una malattia che però un medico fisico poteva guarire, a quanto risulta dalla corrispondenza del cappellano».

I vecchi ingranaggi nella mente del notaio si erano messi in moto. Aveva già supposto che il colpevole potesse essere un medico fisico e quella frase, senza sapere esattamente come, gli aveva smosso qualcosa che non riusciva ancora ad afferrare.

«Poc'anzi dicevate che tornate ora dal vescovo», aggiunse, curioso il notaio. «È accaduto qualcosa al…?».

Istriani si fece il segno della croce. Quella mattina, sua eccellenza Alessandro Andreasi si era preoccupato esattamente dello stesso dettaglio, tutt'altro che trascurabile.

«A Santa Barbara è custodita parte del Preziosissimo Sangue».

«L'ampolla appare intatta dentro il baule di cristallo».

«E ciò nonostante siete andato ugualmente dal vescovo…».

Istriani prese a camminare. Non aveva ragione per rivelare quanto stava per dire, eppure si fidava di Gallerani e allo stesso tempo voleva liberarsi di un peso grande come un macigno. «La teca non è sigillata come dovrebbe», sbottò. «L'ultima volta che è stata aperta è stato a Pasqua: è improbabile che non sia stata correttamente richiusa o che sia una dimenticanza. Ma c'è di più…».

Gallerani inarcò il sopracciglio, in attesa che il domenicano proseguisse. E così accadde.

«Il Petrozzani si è accoltellato proprio davanti alla cappella». L'inquisitore chiuse entrambi gli occhi, respirando lentamente. Le pietre del crocifisso d'oro che gli pendeva al collo riflettevano la luce a ogni sobbalzo del suo addome. «Nell'ampolla c'è della terra…».

«Ma il fatto che si sia suicidato proprio lì davanti e abbia lasciato la teca aperta, vi dà da pensare. Non è così?».

Due giorni più tardi, quella conversazione tornò prepotentemente a galla nel mare di ricordi e supposizioni di Gallerani.

Malattia *vigliacca*, poteva essere qualcosa legato alla necessità di nascondersi? Una malattia di cui vergognarsi, magari... la sodomia, forse? Il medico non era sposato e a casa sua c'era un abito da prete più grande della sua misura. Un curato frequentava quella casa? Era possibile che fosse il cappellano e che, di più, fosse *intimo* del Bonaccini?

Gallerani, il capo chino, si aggirò ancora per lo scantinato. Come convincere un cappellano dedito alle reliquie da un'intera vita a rubare il Preziosissimo Sangue che i Gonzaga custodivano a Santa Barbara? Per esperienza il notaio sapeva che i grimaldelli di cui disponiamo per far fare agli altri qualcosa che non avrebbero mai fatto autonomamente sono tre: la paura, il denaro, l'amore. Il prete aveva fatto voto di povertà quindi il denaro probabilmente non gli importava. Restavano la paura e l'amore... Paura di cosa? E se invece... Era folle pensare che il cappellano avesse consegnato la terra di Longino a Bonaccini, il suo *amante*? Si era suicidato per il pentimento?

Gallerani tornò al bancone in preda alle sue supposizioni. Il libro che aveva già consultato e subito richiuso aveva un segnalibro. La pagina contraddistinta riportava le informazioni conosciute sull'occhio umano. C'erano disegni e informazioni in francese.

«Non vi facevo così religioso, dottore», aveva scherzato Gallerani, proprio parlando con Bonaccini un paio di giorni prima. Era stato l'ennesimo tentativo di strappare un possibile movente a uno dei suoi sospettati. Il medico, in quell'occasione, era stato però furbo, sviando l'argomento.

«Lo sono come tutti», aveva ammesso, senza invece enfatizzare la sua devozione per Longino e per il Preziosissimo Sangue. Devozione che se da un lato adesso appariva verosimile, a giudicare dall'icona del santo nella sua stanza, era invece certa ed evidente nella banalità delle sue azioni...

Eccolo, il movente: Bonaccini voleva guarire le sue vittime dalla cecità, e voleva farlo con la reliquia che aveva già guarito Longino dallo stesso male. Ciò presupponeva che, al contrario di quanto aveva ammesso, fosse devoto a tal punto da rapirle per sanare i loro occhi; qualcosa però doveva essere andato storto: aveva così tagliato le loro teste per impedire che si accostassero le morti alle menomazioni. Senza quel collegamento sarebbe mancato il nesso tra la scomparsa del Preziosissimo Sangue e le decapitazioni stesse…

Gallerani si avviò su per la scala, verso la luce del giorno che penetrava dalle finestre. Adesso aveva un colpevole e un movente. Tutto ciò però lasciava aperta la porta a un problema ancora più grosso: la scatola, che doveva essere stata usata per contenere la terra, era vuota e il dottore scomparso. Se Bonaccini aveva portato con sé la reliquia, o quel tanto che ne rimaneva, significava che aveva ancora intenzione di uccidere.

Capitolo 63

Ducato di Milano, da qualche parte sulle Alpi, mercoledì 28 marzo 1590.
Due giorni dopo...
Mezzodì.

In quel punto la mulattiera piegava a destra, costeggiando il fianco della montagna. La vallata sottostante era tutto un velluto verde scuro, che scendeva qui ripido, lì più dolce, tra rami, tronchi, fronde e muschi. Gli insetti, risvegliati dai primi caldi della primavera, vorticavano sui fiori di montagna e la giumenta, che arrancava in salita, sembrava alquanto infastidita.

Il visconte Paolo Oberteghi sbuffò, contemplando la cresta rocciosa del Pizzo Ferrè, ancora decisamente troppo lontana per fermarsi a riposare. Come gli era stato suggerito, aveva dormito in una locanda dalle parti di Lecco, nei pressi del convento di cappuccini di Pescarenico. Il signor Enrico, il fratello della locandiera di Monza, era stato cortese e gli aveva fornito le indicazioni necessarie per varcare il passo dello Spluga. Una volta raggiunta la punta del lago di Como, aveva voltato a sinistra, in direzione della val Chiavenna. Da lì costeggiando il fiume Liro, che spumeggiava a fondo valle, aveva cominciato la salita vera e propria.

Carezzò il mantello rossastro e sudato della giumenta e inspirò a pieni polmoni. Dopo la bizzarra quanto improvvida fuga da Milano, le cose erano andate per il verso giusto. Non volendo passare dalla Savoia, aveva stimato che da quella strada, una volta superate le Alpi, avrebbe raggiunto Parigi in meno di una settimana. Sapeva che la sua era una missione rischiosa, ma al tempo stesso di vitale importanza per la sua Casale.

Rampollo di una delle famiglie più antiche del Monferrato, i suoi avi avevano combattuto contro gli usurpatori che ora, grazie a lui, sarebbero stati sconfitti. I Gonzaga erano come un ospite indesiderato in casa propria: un ospite che entrando con l'inganno cerca poi di mandar via i legittimi proprietari.

Così era stato al tempo di suo nonno, quando i Paleologi, i signori del Monferrato, avevano consegnato il marchesato all'unica erede donna. Casualità, o sfortuna, aveva voluto che Margherita Paleologa fosse sposata proprio con quella serpe mantovana di Federico II. Da quel momento i Gonzaga si erano impossessati del Monferrato nonostante questo fosse distante miglia e miglia dal loro ducato. Fu Guglielmo, il padre dell'attuale regnante Vincenzo, a ottenere dall'imperatore la nomina di duca anche per quei territori. I nobili di Casale erano stati così del tutto estromessi dalla vita politica della loro terra. Le decisioni venivano prese a Mantova e nel Monferrato dovevano essere soltanto subite. A nulla erano valsi i tentativi di rivolta o le congiure ordite contro i Gonzaga. Per fortuna o per imperizia dei congiurati, il potere non gli era mai sfuggito di mano. Questa volta, però, le cose sarebbero andate in modo molto diverso…

Tirò a sé la borsa che teneva a tracolla e con la mano carezzò il piccolo oggetto di legno lavorato, che custodiva al suo interno. Senza la lettera, che ormai doveva già essere giunta a destinazione, era un oggetto del tutto anonimo. Eppure, quei due gaglioffi lo avevano inseguito. Nulla poteva togliergli dalla testa che era per entrare in possesso della *chiave*. Ma cosa mai potevano farsene, se non avevano la missiva consegnata all'ambasciatore?

Improvvisamente, un dubbio assalì Oberteghi. Poteva fidarsi del conte Arianti? Era possibile che avesse fatto il doppio gioco e avesse accusato lui di qualcosa? Come gli era venuta, quella paura fu subito scacciata indietro. Lui si era offerto volontario e soprattutto non aveva fatto nulla, ancora… non potevano accusarlo di cospirazione a meno che non avessero avuto la lettera. In quel caso ci sarebbero stati problemi seri, e non solo per lui. Non doveva neanche pensarci.

Espirò lentamente, con le labbra tirate e si voltò indietro. E a quel punto, le paure che era riuscito ad accantonare tornarono prepotentemente davanti ai suoi occhi.

Chi diavolo era quel cavaliere solitario a fondo valle? Quattrocento o cinquecento passi sotto di lui? Era distante e nascosto dagli aghi dei pini. Giovandosi della sua posizione soprelevata e dal fatto che il sentiero si dipanava sulla montagna in un semicerchio, riusciva però a scorgerlo. Un imponente cavallo nero e una figura ammantellata e con la testa bassa. Forse non lo stava affatto seguendo e facevano semplicemente la stessa strada. E poi... quelli che l'avevano aggredito a Milano erano in due, non uno soltanto.

Si voltò di nuovo, questa volta davanti a sé, per incorniciare sopra le chiome dei pini le punte delle montagne innevate. Era per forza così, quel cavaliere non aveva nulla a che fare con lui. Tanto più che, se dall'alto poteva vederlo, non era affatto scontato che l'altro potesse fare lo stesso: il sentiero infatti era impervio e nascosto tra i rami. Si voltò ancora: il cavaliere era sempre alla medesima distanza, procedeva lento e senza apparente interesse per la sua giumenta.

Giulio De Tatti si sentiva vivo, con il cuore pieno d'ardimento e pronto all'avventura; si abbassò il cappuccio del mantello sulla fronte, ma era sicuro che da quella distanza Oberteghi non avrebbe potuto certo vederlo in volto.

L'aiuto della locandiera di Monza era stato determinante per trovarlo. Come pronosticato dalla donna, il nobile di Casale aveva dormito in una locanda poco fuori Lecco ed era partito di buon mattino. La prima opzione era stata quella di acciuffarlo quella notte stessa, per interrogarlo e poi riportarlo di peso a Mantova con il contenuto della sua borsa. Sapevano tuttavia dove era diretto e la strada che avrebbe percorso: non poteva quindi più sfuggire. Avevano pertanto scelto di seguirlo per un tratto, nella speranza che incontrasse qualcuno che avrebbe potuto rivelare maggiori aspetti sulla congiura. Oberteghi era poco più che un ragazzo, un nobile in erba a cui affidare una missione semplice. Se l'aspetto non ingannava, il visconte era soltanto un fattorino, che ove fosse stato fermato non avrebbe saputo fornire troppi dettagli sulla sua missione. Se invece avessero avuto la fortuna di coglierlo mentre incontrava altri – emissari dei francesi, ad esempio – le sorti di quella sortita sarebbero certamente mutate…

De Tatti spronò il cavallo arabo con i talloni e allargò le redini, per imboccare un tratto più ripido della mulattiera. Notò che Oberteghi, in alto, tra gli alberi, si era girato di nuovo. Di certo lo aveva scorto anche se era improbabile l'avesse riconosciuto. Il pittore, che non era affatto abituato a quel tipo di attività, a quel punto ebbe un dubbio. Le istruzioni erano chiare: doveva seguirlo da lontano fino al passo. Lì, se il nobile avesse proseguito per la Svizzera, avrebbero dovuto fermarlo. Se invece, come si auguravano, avesse incontrato qualcuno, avrebbero deciso in base alle circostanze.

Il problema era che la strada per lo Spluga era troppo lunga. Se l'Oberteghi l'avesse riconosciuto, avrebbe tentato di seminarlo. Doveva quindi raggiungerlo prima, spronando il suo stallone? Non avrebbe faticato a riprendere la giumenta, ma in quel modo il piano della Donati di coglierlo di sorpresa sarebbe fallito.

Sbirciò verso la fitta boscaglia e si rammaricò di essersi dovuto separare da lei, alla quale avrebbe potuto chiedere cosa fare. A quel punto, però, furono gli eventi a decidere per lui. Il rumore secco di un ramo spezzato interruppe il canto continuo degli uccellini. Oltre i rovi Oberteghi aveva spronato il cavallo. Riconosciuto o no, doveva avere deciso che era un pericolo.

De Tatti infilò i piedi nella staffe e schioccò il frustino. Il suo stallone partì di getto, come se una mano invisibile lo avesse spinto prepotentemente dalla coda. Divorò l'acciottolato galoppando ritmicamente in salita. Una curva, una seconda curva sullo strapiombo e poi voltò a mancina. Il pittore si dovette abbassare per schivare i rami di pino che si facevano innanzi e, subito dopo aver superato un masso ricoperto di muschio, individuò il nobile. La giumenta era più vicina, chiaramente affaticata nell'incedere. Perdeva terreno a ogni falcata.

Oberteghi mise mano alla cintura e ne estrasse una pistola a ruota, grande come tutto il suo avambraccio. Aveva solo un colpo in canna, quindi non doveva sbagliare. Non c'erano certezze che il cavaliere che ora lo stava inseguendo fosse lo stesso di Milano. Ma allora perché aveva aumentato il passo per stargli appiccicato?

Mentre, tra un sobbalzo sulla sella e un altro, Oberteghi era voltato all'indietro per prendere la mira, si ripeté di aver agito bene nel fare quel tentativo. "Se parto al galoppo e non mi sta seguendo", si era detto poco prima, "mi lascerà andare".

Non era stato così: il cavaliere, forse anche ingenuamente, si era messo subito alle sue calcagna, rivelando così i suoi veri fini.

Cercò di tenere il braccio fermo, ma era impossibile: la strada in salita, irta e sconnessa, era costellata di buche e la pistola oscillava a ogni passo. D'altra parte, con una mano doveva tenere le redini e poteva mirare solo con l'altra.

Chiuse un occhio e fece un ultimo sforzo di inquadrare il cavaliere. Fuoco! Una nuvola di polvere nera divampò dalla canna, provocando uno schioppo assordante che fece volar via diversi passeri dagli alberi.

Sospirò e una volta dissolto il fumo, tra un salto e l'altro della giumenta lanciata al galoppo, si rese conto di aver fatto cilecca. Il cavaliere era sempre alle sue calcagna, gli zoccoli dello stallone che aggredivano la mulattiera lanciati al galoppo. Grugnì, voltandosi verso la testa del suo cavallo. E a quel punto ricevette come un sonoro schiaffo: un ramo all'altezza della faccia, che pendeva obliquo sul sentiero, lo percosse con una tale violenza che fu sbalzato all'indietro, giù dalla sella. Cadde di schiena, rotolando sui sassi. Pur dolorante si rimise in piedi. Ma non poté fare che un passo.

«Pensavate di andarvene senza salutarci?».

Davanti a lui c'era un secondo cavallo nero. Da dove diavolo era sbucato? A giudicare dall'erba appiattita a margine del bosco, doveva averlo seguito tagliando tra gli alberi. Non lo aveva proprio visto...

Alzò l'elmo verso il cavaliere e dopo aver udito la voce ebbe conferma che anche il viso era quello di una donna: madonna Bianca Donati.

Lei digrignò i denti ed estrasse la spada. La stretta lama d'acciaio strisciò nel fodero fino a quando, interamente sguainata, brillò al sole di montagna.

«Se non vi dispiace la vostra sacca la tengo io». Il cavaliere che l'aveva tallonato era lì. Si trattava dello stesso uomo del Rebecchino: smontato dalla sella aveva raccolto la sacca, che doveva essergli caduta quando era stato disarcionato.

«Adesso che siete ben disposto, vi dispiace venire con noi?», concluse la Donati, puntandogli la spada all'altezza dell'occhio.

Capitolo 64

Palazzo del Podestà, quartiere San Pietro, giovedì 29 marzo 1590.
Il giorno successivo...
Poco prima dell'alba.

A quell'ora, l'austero palazzo di mattoni rossi addossato all'imponente torre del Podestà era deserto.

L'unico ufficio occupato era al primo piano, affacciato sulla piazza ancora buia. Seduto alla scrivania, i gomiti appoggiati e le mani incrociate sotto il mento, Ranuccio Gallerani era avvolto in un'atmosfera e un silenzio da eruditi.

Davanti a lui, che ormai non riusciva a dormire più molto, aveva già il resoconto dell'interrogatorio alla perpetua di Santa Barbara. Il giorno precedente le aveva posto moltissime domande e le risposte non avevano fatto che confermare i suoi sospetti.

Sì, il cappellano si comportava in modo strano; sì, il cappellano era afflitto da una malattia che pareva migliorare solo quando stava via per l'intera notte; sì, succedeva spesso; no, non sapeva dove andasse; sì, in più occasioni lo aveva visto in compagnia del dottor Bonaccini; sì, aveva avuto il sospetto che Cintio avesse tendenze poco consone al suo ruolo.

La rivelazione che più aveva avvalorato il rapporto tra la reliquia e il peccato di sodomia era stata però un'altra: la perpetua aveva ammesso che, in effetti, da qualche settimana, uno dei due abiti talari del prete era scomparso. Soprattutto, lo aveva riconosciuto nella tunica nera con bottoni d'argento che Gallerani aveva rinvenuto a casa del medico.

Da tutte quelle ammissioni il notaio aveva ricostruito gli ultimi spostamenti di Cintio Petrozzani, fin quasi a immaginarlo rubare la sacra reliquia. Doveva avere aperto la teca e dopo aver sostituito la terra con vile terriccio dei campi, doveva averla travasata nella scatola di legno trovata da Bonaccini.

La scatola. Appunto.

Gallerani, dopo aver consultato un libro rinvenuto nella cucina del medico, aveva chiesto a Lemma di farla esaminare da un carbonaio. La pagina che aveva attratto la sua attenzione era scritta in francese e parlava di composti chiamati *alcali*, ottenuti con la cenere. Il Lemma, il pomeriggio precedente, era stato così al porto ed era tornato con la conferma: la scatola che Petrozzani aveva presumibilmente usato per trasportare la reliquia recava in effetti tracce di cenere. Se il libro che aveva consultato il medico era attendibile, quella poteva essere la causa della morte delle tre donne.

Non si trattava di un dettaglio, soprattutto perché nonostante i controlli, le perquisizioni e i fermi, Bonaccini non era ancora stato acciuffato.

Gallerani si alzò in piedi, immerso nella quiete rigida e fredda della stanza. Andò alla piccola finestra per scrutare oltre i tetti della piazza: dietro la torre dell'orologio il cielo cominciava a essere striato di rosso. Stava nascendo un nuovo giorno, che avrebbe impiegato a esaminare il resto dei documenti rinvenuti a casa del medico. Se, come credeva, Bonaccini aveva portato via la reliquia, significava che aveva ancora intenzione di portare avanti il suo folle progetto. Il problema era capire come fare a rintracciarlo.

Ebbe un'illuminazione. Oltre agli oggetti e ai libri che aveva già esaminato, c'era qualcosa che era stato rinvenuto a casa del medico, che non aveva ancora consultato. Si trattava di un plico di lettere, una decina in tutto, di circa un anno prima. Le aveva scorse appena, solo per scartarle subito e risistemarle come le aveva trovate dal medico: con un filo e un fiocco a tenerle insieme. Allungò la mano e afferrò il tiretto del mobile che stava accanto alla finestra. Ma non riuscì neppure ad aprirlo perché proprio in quel momento fu interrotto.

«Eccellenza». Sulla porta, un attendente in abito nero, con lo stocco alla cintola e l'elmetto sotto il braccio, piegò il ginocchio per salutarlo. Non lo aveva sentito arrivare.

«Non credevo ci fosse già qualcuno», replicò Gallerani, senza voltarsi. La sua attenzione era catturata in quel momento dal mantello di un passante solitario, sollevato da un vortice di vento sulla piazza.

«Sono il solo a quanto pare, eccellenza».

Il notaio si voltò, carezzandosi la barba canuta. Sbatté le palpebre per scrutare la lunga ombra del militare, proiettata dall'unica candela sull'arazzo a parete. «A cosa devo l'onore di ricevere il comandante della guardie penitenziarie in persona?»

«Ci è stato portato un prigioniero, poco fa. Chi ce lo ha consegnato chiede di voi».

«Il potere non indietreggia mai, eccetto che in presenza di un potere maggiore». Gallerani inclinò il capo. «Fatemi indovinare: se siete qui così di buon mattino, chi ve l'ha consegnato ha una certa influenza. Si tratta forse di una donna?»

«Sì, eccellenza: madonna Donati. Con lei c'era anche un giovane male in arnese».

Il notaio si lasciò andare a un sorriso. Non avrebbe mai usato quella definizione per De Tatti, ma doveva ammettere che rendeva l'idea. Per un istante, la fuga di Bonaccini passò in secondo piano: c'era un'altra questione che riguardava Mantova a cui forse avrebbe dovuto dedicare la sua attenzione. «Fateli entrare».

Capitolo 65

Poco dopo.

Il dispositivo era di forma quadrata ed era piccolo quanto una Bibbia. Aveva lo spessore di un dito, un fondello di noce levigato e soprattutto uno strano coperchio, con la parte superiore traforata e diversi buchi a forma quadra.

Gallerani lo carezzò con un dito e lo contemplò ancora una volta:

Il notaio alzò lo sguardo dalla scrivania, dove la Donati e De Tatti lo avevano depositato. Entrambi erano accomodati su due seggi a *iccasse* di fronte a lui. Avevano gli abiti impolverati e i volti segnati dalla fatica per la lunga cavalcata dal ducato di Milano.

«E dunque, tanto rumore per questo?», sospirò appena Gallerani.

«Oberteghi ha confessato: doveva portarlo direttamente a Parigi». De Tatti si voltò verso la Donati, che invece era immobile come una statua, la punta del naso su quella che era stata chiamata *la chiave*. «Grazie all'aiuto di madonna Bianca, siamo riusciti ad acciuffarlo poco prima che passasse la frontiera».

«Purtroppo è solo una pedina», sottolineò la Donati. «Non sa nulla, se non che doveva consegnare il dispositivo al comandante dei picchieri della prima compagnia di Francia».

«Era solo un corriere?»

«È così purtroppo. Speravamo dovesse incontrare qualcuno che ne sapesse più di lui, ma l'Arianti è stato furbo: ha centellinato le informazioni tra i suoi uomini, affinché se un anello fosse stato intercettato, il piano non sarebbe stato compromesso».

«Gli anelli saltati però sono stati due, questa volta», notò De Tatti, riferendosi evidentemente a sé stesso. Estrasse dal farsetto di velluto la lettera che tanti grattacapi gli aveva creato e la mostrò nuovamente al Gallerani.

D	E	U	S	U	C	R	B	E	Z	U	R	I	T	I
C	R	E	X	A	L	R	V	I	B	E	U	R	G	O
A	P	R	E	X	P	D	E	U	S	I	A	N	Z	I
R	E	X	S	T	D	E	U	S	R	O	Z	Q	Z	I
M	U	O	R	O	E	Z	Z	I	O	R	H	O	C	C
R	O	O	B	X	E	R	Y	B	T	R	E	G	H	I
R	R	O	S	X	M	A	G	O	P	L	N	A	N	O
T	H	H	H	A	P	O	N	T	R	A	B	V	E	L
R	E	X	Y	J	G	U	A	R	R	E	T	T	Q	I
D	E	U	S	E	U	S	T	O	H	R	I	D	U	X
D	E	U	P	Z	O	D	R	I	N	O	G	T	T	I
S	B	X	C	A	U	J	E	F	F	I	I	D	I	U
V	E	L	V	E	L	U	T	A	L	A	H	C	S	A
S	A	N	C	T	U	S	F	P	I	O	R	E	Q	E

«Avevate ragione voi», spiegò De Tatti, picchiettando con l'indice sulla carta della missiva. «Notate la posizione dei crocini ai quattro angoli: combaciano esattamente con le quattro viti della scatola».

Gallerani si schiarì la voce. «È evidente che voi avevate già fatto questa prova, inserendo la missiva nell'alloggiamento. Ebbene, mi volete mostrare cosa dice questo crittogramma?».

La Donati si fece dare lo scritto da De Tatti e tirò a sé la chiave. Come aveva supposto il notaio, aveva testato il codice subito dopo aver fermato il visconte Oberteghi. Sollevò il coperchio, che ruotò su due cardini metallici e inserì all'interno della scatola la missiva. Era esattamente della stessa misura e una volta richiuso il coperchio i crocini combaciarono esattamente con le quattro viti.

Il testo adesso era in parte visibile, sotto i pertugi del coperchio, e in parte nascosto dai quadrelli di legno. Sembrava non esserci alcuna logica negli spazi vuoti, esattamente come aveva supposto il notaio due giorni prima. Voltò *la chiave* con inserita la lettera verso il Gallerani e attese. Lui avvicinò la candela e cominciò a leggere i caratteri visibili:

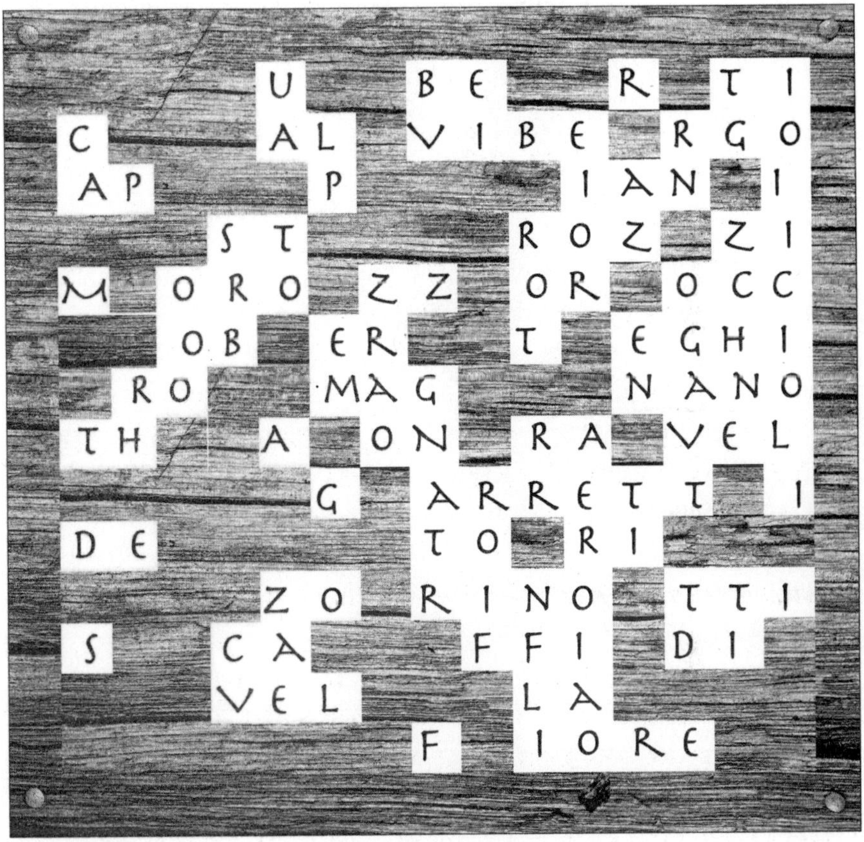

«Uberti, Calvi di Bergolo, Appiani».

«E poi Strozzi, Morozzo della Rocca, Oberteghi, Romagnano, Thaon di Ravel, Garretti, De Tori, Zorinotti».

«Sono tutti nobili e dignitari», fece notare Gallerani.

La Donati si schiarì la voce. «Ci sono anche militari di alto rango del Monferrato: generali Scaffidi, Vella, Fiore, proprio in questo periodo a Mantova».

Gallerani drizzò le spalle e si poggiò allo schienale. Aveva un'espressione seria, foriera di problemi. Se speravano di aver risolto l'arcano, quel marchingegno non faceva altro che aggiungere domande su domande. «Bene: questa lista potrebbe contenere i nomi dei cospiratori», li spronò. «Purtroppo, oltre al fatto che non sappiamo ancora cos'hanno in mente, direi che però abbiamo un altro problema».

La Donati e De Tatti lo sapevano bene ed era proprio la ragione per la quale avevano messo il notaio a parte di tutto.

«Eppure…». Gallerani ammutolì di colpo, inclinando il capo come se qualcuno gli stesse sussurrando nell'orecchio sordo. Poi se ne uscì con una delle sue massime da filosofo: «Se c'è una cosa che ho capito con l'età, è che non bisogna dare troppa importanza al male che c'è stato, se può portare del bene».

«Cosa intendete dire?».

Il notaio alluse alla lettera sulla scrivania. Riportava ancora il sigillo spezzato dell'Arianti, che passava per il capo della cospirazione: l'uomo che, una volta arrestato, avrebbe potuto fornire i dettagli per fermarla sul nascere. Il problema a cui aveva accennato era però evidente: si trattava davvero di una congiura? Se era così e quelli erano i cospiratori, non si poteva fare a meno di notare che mancava proprio il nome del conte Arianti?

Capitolo 66

Confine nord del ducato di Mantova, sabato 31 marzo 1590.
Due giorni dopo…
Metà pomeriggio.

La tenuta di campagna del conte Filippo Arianti sorgeva su una collinetta verdeggiante punteggiata di frassini.

Nelle giornate ventose come quella, scrutando verso nord, si poteva vedere perfino il confine con la Repubblica di Venezia. Si potevano scorgere le paludi di Grezzano da una parte e le torri della Rocca Scaligera dall'altra. Ciò che non si vedeva, nascosto com'era dalla vegetazione e dalle nebbie della pianura veneta, era invece la fortificazione del Serraglio. Si trattava di un complesso di diverse miglia, voluto dai Visconti quando erano signori di Milano, ufficialmente con fini difensivi. I mantovani, tuttavia, ritenevano che il vero intento fosse stato quello di deviare le acque del Mincio affinché non raggiungesse le loro terre. A distanza di tre secoli, il fiume invece, principale via commerciale del ducato, era stato la fortuna dei Gonzaga e continuava a tagliare il territorio da nord a sud.

Sulle sue sponde, tra i campi coltivati a cereali e frumento, i nobili avevano fatto costruire dimore signorili. Una di queste, un vecchio mulino ad acqua riconvertito a residenza di campagna, era stata acquistata dalla famiglia del conte Filippo Arianti. Non si trattava di un castello dalle alte merlature e dai bastioni austeri, bensì di una costruzione più modesta: stretta, lunga, e con la pomposa ruota di legno che svettava sul tetto a capanna, era usata per lo più come casale di caccia. La si raggiungeva da un sentiero che saliva dolcemente sul pendio. Quel pomeriggio, una carrozza nera ne sollevò la polvere subito dissolta dal ruvido vento che sferzava i rami dei frassini.

A bordo c'erano due uomini e una donna. Le ristrettezze del conte Arianti non gli consentivano di mantenere servitù fissa in quella tenuta, quindi non c'era nessuno ad aprire il grande cancello al loro arrivo.

Uno dei due uomini saltò giù dalla carrozza e spinse il portone cigolante. L'altro fece schioccare la frusta e l'unico cavallo nero si mosse lentamente, entrando in un cortile coperto di ghiaia.

«Eccoci», dichiarò il primo dei due, scendendo dalla panca del cocchiere. Si mosse con fierezza, le spalle nerborute da soldato e il viso arcigno. Non aveva l'aria di essere un servitore, eppure era ciò che stava facendo. «Vi aiuto a scendere».

La ragazza tastò con le mani il raso rosso dell'abitacolo; individuò il portello della carrozza e, poggiandosi al braccio dell'uomo, mise la scarpina sul predellino. Non era bendata, perché la sua condizione non le consentiva di vedere alcunché.

«Non abbiate paura, madame Giovanna», la rassicurò l'energumeno. «Il viaggio è stato faticoso, ma vedrete che qui vi potrete riposare».

La giovane non vedente, i capelli mossi dai refoli di vento che le accarezzavano le guance, alzò il viso, come se dovesse scrutare il cielo azzurro. In realtà stava solo saggiando gli odori della campagna, la terra smossa dalle folate, le margherite in fiore, l'odore intenso dei campi e del fiume. Anche il suo udito era molto acuto, e riusciva persino a percepire lo sciabordio delle acque del Mincio, che evidentemente scorreva poco distante dalla casa. «Madre Ada mi ha detto che avrei avuto una stanza tutta per me».

«È così infatti, madame». Fu l'altro scagnozzo, che aveva appena richiuso il cancello, a intervenire. Prelevarla da San Gervasio era stato un gioco da ragazzi. La madre superiora, a differenza di quanto accaduto con Benedetta, si era lasciata convincere da una manciata di monete. «Per il tetto della parrocchia», le aveva spiegato l'uomo che era andato da lei quella mattina stessa. Così, nel primo pomeriggio, erano passati a prenderla e, con tutte le cautele del caso, l'avevano fatta salire sull'anonima carrozza nera.

«Vedrete che qui starete bene», la rassicurò l'altro, infilandole lascivamente un braccio sotto l'ascella. Ammiccò al suo collega e scomparve all'interno della tenuta.

Capitolo 67

Confine nord del ducato di Mantova. Poche ore dopo.
Tardo pomeriggio.

Il cocchio del conte Arianti sobbalzò sulla strada polverosa e voltò a destra, immettendosi nel viale fiancheggiato da cespugli e viti. Mancava poco all'Ave Maria, il sole stava tramontando e il vento incessante si faceva più freddo. Guardando verso sud, il cielo era striato di giallo, arancione e vermiglio.

"*Le colis est à sa destination*", era stato il testo del biglietto che aveva ricevuto nel pomeriggio. "Il pacchetto è arrivato a destinazione". A leggere quelle poche parole in francese, vergate con inchiostro nero in una grafia ordinata e inclinata verso sinistra, l'Arianti si era rasserenato.

"Questa sera al mulino", era la conclusione della missiva. Il mulino era ovviamente la sua tenuta di campagna. Aveva mandato due uomini a rassettare la casa e approntare i necessari preparativi…

Arianti scostò la tendina della carrozza e fu rapito dalle ombre che scorrevano veloci fuori dal finestrino. La campagna non gli era mai piaciuta troppo, lui aveva sempre preferito la città. Non Mantova ovviamente, ma la *sua* Casale Monferrato, con le dolci pianure addossate alle colline e le viti verdi a fare da contorno ai palazzi signorili. Il trasferimento in riva al Mincio era stato il passo obbligato per sembrare accondiscendente con l'usurpatore. Ma odiava profondamente Mantova, con quel clima umido, gelido d'inverno e appiccicoso d'estate. Era per colpa di quella selva di torri e chiese, affollate di zanzare e insetti, se si era ammalato. E soprattutto se la sua maledetta tosse non accennava a migliorare.

A quel pensiero, l'Arianti estrasse dal panciotto un fazzoletto bianco di seta. Le goccioline di sangue, che erano schizzate dalla sua gola all'ultimo accesso, nella penombra erano meno rosse di prima. Almeno così si convinse. Scosse il capo, come per allontanare un presentimento nefasto e ripensò al mulino: ormai era di certo tutto pronto. Bene. Le cose si sarebbero presto sistemate, e anche la sua salute ne avrebbe trovato giovamento.

«Eccolo, sta tornando». Il cocchiere si voltò verso di lui, indicando i rami di un bosco di querce. Gli zoccoli di un cavallo echeggiarono nel nero silenzio, in direzione del confine con la Repubblica di Venezia.

Arianti strinse il pomello del bastone e picchiettò sul tetto della carrozza per richiamare l'attenzione dei mercenari che lo avevano accompagnato. Li aveva portati con sé per precauzione, anche se purtroppo aveva dovuto dar fondo alle sue ultime riserve di denaro per pagarli. Ma se le cose fossero andate come sperava, avrebbe recuperato ogni testone speso. Dopotutto, era colpa dei Gonzaga se aveva dilapidato la fortuna di famiglia nel tentativo di guadagnare visibilità a corte. Vincenzo lo aveva praticamente costretto a trasferirsi, ma poi non gli aveva garantito di che vivere. Era così che trattava i suoi nobili? Certo che era così, soprattutto se erano nobili di secondo piano, nobili del Monferrato.

I tre mercenari rallentarono e la carrozza fece lo stesso, fermandosi sul ciglio della strada ormai quasi del tutto avvolta nell'oscurità della sera.

«Cosa hai visto?», domandò il conte, sporgendosi dalla finestrella della carrozza per parlare con il quarto uomo, che aveva mandato in avanscoperta.

«Sembra tutto in ordine», comunicò il cavaliere. «Due picchieri sono già di guardia fuori dal cancello».

Arianti rimase incerto, lieve come una voltata d'incenso. Tutto era andato secondo i piani? Doveva essere cauto perché la cospirazione per spodestare Vincenzo era al punto di non ritorno. Da quel momento non avrebbe più potuto tirarsi indietro. Ma, d'altra parte, l'alternativa era tenersi un usurpatore sul trono e morire di stenti.

Un colpo di tosse lo assalì di nuovo e si spense poco dopo nel fazzoletto. Alla luce delle lanterne che il cocchiere aveva appena acceso su entrambe le fiancate della carrozza, constatò che c'erano altre macchioline rosse. Meno di prima? Il medico fisico, con i suoi libri e i suoi alambicchi, avrebbe saputo cosa fare. Doveva solo portare a termine la missione.

«E in casa?», indagò ancora.

«Non mi sono avvicinato troppo, ma una luce al primo piano è accesa».

Arianti si sentì rassicurato. «Va bene. Andiamo». Poi si rivolse all'ultimo cavaliere. «Tu resta indietro. Non dimenticare il segnale, la prudenza non è mai troppa».

Più o meno nello stesso istante, in una camera del primo piano della tenuta, la ragazza non vedente prelevata da San Gervasio era seduta sul letto. Benché tutti fossero stati cortesi con lei e l'avessero accompagnata in quella stanza dall'odore di muffa, aveva paura.

Cosa avevano in animo di farle?

Cercò di restare calma, ragionando sulle poche informazioni che le avevano fornito. «Hanno bisogno di te», le aveva sussurrato la superiora poche ore prima, facendo tintinnare un sacchetto di monete.

«Perché proprio di me?»

«Perché cercano una ragazza cieca».

Giovanna aveva deglutito. «Si dice che alcune ragazze cieche siano state uccise…».

«A te non accadrà».

«Non voglio andare».

La superiora le aveva carezzato la guancia ma le sue parole erano state estremamente risolute. «Devi farlo. Non ti accadrà niente; avrai perfino una camera tutta per te».

E così era stato. La camera c'era per davvero, ma era una magra consolazione.

«Non accadrà niente», mormorò lei, aguzzando l'udito. Ma per quanto si sforzasse di ripetere quella cantilena, non riusciva a crederci. Aveva un presentimento: le cose non sarebbero andate affatto bene.

Capitolo 68

Poco dopo.

I due picchieri erano sull'attenti, impettiti nelle loro uniformi francesi e con le armi già cariche, pronte a essere usate. Davanti a loro, la campagna sinistra risuonava del frinire dei grilli e in lontananza si udivano le campane di Borghetto, in territorio veneziano.

«Rimanete lì fino al suo arrivo», erano stati gli ordini. «Quando vedete la carrozza fatelo entrare e richiudete il cancello».

Uno dei due militari, il mantello che garriva per il vento, guardò verso mezzogiorno. Da quella parte l'oscurità era tale che sarebbe riuscito a individuare il cocchio prima con l'udito che con la vista. E così successe, a valle di una piccola collinetta, risuonò il fragore delle quattro ruote, che arrancavano sulla strada. Poco dopo, oltre gli alberi comparvero due lanterne dondolanti, che parevano pendoli sincronizzati.

«Eccoli».

La giovane Giovanna udì lo stridio delle ruote molto prima delle guardie.

Si alzò e andò alla finestra, la paura che le montava dentro. Era una ragazza spiccia: di solito non stava mai zitta e parlava prima di pensare, ma celati quei modi risoluti, si scorgeva una mente brillante. E proprio per questo, non riusciva a smettere di pensare ai fatti recenti. In città uccidevano ragazze cieche e lei era cieca... Non serviva un genio per pensare che sarebbe finita male.

A tentoni raggiunse la porta. Non poteva certo pensare di scappare, senza conoscere l'ambiente circostante. Sarebbe caduta in un burrone o finita dritta nel fiume. No, non poteva fuggire ma se davvero non avesse avuto nulla da temere, almeno la porta sarebbe stata aperta. La trovò saggiando il metallo freddo della maniglia con i palmi sudati.

«È aperta», disse, mentre provava a muoverla su e giù. «*Fa' che sia aperta*». Le ci volle un secondo per rendersi conto che non era così. Era chiusa dentro...

Le corde stringevano i loro polsi e i bavagli impedivano di urlare. Ciò nonostante i due uomini avevano visto e sentito tutto: la ragazza rinchiusa al piano di sopra; i francesi appostati di guardia; e poi, gli archibugieri e i cavalieri.

Chiusi nella cucina, schiena contro schiena di fronte al camino acceso, fissarono il loro carceriere, seduto su una sedia con la pistola in grembo. Proprio in quel momento, si udì il suono delle ruote di un carro e il cigolio del cancello.

«Ben arrivato, conte», esordì subito dopo qualcuno con accento francese.

Sul piazzale, sotto la ruota che torreggiava silenziosa sul tetto della tenuta, la carrozza si fermò accanto a un altro cocchio nero. Arianti comparve nel vano dello sportello e salutò a sua volta i due francesi.

«Ci siamo tutti?». Il conte scese con agilità dal predellino. Chi avrebbe già dovuto trovarsi lì, non c'era ancora.

«Il comandante vi attende all'interno», lo informò il militare, con un sorrisetto maliardo. «In compagnia».

Arianti inclinò il capo. Qualcosa non andava. Non aveva elementi per sostenerlo, ma lo sentiva sulla pelle. Provava come un brivido.

«Gli altri non sono arrivati?».

Il cancello della tenuta venne chiuso in quel momento, dopo che il terzo mercenario fu entrato.

«Ci siamo già tutti, temo», lo riprese una voce conosciuta.

L'Arianti si voltò ed ebbe la consapevolezza che non si sbagliava. Strinse il pugnale che teneva alla cintura.

«Aspettavate qualcun altro forse?». La figura esile avanzò nell'ombra fino a entrare nel cono di luce delle lanterne della carrozza. Era madonna Bianca Donati da San Miniato, sorridente ma con la pelle tirata come un tamburo. «Siete accusato di cospirazio...».

Non riuscì a finire la frase, che uno sparo proveniente da fuori la recinzione echeggiò davanti a lei. Barcollò all'indietro, come se avesse ricevuto un ceffone in viso. La paura le si disegnò sul volto quando vide il suo stesso sangue schizzare da una ferita all'addome.

Capitolo 69

Subito dopo.

Lo sparo fece cessare ogni altro suono. Uno stormo d'uccelli vorticò nel cielo nero, sopra la ruota del mulino e le cicale ammutolirono di colpo.

Il conte Arianti non perse un istante. Era una trappola. Schizzò a testa bassa verso il lato opposto della carrozza, il pugnale stretto in mano e l'occhio vigile in direzione dei suoi mercenari. Erano stati bravi. Appena avevano individuato il segnale convenuto – lui che stringeva il coltello alla cintura – avevano fatto fuoco.

Uno schioppo rimbombò sopra di lui, poco distante dalla sua testa. Si abbassò d'istinto, giusto in tempo per vedere il legno della panca del cocchiere sbriciolarsi in un cumulo di schegge. L'uomo, anche lui armato di stocco, era già saltato giù e puntava verso il buio. Ma non c'era un obiettivo visibile. Il secondo schioppo sembrava provenire da una delle finestre oscurate del primo piano.

Arianti raggiunse il lato protetto della carrozza e ne aprì lo sportello. All'interno aveva sistemato un archibugio veronese. Lo afferrò e lo puntò dritto verso la casa.

I tre mercenari si erano disposti a semicerchio, due davanti ai cavalli da traino, protetti dai tronchi scabri dei frassini; il terzo accanto alla carrozza.

All'esplodere dei primi schioppi, i loro destrieri si erano imbizzarriti ed erano corsi verso il fiume. Loro però erano stati ai patti: il quarto uomo, quello che avevano lasciato indietro, aveva sparato alla donna, colpendola. Subito dopo i suoi compari avevano aperto il fuoco verso il casolare.

Ancora uno sparo e un altro ancora, questa volta da una delle finestre del piano terra. Era un'imboscata a tutti gli effetti, anche se non era facile stabilire quanti ostili avrebbero dovuto affrontare. Di certo erano più di loro, a giudicare dai diversi punti dell'ex mulino dai quali lampeggiavano le palle degli archibugi.

«Di là!», gridò il conte Arianti, posizionato tra la carrozza e un lieve pendio che degradava verso il fiume.

I mercenari compresero immediatamente le sue intenzioni. E in quel momento furono costretti a decidere se restargli fedeli o farsi ammazzare.

Madonna Donati era piegata in due dal dolore, l'oscurità squarciata dai lampi degli spari sempre più frequenti. Era stata colpita al fianco e non le sembrava affatto che la ferita fosse superficiale. Con una fatica indicibile era riuscita a trascinarsi verso il casale, ma era esausta e ancora troppo lontana dall'essere al sicuro.

Aveva immaginato che il conte non sarebbe venuto da solo, e per questo aveva predisposto la giusta accoglienza. Però era stata stupidamente intrepida: non aveva previsto che uno dei mercenari potesse nascondersi nell'ombra. E soprattutto che le sparasse…

Strinse i denti e carponi provò a strisciare verso il portico antistante la casa. Se fosse riuscita a raggiungerlo si sarebbe potuta rifugiare nel lavatoio. Ma non ci riuscì: le forze la abbandonarono al centro del piazzale.

I due energumeni raggiunsero di corsa il primo piano della casa, mentre fuori un'altra gragnola di palle investiva il cortile.

Quello con le spalle da soldato estrasse la chiave da sotto il mantello e la infilò nella toppa. Mentre apriva, il vetro della finestra si frantumò in mille pezzi e la ragazza si gettò a terra, in preda a una paura mai provata prima.

«Aiutatemi», ansimò, tremante.

Ma l'uomo non andò per il sottile. L'afferrò per un braccio e la trascinò fuori, appena prima che uno degli archibugieri scorgesse movimenti all'interno.

Corsero giù per le scale e raggiunsero un locale più caldo. Giovanna non poteva vederlo, ma un camino crepitava nell'angolo. I due uomini legati la fissarono, non capendo cosa stesse succedendo.

«Presto, sul desco». Il carceriere si alzò dalla sedia e afferrò una grossa catena di ferro. «Mettetegliela ai polsi».

La ragazza si irrigidì, ma non servì a nulla. L'omone la sollevò di peso per le braccia e la fece sdraiare sull'assito.

Il bargello Lauro Lemma corse a testa bassa verso la Donati. Un lampo di polvere verde e rossa oltrepassò il suo elmetto e calcinacci bianchi si staccarono dall'intonaco del muro. Ma riuscì a raggiungerla al centro del cortile.

«Poggiatevi a me», sussurrò alla dama, cingendole la vita. «Dobbiamo metterci al sicur...».

Quelle parole vennero interrotte da un nuovo schioppo. Proveniva ancora dalla carrozza: i mercenari stavano indietreggiando e sparavano per proteggersi la fuga. O stavano mettendo in salvo il conte, oppure lo avevano abbandonato... In un caso o nell'altro, ormai non aveva scampo.

Il conte raggiunse uno dei cavalli fuggiti e montò in sella con agilità. Imprecò, nel constatare che i mercenari non lo avevano protetto. Ma doveva aspettarselo: un mercenario è pur sempre un mercenario, trova sempre qualcuno che lo paga di più. E le sconfitte militari dei Gonzaga ne erano una prova.

Spronò l'animale, ancora spaventato dagli spari che imperversavano nel cortile, e a fatica riuscì a farlo smuovere. Partì al galoppo, pungolando la pancia con i talloni, e infilando il buio ancora più fitto della boscaglia. Conosceva bene i saliscendi della sua tenuta e se fosse riuscito a costeggiare il greto del Mincio, forse avrebbe potuto raggiungere il confine con Venezia.

Mentre fuggiva, un altro pensiero lo tormentava: come diavolo avevano fatto i birri della Donati a sapere di quell'incontro? E soprattutto, perché i francesi non lo stavano aiutando?

Ricacciò indietro quei vaneggiamenti e costeggiò il muro perimetrale della proprietà. Se i mercenari avessero tenuto occupati gli aggressori, lui avrebbe avuto il tempo sufficiente di fuggire. Non dal cancello, che purtroppo avevano previdentemente serrato, bensì da un sentiero che si dipanava oltre la ruota del mulino. Non andò così, perché con sgomento scoprì che i birri non erano gli unici che lo stavano braccando...

Uno dei francesi gli si parò di fronte, l'archibugio a canna lunga stretto in mano e le gambe larghe. Il meccanismo a serpentina scattò, mise a contatto lo scodellino con la miccia accesa e un lampo divampò davanti al muso del cavallo. La bestia si rizzò sulle zampe posteriori e lo disarcionò. L'ultima cosa che l'Arianti vide prima di perdere i sensi fu l'uniforme dei picchieri e la lama di una spada puntata davanti al suo viso. Ciò che non vide era invece la giovane Giovanna incatenata al desco della sua cucina.

Capitolo 70

Bologna, Stato Pontificio, venerdì 6 aprile.
Una settimana più tardi...
Mezz'ora dopo l'Ave Maria.

Nella piazza vuota, sferzata dal vento freddo, il mantello scarlatto svolazzava come un vessillo abbandonato. Con passi piccoli e veloci, il dottor Eleuterio Bonaccini superò la fontana del Nettuno e andò diritto verso lo Studium.

La sede dell'università si trovava in un complesso fatto costruire dal cardinal Borromeo sul lato est della piazza. Si trattava del cosiddetto Archiginnasio, e da pochi anni vi si erano trasferite le principali facoltà dell'università più antica del mondo. Nata oltre cinque secoli prima, rappresentava il fiore all'occhiello di Bologna. Le facoltà di diritto erano quelle più rinomate, ma negli anni si erano aggiunte anche quella di logica, filosofia, aritmetica, retorica e grammatica. Oltre alla medicina, naturalmente, che aveva assunto un ruolo di grande rilievo. Lì avevano operato *magister* come Mondino de' Luzzi e Marcello Malpighi, che avevano incentrato le loro ricerche su svariati campi: dall'anatomia alla pediatria, dagli studi sui polmoni e i recettori sensoriali fino a quelli sul fegato, la milza e i reni.

Nessuno, fino ad allora, si era mai troppo interessato agli occhi umani. Per tale ragione, ancora in tempi non sospetti – prima che Bonaccini s'imbattesse nel cappellano di Santa Barbara – il medico aveva intrattenuto una fitta corrispondenza con il *rectores*.

A Bologna lo avrebbero accolto volentieri; la *nationes* di fisica, l'associazione studentesca che reclutava i docenti, gli avrebbe anche riconosciuto un compenso di ottanta scudi alla settimana. Un'enormità, se paragonato a quanto veniva retribuito dall'Ospedale Grande di San Leonardo. Probabilmente, alcuni mesi prima, Bonaccini avrebbe anche accettato l'offerta, ma poi la provvidenza gli aveva messo di fronte Cintio Petrozzani e la reliquia. Aveva messo da parte quelle offerte e si era dedicato a ciò che Dio aveva pianificato per lui.

A quel pensiero Bonaccini trasalì. Erano bastati dei banali residui di cenere per mandare all'altro mondo le sue cavie e far fallire l'esperimento. L'importante però non era cadere, ma rialzarsi dopo ogni caduta. Adesso che sapeva cosa aveva provocato i suoi insuccessi, avrebbe potuto portare a termine il suo progetto.

Era ormai giunto nel cortile dell'Archiginnasio e sotto il doppio ordine di logge individuò una figura conosciuta. Piccolo, tarchiato, con un cappellino rosso in testa e la toga scarlatta, il rettore Pier Donato Iacobazzi lo attendeva alla luce di una lanterna.

«Eleuterio», lo accolse caloroso. «È un piacere rivederti».

Bonaccini lo abbracciò, approfittandone per guardare oltre il suo mantello: nell'edificio quasi tutte le stanze erano buie. Con ogni probabilità erano andati tutti via e ciò significava che quel colloquio doveva restare confidenziale. «Il piacere è mio».

«Hai fatto buon viaggio?».

Improvvisamente, il salto dalla finestra del suo alloggio, il nascondiglio in uno dei magazzini dell'ospedale e poi il trasbordo sulla barca gli balzarono in mente. Era stato difficile e pericoloso, soprattutto perché i birri avevano lanciato un allarme a tutti i capi contrada. Ma ce l'aveva fatta grazie ai due veneziani: abituati a muoversi nell'ombra per contrabbandare merci – e a volte anche giovani non vedenti – era riuscito a superare il lago di sotto, per poi proseguire a piedi. Importava solo quello.

«Ottimo viaggio. Ti ringrazio».

«Prego, seguimi», continuò il rettore. «Sediamoci davanti a un bicchiere di Cordiale e raccontami cosa ti ha fatto cambiare idea».

I due attraversarono un lungo corridoio del piano terra e costeggiarono per un breve tratto piazza Maggiore. Entrarono in una grande aula, dove l'eco dei loro passi si spense nel buio appena si accomodarono, uno di fianco all'altro, nella prima fila di banchi.

«Preferisci insegnare invece di operare come medico fisico, quindi?»

«Se, come mi dicesti, non avete studi sull'occhio umano», esordì senza preamboli Bonaccini, «credo di potervi essere utile. A Mantova ho elaborato un unguento per guarire la cecità e vorrei poterlo sperimentare qui».

Usando parole così nette, Bonaccini accettò l'eventualità che il rettore si insospettisse. Chissà, forse la notizia della sua fuga dalle rive del Mincio era arrivata anche a Bologna. Magari accompagnata dall'accusa di aver decapitato delle ragazze cieche. Ma non poteva farne a meno, se voleva ottenere quanto era in procinto di chiedere.

«Le tue parole mi riempiono di gioia, Eleuterio, ma devo avvisarti che con il nuovo pontificato alcune facoltà dell'ateneo sono state un po' ridimensionate».

«Non mi interessano i soldi», lo interruppe subito Bonaccini. «Ciò che mi serve sono persone da poter guarire». Alzò il mento e fissò dritto Iacobazzi. «Su cui poter *sperimentare* il mio unguento».

«Per questo non ci saranno problemi». Il rettore si alzò in piedi, sfiorando con fare paternalistico una spalla del medico. Con quel gesto, l'accordo era suggellato. «In città ci sono due istituti caritatevoli per ciechi. Troveremo di sicuro qualcuno che faccia al caso tuo».

Capitolo 71

Confine nord del ducato di Mantova, sabato 31 marzo 1590.
La settimana prima.

La secchiata d'acqua lo riportò tra i vivi. Legato con le mani a una sedia, il conte si agitò, gocciolante e al tempo stesso scombussolato dallo svenimento e dal brusco risveglio.

«Bentornato tra noi», lo accolse una voce.

La prima cosa che il conte riuscì a mettere a fuoco fu il secchio di legno vuoto, che dovevano avergli rovesciato addosso. Era in mano a un soldato con l'uniforme dei picchieri, lo stesso che aveva appena parlato. Il suo accento non era affatto francese, ma chiaramente mantovano.

«Che... c-che cosa volete?», riuscì a tossicchiare. Adesso aveva capito anche dove si trovava: era nella cucina della sua tenuta di campagna. Intorno a lui c'erano diverse persone. Con la vista ancora annebbiata, riconobbe alcuni birri in uniforme dei Gonzaga e il bargello di campagna. C'erano anche i due servitori che aveva inviato per preparare la riunione con i francesi. Erano legati schiena contro schiena di fronte al camino ed erano tenuti sotto tiro da un tizio tristemente conosciuto: Giulio De Tatti. Sorrideva, e in quel momento si grattò l'attaccatura dei capelli con la canna della pistola.

«Come spiegate questo?». Ancora madonna Donati. Si voltò a mancina e nell'ombra notò anche lei. Stava seduta, con la mano premuta contro il fianco insanguinato, ma ciò che lo scosse di più fu ciò che vide accanto a lei, sul tavolo.

«Che diavolo significa?», gli sfuggì dalle labbra.

Sul piano scabro della cucina c'era una donna, sdraiata, incatenata mani e piedi. Era viva, perché a ogni sobbalzo dei suoi respiri, i bottoni dell'abito candido riflettevano la luce del camino.

«Spiegatecelo voi, conte», lo sferzò la Donati. «Perché una delle ragazze cieche scomparse dall'istituto di San Gervasio è in casa vostra, legata al tavolo?».

Arianti ammutolì, ma quella specie di messinscena lo gettò nello sconforto più totale.

«I vostri servitori...». De Tatti si alzò con studiata lentezza e si avvicinò ai due uomini legati. «Sono pronti a giurare che non è la sola donna che finisce sotto le vostre grinfie. Non è così?»

«Voi!», ringhiò l'Arianti, subito assalito da un violento accesso di tosse. Gli servirono alcuni istanti per riprendersi e tornò subito agguerrito. «Voi, buono a nulla. Voi!».

«Non perdiamoci in complimenti, conte», lo riprese ancora la Donati. Si portò la mano alla nuca e deformò il volto in un'espressione di dolore. Si obbligò però a proseguire. «Siete in trappola. Credo ve ne rendiate conto: ci sono dieci testimoni pronti a raccontare ciò che hanno visto». Le mancò il fiato, che però con qualche sforzo recuperò subito. «Non mentite, conte: avete ucciso madame Rita Boniforte, Costanza Monticelli e Benedetta di San Zeno. Tre donne cieche. E se non fossimo arrivati noi, avreste ucciso anche la povera Giovanna».

La ragazza cercò di alzare la testa proprio mentre uno dei due servitori le slegava le gambe.

«Possiamo dire di aver sventato il quarto omicidio», proseguì la Donati.

«Ho capito cosa intendete fare», grugnì l'Arianti. «Non potevate accusarmi di nulla; non potevate arrestarmi senza prove e senza gettare discredito sulle magnanime corti del duca. Sui giudici dei quali millantate giustizia e carità; così, non avendo niente contro di me, avete *inscenato* tutto questo...». Con il mento indicò la ragazza legata sul tavolo.

«Inscenato?». De Tatti fece un altro passo in avanti. «Perché mai avremmo dovuto inscenare qualcosa?»

«Volete sapere perché? Ve lo dico io! Perché non avete prove contro di me. Semplicemente perché non esistono. Avete un crittogramma, forse, visto che credo che non l'abbiate consegnato». Arianti scosse il capo. Per un momento le sue sicurezze vacillarono. «Non avete comunque nulla contro di me. Per questo mi accusate di delitti che non ho commesso».

La Donati estrasse da una borsa il dispositivo di decodifica che avevano preso a Paolo Oberteghi. «La *chiave* vi dice niente?»

«E con questo?», l'aggredì l'Arianti, saccente. «Anche se avete decodificato la lettera, vi sarete resi conto che il mio nome non compare da nessuna parte».

Improvvisamente, le parole di Ranuccio Gallerani, pronunciate solo due giorni prima, risuonarono all'unisono nella mente della Donati e di De Tatti: «Purtroppo, oltre al fatto che non sappiamo ancora cos'hanno in mente, direi che abbiamo un altro problema...».

Era vero. Se c'era un uomo in grado di svelare quanto esteso fosse l'intrigo e quali ombre incombessero sul ducato, era proprio l'Arianti. Ma non avevano alcuna prova su di lui, a parte una lista di nomi. Vincenzo non poteva ordinarne l'arresto senza perdere al contempo la sua credibilità. Nessuna corte, infatti, avrebbe autorizzato la tortura solo sulla base del sigillo spezzato della lettera. Arianti avrebbe sempre potuto dire che lui stesso voleva sventare la cospirazione e per questo aveva raccolto i nomi dei malfattori. Nomi che magari avrebbe consegnato al duca in persona. No, nessuno avrebbe autorizzato la tortura. E senza tortura, l'Arianti non avrebbe mai confessato.

«Se c'è una cosa che ho capito con l'età», aveva proseguito Gallerani, come se qualcuno gli avesse suggerito quell'idea sussurrandogliela in un orecchio, «è che non bisogna dare troppa importanza al male che c'è stato, se può portare del bene».

«Cosa intendete dire?», l'aveva incalzato il pittore.

«Il Cacciatore di cieche...».

La Donati e De Tatti si erano guardati senza capire. Sapevano che l'autore dei delitti e delle decapitazioni era stato individuato ma era riuscito a fuggire. Ma cosa c'entrava, adesso, con la cospirazione Gonzaga?

«Le ragazze sono morte e non possiamo farci nulla», aveva spiegato il notaio. «Non possiamo riportarle in vita e di certo perseguiremo il loro assassino. Il loro sacrificio però può essere ugualmente utile...». A quel punto Gallerani aveva sorriso. «Se non abbiamo prove per incriminare l'Arianti, dobbiamo trovare un modo per convincerlo a confessare... e forse so qual è».

Pochi giorni più tardi, il conte era assicurato a una sedia e una quarta ragazza cieca era incatenata al tavolo.

«Se è per una buona causa», erano state le esatte parole della superiora, «sarò felice di accontentarvi. A condizione che non accada nulla a Giovanna».

E così era stato: gli uomini di Gallerani l'avevano portata nella tenuta vuota dell'Arianti e con l'aiuto di De Tatti avevano inscenato il luogo di tortura. Lei, ignara di tutto, si era trasformata, per una buona causa, nella maschera stessa della paura, anche se nessuno le aveva torto un capello. Gli stessi servitori del conte, convinti da una promessa di magnanimità, avevano acconsentito a tradire il loro padrone. E tutto era stato condito con vere uniformi da picchieri indossate dai birri, e da una falsa lettera di convocazione per il conte. Scritta in francese, naturalmente.

«Confessate, siete voi il Cacciatore di cieche». Madonna Donati alzò la voce, mostrando gli incisivi bianchissimi. «Sapete qual è la pena per i tre omicidi di cui siete accusato?».

Arianti lo sapeva bene. La morte, naturalmente. Quella che aveva diligentemente schivato, stando bene attento a non lasciare prove della congiura. Non aveva inserito il suo nome nella lista. Aveva sempre operato attraverso intermediari e fattorini... come De Tatti e come Oberteghi. Non avevano prove contro di lui, semplicemente perché era stato bene attento a fare in modo che non esistessero. Eppure, era in trappola ugualmente…

«Sapete che non sono io il Cacciatore», si lasciò andare alla fine. «Ma se avete inscenato tutto questo è perché volete qualcosa. Cosa volete, dunque? Ditelo».

La Donati prese atto che la trappola aveva funzionato. «Vogliamo conoscere tutti i dettagli: sappiamo chi fa parte della cospirazione, ma non cosa avete in mente. Proverete a uccidere il duca. Quando? Come? Farete voi il lavoro sporco o lo lascerete fare ai francesi?»

«Da quanto so, la proposta di pace di Parigi è stata rifiutata».

«Cedere volontariamente il Monferrato alla zio del duca, in cambio di un appoggio militare francese contro i Savoia? È questa la proposta?»

«Sarebbe stata una transizione pacifica…».

La Donati ridacchiò, saccente. «Peccato che non c'era alcuna minaccia dei Savoia. E nessun motivo per cedere il Monferrato».

«Mettetevi per un attimo nei nostri panni: noi nobili di Casale valiamo meno di zero a Mantova; inoltre, i Gonzaga e i loro cortigiani ostili pretendono di spadroneggiare a piacimento in casa nostra, trattandoci come butteri».

«Vi sentite il nuovo Oliviero Capello, non è così? Ricordate che fine ha fatto?».

Tra i congiurati che avevano provato a spodestare il duca Guglielmo diversi anni prima, quando il Monferrato era passato definitivamente in mano ai Gonzaga, Oliviero Capello era stato scoperto grazie a una selva di spie ed era poi stato ucciso da alcuni sicari. Non prima di aver però tradito i suoi compari di sventura, condannati alla pena capitale e alla requisizione dei beni. Tra loro, Flaminio Paleologo, figlio naturale dell'ultimo marchese, destinato al carcere a vita.

«Non sarebbe stato necessario uccidere Vincenzo, se avesse a-accettato», ribadì l'Arianti, soffocando un altro accesso di tosse.

«Ma visto che non ha accettato i francesi avevano un piano di riserva… e voi eravate il loro cavallo di Troia dentro la città». La

Donati si alzò. «Quando sarebbero arrivati? Da dove, da Milano? I membri della vostra lista li avrebbero spalleggiati?».

A quelle parole l'Arianti abbandonò la testa sul petto. I capelli lunghi e grondanti d'acqua si afflosciarono come uno straccio bagnato. «Va bene, avete vinto: vi dirò tutto, ma in cambio voglio salva la vita».

La Donati non acconsentì ma neanche lo escluse. Non competeva a lei concedere un tale salvacondotto. «Cominciate a parlare».

«Ditemi una cosa prima». Lo sguardo del conte si tramutò in un lampo di ghiaccio. Sembrava addolorato, oltre che curioso. «Se questa messinscena è stata un'idea di quel vecchio, lui dov'è?».

Capitolo 72

Piazza de Mercanti, quartiere San Pietro. Poche ore dopo. Notte fonda.

La piazza vibrava sotto gli zoccoli dei cavalli irrequieti, restii a rimanere nei ranghi. Una moltitudine di soldati, gli elmetti che si rincorrevano come in un formicaio, erano in attesa dell'ordine. Come loro, le decine di cavalieri, stipati tra lo spiazzo del Formento e il Solaro pubblico. Più che l'ora del sonno, sembrava quella del mercato, per quanti militari erano stati mobilitati.

Ranuccio Gallerani, intabarrato per difendersi dall'umidità della notte, zoppicava verso il palazzo del Podestà, facendosi largo tra le uniformi variopinte. Era in compagnia di Lauro Lemma, che come gli altri tenenti a capo dei birri delle preture aveva messo a disposizione tutti i suoi uomini.

«Sono pronti, eccellenza», gli comunicò il bargello. «Aspettano solo voi».

Gallerani ripose il corno d'osso nella cintola e prese un respiro. Se tutto quello spiegamento di forze si era radunato con un così breve preavviso, era solo merito suo e della sua idea. Poco dopo aver concluso l'interrogatorio del conte Arianti, infatti, De Tatti e la Donati si erano precipitati in città. Il piano aveva avuto successo perché il nobile del Monferrato, messo alle strette dall'accusa di essere il Cacciatore di cieche, aveva deciso di collaborare. La sua scelta, per quanto assunta non a cuor leggero, era stata quella più razionale. Le prove costruite ad arte contro di lui, in casa sua, erano infatti incontrovertibili, e paradossalmente facevano molto più rumore di una fumosa accusa di cospirazione.

Quello era stato il colpo di genio di Gallerani. Come avevano inventato le prove per imputargli gli omicidi, avrebbero potuto fare lo stesso per la congiura. Magari scovando lettere, finti testimoni o addirittura armi pronte a far fuoco contro il duca. Il risultato sarebbe stato però certamente diverso: il Cacciatore di cieche aveva scosso la città nel profondo. Con salomonica equità, aveva ucciso sia nobili che popolane e quindi tutti, dal primo all'ultimo mantovano, volevano che venisse catturato. La triste verità era che interessava di più l'autore di quei delitti, che il potenziale attentatore alla vita del poco amato Vincenzo Gonzaga.

«Attenteranno contro il duca il giorno di Pasqua», lo aveva informato la Donati, un'ora prima, al suo rientro dal confine. «Il drappello sarà composto dai congiurati in persona. Ognuno darà una pugnalata... come a Giulio Cesare».

«I nemici avrebbero avuto la vittoria, se avessero avuto chi sa vincere», aveva commentato il notaio, usando proprio le parole di Cesare.

«A ogni modo, una volta tolta di mezzo sua altezza, i francesi faranno pressioni affinché il duca di Nevers e di Rethel sia dichiarato l'erede legittimo».

«E con lo zio del duca Vincenzo sul trono, il Monferrato resterebbe ai congiurati dell'Arianti».

«Esattamente».

Gallerani aveva chiuso gli occhi fino a farli diventare una fessura. «Bene. Informate la corte. Al resto penserò io». Si era seduto allo scrittoio e con penna e calamaio aveva vergato una lista.

Un'ora più tardi, nel bel mezzo della notte, sotto il palazzo del Podestà erano stati radunati gli armigeri fedelissimi al duca: birri non graduati, soldati, fanti, cavalieri, tenenti e bargelli erano tutti in attesa dell'ordine di Gallerani.

«Dovranno operare simultaneamente», chiarì il notaio a Lauro Lemma. Spiegò ancora una volta il foglio con l'elenco di nomi che aveva stilato e lo mostrò al bargello.

Lemma gli diede un'occhiata veloce:

Uberti
Calvi di Bergolo
Appiani
Strozzi
Morozzo della Rocca
Oberteghi
Romagnano
Thaon di Ravel
Garretti
De Tori
Zorinotti
Scaffidi
Vella
Fiore

«Gli uomini sono già stati suddivisi in base alle zone in cui sorgono i palazzi degli obiettivi», confermò il Lemma.

«Bene allora, cominciamo».

Un quarto d'ora dopo, i batacchi di quattordici residenze mantovane risuonarono nella notte.

Qualcuno dei congiurati capì subito che aveva di fronte una retata e si arrese subito; altri, in particolar modo i militari del Monferrato di stanza sul Mincio, provarono a scappare ma furono ripresi; i più sfortunati vennero invece uccisi seduta stante.

All'alba di quel primo aprile, tutti i congiurati rimasti in vita erano stati assicurati alla giustizia. La cospirazione Gonzaga era sventata, eppure Gallerani non era felice.

Quando la notizia che il duca in persona si complimentava con lui lo raggiunse nel suo ufficio a palazzo del Podestà, era teso e affaticato. Ciò che lo inquietava di più era la sensazione d'aver lasciato le cose a metà. Certo, come in uno strano gioco di magia, era riuscito a tessere un filo che univa idealmente i delitti del Cacciatore di cieche alla cospirazione. Eppure, pur nella consapevolezza che le tristi morti delle donne erano servite a qualcosa di grande, di importante, l'inquietudine gli divorava il cuore. Non era contento per come erano andate le cose con Bonaccini. Il duca era salvo, ma le vittime di qual pazzo non avevano ricevuto giustizia...

"Il capolavoro dell'ingiustizia è di sembrare giusta senza esserlo", rifletté, accorato. Gli effetti personali del medico erano ancora sul suo tavolo, esposti come le carabattole di un mercante: i libri di anatomia, la scatola con la cenere, l'abito talare appartenuto al cappellano. Gli erano serviti per elaborare la sua teoria, ma purtroppo non per catturarlo.

Sospirò e fece ciò che si era ripromesso di fare prima che la Donati e De Tatti lo interrompessero in seguito all'arresto del visconte Oberteghi. Da quell'istante, preso com'era stato dall'elaborazione del piano per incastrare l'Arianti, non aveva più avuto il tempo di dedicarsi alla fuga di Bonaccini. Adesso era il momento. Oltre agli oggetti che aveva già esaminato, c'era ancora qualcosa che era stato rinvenuto a casa del medico. Aprì un tiretto del mobile accanto alla finestra e ne fece emergere il plico di vecchie lettere tenute insieme da una cordicella chiusa in un fiocco. Le aveva già scorse, in effetti, constatando che erano tutte di circa un anno prima. Le aveva però messe da parte, ripromettendosi di esaminarle con più attenzione in seguito.

Le aprì e cominciò a leggere. Impiegò mezz'ora esatta, ma quando riemerse dalla lettura, sorrideva.

Capitolo 73

Bologna, Stato Pontificio, lunedì 9 aprile.
Nove giorni dopo…
Metà mattina.

La piccola aula di anatomia dello Studium si trovava al pianterreno dell'Archiginnasio, in fondo a un lungo corridoio affacciato sul chiostro. Le pareti erano interamente coperte da dossali lignee lavorate e il tavolo ovale troneggiava nel centro. Lì, come in altre università, si usava dare dimostrazione agli studenti della *antiquissima et nobilissima consuetudine*. Negli ultimi anni la chirurgia era infatti progredita proprio grazie alla cosiddetta "consuetudine", la prassi cioè di sperimentare sui cadaveri: il collegio dei medici li metteva a disposizione e i chirurghi, avvalendosi di incisori-cerusici, li sezionava per comprendere il funzionamento degli organi. Al termine dell'operazione, si celebrava una messa per l'anima del defunto e si autorizzava la sepoltura dei resti mortali.

Quella mattina, tuttavia, il paziente adagiato sul tavolo era vivo e vegeto, seppur affetto da una malformazione congenita all'apparato visivo. Si chiamava Gerardina da Castelbretone ed era una donna di mezza età profondamente devota a santa Lucia, protettrice degli occhi; doveva essere stata graziosa, forse anche bella, prima che il tempo appesantisse e arrotondasse i suoi tratti. Aveva un'aria languida e iridi di colore azzurro chiaro. Non era completamente cieca anche se il suo mondo si esauriva in poche ombre; da quel giorno, grazie alla sua devozione e alla fede, così le avevano promesso, forse avrebbe visto il mondo in modo diverso.

«Come vi sentite?», le domandò cordiale Bonaccini. Si avvicinò a lei, le spalle coperte dal mantello rosso che lasciava scoperte le maniche della camicia di pizzo, arrotolate fino ai gomiti. «Adesso vi pulirò le palpebre con acqua di rose e poi vi somministrerò il mio unguento».

Gerardina si morse il labbro inferiore e il medico prese ad armeggiare su una tavolino accanto a sé. Sollevò un alambicco di vetro e lo portò a favore di luce. In alto, sopra le dossali, una fila di finestre irradiava di sole la parte centrale dell'aula. Agitò lentamente il composto all'interno, che aveva l'aspetto di una specie di fanghiglia color castagna. Era il frutto delle sue recenti operazioni di pulizia dagli alcali.

Una volta fuggito da Mantova con la brocca in cui aveva travasato la terra di Longino, aveva proceduto a bollirla e a lavarla con acqua e sale. Aveva spostato il composto in un alambicco da alchimista, e dopo averla lasciata riposare, l'aveva messa in un athanor affinché si completasse la separazione. Il risultato era una terra purissima, più fine della sabbia di mare, ma dalla consistenza della polvere e dal colore dei mansi. Le tracce del sangue di Nostro Signore non si vedevano a occhio nudo, ma il procedimento, certamente, non aveva fatto altro che esaltarne le proprietà curative.

«Uno dei soldati gli colpì il fianco con la lancia e subito ne uscì sangue e acqua». Mentre osservava l'alambicco, tenendolo con entrambe le mani sotto la luce, Bonaccini recitò a memoria il passo della Bibbia che lo aveva illuminato. «Chi ha visto ne dà testimonianza e la sua testimonianza è vera ed egli sa che dice il vero, perché anche voi crediate».

Il cuore del medico batteva all'impazzata per l'emozione e per un attimo temette che qualcuno sarebbe venuto a impedirgli di completare la sua missione. Si voltò di scatto. Oltre alla porta principale c'erano altre due uscite, ma erano tutte chiuse. Non c'era nessuno. Erano solo le sue paure.

La donna sul tavolo dovette accorgersi che il medico aveva distolto l'attenzione: il suo petto prese a fremere e cominciò a salmodiare; subito dopo percepì Bonaccini armeggiare sul tavolino con il contenitore di vetro e si tranquillizzò.

Lui scelse un piccolo utensile, stretto, metallico e con la punta arrotondata che lo faceva assomigliare a un grosso cucchiaio, e cominciò a mescolare il composto. Più guardava in controluce il raggio di sole obliquo che dalla finestra colpiva l'unguento, più si convinceva che quella sarebbe stata la volta buona. Ma si sbagliava, e ne ebbe conferma poco dopo, quando prelevata una piccola quantità di terra si avvicinò agli zigomi di Gerardina da Castelbretone. Con una mano le spalancò un occhio, ma non fece in tempo a fare null'altro.

«Fermatevi!», ingiunse qualcuno alle sue spalle.

Bonaccini fu colto da un moto d'ira per essere stato interrotto proprio in quel momento. Si voltò di scatto. «Avevo detto che non volevo essere disturb…».

Il resto della frase gli restò in gola. Davanti a lui non c'era uno studente indisciplinato o qualche passacarte dello Studium. C'era invece un viso fin troppo conosciuto, quello del notaio del maleficio Ranuccio Gallerani.

Capitolo 74

Bologna, Stato Pontificio, giovedì 5 aprile.
Quattro giorni prima... La sera precedente l'arrivo di Bonaccini allo Studium.

«E dunque è lui il famoso Cacciatore di cieche?», il *rectores* Pier Donato Iacobazzi camminava lentamente sotto il porticato di fronte a piazza Maggiore. Intorno a lui, brulicavano selve di studenti. In piedi, seduti, che correvano a testa bassa diretti a qualche lezione di diritto, o che parlottavano di medicina citando Giovanni Battista Monte o Jacobus Sylvius.

«Non siamo certi di cosa ha causato la morte delle ragazze, ma ciò che sappiamo è che le ha decapitate per sviare le indagini». Ranuccio Gallerani, le mani dietro la schiena e le medaglie appuntate sul mantello, aumentò il passo e superò due studenti togati. «La differenza che passa fra credere e sapere è la stessa che passa tra fede e scienza. È proprio il connubio tra fede e scienza che ha fatto diventare Bonaccini ciò che è...».

«La vostra lettera mi ha colto di sorpresa, notaio Gallerani, proprio il giorno prima di ricevere la notizia...».

«Esaminando gli scritti del Bonaccini ho trovato diverse missive da parte della *nationes* di fisica: proponevano a Bonaccini di entrare nel loro corpo docenti».

«Ne sono informato. È stato una mente brillante...».

«Per questo ho pensato che sarebbe venuto da voi a chiedere di proseguire i suoi studi».

Il rettore proseguì per un breve tratto in silenzio. Passarono davanti a una fontana che zampillava sull'angolo del chiostro e superarono un altro crocchio di studenti. A giudicare da come muovevano le mani stavano imparando la musica o forse addirittura eloquenza, magari imitando qualche arringa di Cicerone.

«Invece che tornare a Bologna, sarebbe potuto andare anche a Padova o a Parigi».

«Magari sì». Gallerani accelerò il passo sotto il colonnato. «Ma quando finisce un amore, non si torna forse a bussare alla porta del vecchio?»

«Di solito in quei casi si ricevono porte in faccia».

«Ed è per questo che vi ho scritto: vorrei che in questo caso, la sua proposta venisse invece accettata. Mi avete scritto che verrà domani, non è così?».

Iacobazzi si fermò nel punto in cui l'ombra dell'alto colonnato lasciava il posto al caldo sole di primavera. Oltre il cortile, sopra i contrafforti e i finestroni di marmo, si scorgeva il campanile di San Petronio. «Verrà domani. Sarà un incontro riservato, perché vorremmo evitare rimostranze pubbliche: la *nationes* non intende confermare la proposta di un anno fa».

«Ricordate che è furbo, per questo ho bisogno del vostro aiuto».

«Lo capisco, ma non vi nascondo che la vostra richiesta, non per voi, naturalmente, ma per ciò che rappresentata, mi mette in difficoltà».

«Sono a conoscenza che il papato non vede di buon occhio il ducato di Mantova», lo anticipò Gallerani, interpretando le parole di Iacobazzi. «Ma il duca Guglielmo è morto da tempo e suo figlio Vincenzo è un libro ancora da scrivere».

«È un libro sul quale sono già stati scritti capitoli cruenti, a quanto so...».

Il rettore si riferiva probabilmente a fatti vecchi di otto anni, quando il giovane Vincenzo aveva ucciso il letterato scozzese James Crichton. Si era trattato di un fatto che aveva destato molto scalpore al tempo. Crichton aveva ammazzato il cortigiano Ippolito Lanzoni, amico di Vincenzo, e lui per vendetta aveva colpito a morte lo scozzese. Guglielmo Gonzaga, pur non stimando troppo il figlio, era dovuto intervenire in prima persona per toglierlo dai guai, ma quell'intervento gli era costato lo scredito di molti. Primo fra tutti il papa.

«Il duca Vincenzo è cambiato», aggiunse solo Gallerani. «E ciò che vi chiedo, non è per lui, ma per dare giustizia a tre donne morte per mano di Bonaccini».

Iacobazzi sbuffò, celando un certo fastidio. «Non posso dare accesso ai vostri birri allo Studium, questo lo capite?»

«Non vi chiedo certamente questo».

«E non voglio che nessuno corra pericoli».

«Interverremo appena prima che Bonaccini possa fare del male alla donna».

Forse fu lo sguardo da uomo giusto di Gallerani a persuaderlo, ma alla fine Iacobazzi annuì convinto. «Mi chiedete di accettare la richiesta di sperimentazione di Bonaccini. Di ingannarlo, insomma. Tutto affinché voi possiate coglierlo con le mani nel sacco. Che Dio ce la mandi buona...».

«Voi dovrete solo assecondarlo e trovargli una cavia. Al resto penseremo noi».

Capitolo 75

Bologna, Stato Pontificio, lunedì 9 aprile.
Quattro giorni dopo…

«Fermatevi», ripeté Gallerani, immobile davanti alla porta dell'aula d'anatomia.

Eleuterio Bonaccini sbatté le palpebre più volte. Provava emozioni contrastanti: incredulità innanzi tutto. Ma anche senso di colpa e rabbia. Non accettazione, però.

Si voltò di nuovo verso la donna. Era ancora sdraiata sul tavolo. Sarebbe bastato un gesto per completare la sua missione. Poteva farlo così? Con il notaio filosofo a poche braccia da lui? Non era armato, quindi forse ci sarebbe riuscito. Poi le cose sarebbero andate come dovevano.

«Non muovetevi, dottore», tuonò ancora Gallerani. Alzò la testa e con il mento indicò le altre due porte. Si erano appena aperte ed erano comparse altre due figure. «Non muovetevi, se non volete che i miei amici vi taglino le mani».

Bonaccini si concentrò sulle lame tenute in mano dai due sconosciuti, un birro, forse, e una dama.

«Ascoltate il notaio», suggerì Giulio De Tatti, il fidato pugnale bolognese proteso in avanti. Era contento di trovarsi lì, e quando Gallerani gli aveva proposto di accompagnarlo aveva acconsentito seduta stante. «Non credo che troverete una pala d'altare da dipingere», gli aveva confidato il notaio, «ma avete dimostrato coraggio e valore. Se potremo rendere giustizia a quelle donne, parte del merito è anche vostro».

«Mettete giù quel cucchiaio o qualunque cosa sia...». Dalla porta opposta, la donna che era entrata con De Tatti avanzò. Bonaccini l'aveva vista una sola volta e di sfuggita, ma in quella figura esile fu certo di riconoscere madonna Bianca Donati, la dama di compagnia della duchessa Eleonora.

«Sono un medico», si giustificò Bonaccini, mettendo momentaneamente da parte il suo proposito di testare su due piedi l'unguento. «Non potete arrestarmi per questo».

«Avete ragione, vi arresteremo infatti per avere ucciso Rita Boniforte, Costanza Monticelli e Benedetta di San Zeno».

«Mentite! Ho sentito che avete già il vostro assassino: il conte Filippo Arianti».

Bianca Donati, ancora dolorante per la ferita rimediata nell'ultimo scontro a fuoco, si voltò impassibile verso Giulio De Tatti. L'Arianti era morto il giorno successivo al suo arresto e non per volere del duca, che forse nella sua magnanimità l'avrebbe perfino graziato. Era morto a causa della sua tosse sanguinolenta, della quale fino all'ultimo respiro aveva incolpato l'umidità e il clima di Mantova.

«Vi sbagliate, non è lui l'assassino. In punto di morte, è stato redento su volere dell'uomo più giusto che conosco: messer Gallerani».

«Qualunque cosa abbia detto in punto di morte... su di me non avete comunque alcuna prova. E neppure alcuna autorità a Bologna».

«Avete ragione, infatti come vedete non ci sono birri... ma solo persone in cerca di giustizia». Gallerani avanzò ancora un passo, lentamente e con le braccia larghe. Adesso era a due tese dal medico. «Quanto alle prove, certo che ne abbiamo: la balia Agnese dell'ospedale vi ha visto caricare il corpo dell'ultima vittima su un carro, fuori da casa vostra».

Bonaccini rimase immobile come un dipinto, ma era chiaro che quelle parole l'avevano colpito. Sapeva della balia impicciona, perché aveva sentito un militare riferirlo a Gallerani davanti al castello di San Giorgio. Non credeva tuttavia che lo avesse riconosciuto...

Ma se anche lo avesse saputo, a differenza di quanto lo stavano accusando, lui non era un assassino.

«Arrendetevi, dottore. Il vostro esperimento è finito».

A quelle parole il medico scattò. Si voltò e con la mano rovesciò un po' della terra nell'occhio della inconsapevole Gerardina da Castelbretone, immobile sul tavolo. Lei si contorse dal dolore, portando la mano sull'occhio, e prese a urlare a squarciagola.

«Brucerà per un po'», si rivolse a lei, un istante prima che Gallerani provasse a fermarlo con il suo bastone. «Brucerà ma abbiate fede. Abbiate fede e mi ringrazierete».

Nel frattempo sia la Donati che De Tatti erano riusciti ad avvicinarsi. Mentre la donna urlava, tutto successe in modo talmente veloce che nessuno riuscì ad anticipare il medico. Bonaccini dette uno strattone al notaio, che gli teneva la manica della camicia, e lo spinse.

Gallerani barcollò e cadde all'indietro. La Donati, sopportando una fitta di dolore al fianco, provò ad afferrare il mantello di Bonaccini, ma le restò in mano.

Il medico, in sovrappeso e con l'agilità di un bue prima del macello, provò a sgattaiolare tra loro, dirigendosi verso la porta. Ma si trovò la strada sbarrata. «Andate da qualche parte?». De Tatti si frappose tra il Bonaccini ormai in trappola e l'uscita. Finalmente si sentiva orgoglioso di ciò che aveva fatto. E ancora di più lo era perché Gallerani, poco prima, l'aveva perfino definito "amico". Sorrise e guardò con grande stima l'anziano notaio filosofo, che si stava rialzando in quel momento, aiutato dalla Donati.

«Una volta, un uomo saggio mi ha detto che fuggire è inutile: la fuga serve solo a portare altrove le proprie inquietudini».

Epilogo

Orto dell'ospedale dei Pellegrini, Mantova, 37 d.C.
1553 anni prima... Quattro anni dopo la morte di Gesù di Nazareth...

Quinto Cassio Longino sarebbe diventato un martire. Petronio lo sapeva bene, perché nei giorni in cui il prefetto romano Ottavio lo aveva tenuto agli arresti, molte voci si erano rincorse.

Si diceva che lo avrebbero crocifisso come il Salvatore o che gli avrebbe semplicemente tagliato la lingua, per impedirgli di predicare. In entrambi i casi, ciò che Longino aveva chiesto di fare a Petronio diventava estremamente importante.

«Se mi dovesse accadere qualcosa, non permettere che il Preziosissimo Sangue cada in mani sbagliate», erano state le esatte istruzioni.

Subito dopo l'arresto di Longino, così, Petronio aveva caricato la barca e una notte di luna piena aveva raggiunto il tempio di Diana, nei pressi dell'ospedale dei Pellegrini. Era una zona che conosceva bene, perché ci aveva vissuto per qualche tempo al suo arrivo da quelle parti. Il terreno pianeggiante era punteggiato da viti, qualche ulivo e alberi da frutto, ma per la maggior parte era incolto, coperto da arbusti ed erbacce. Armato di picca, Petronio aveva così aperto un fosso e vi aveva seppellito la scatola con incisa la scritta *Iesu Christi Sanguis*. Conteneva ciò che era suo compito mantenere al sicuro: la spugna, la terra e il Sangue di Cristo, che avevano portato da Gerusalemme.

Quella notte aveva risalito il fiume e tornato sull'isola di Cappadocia non era riuscito a dormire.

«Se mi dovesse accadere qualcosa, torna all'ospedale dei Pellegrini e fai ciò che ti dico», gli aveva ordinato ancora Longino. Cosa intendeva l'ex centurione con quelle parole? Era possibile che intendesse dire che l'orto dell'ospedale non era un luogo sicuro? Era possibile che avesse frainteso le sue parole?

Petronio si girò e si rigirò nel suo cubicolo, fino a che una fredda mattina di novembre non portò una giornata grigia, con nubi cariche di neve.

Viveva in tempi privi di saggezza e discernimento: cosa sarebbe accaduto se il prefetto avesse torturato Longino? Ottavio non avrebbe permesso che continuasse a turbare l'ordine pubblico che Tiberio gli aveva chiesto di preservare.

A metà di quella mattina, quando nubi di nera caligine avevano coperto l'orizzonte e i primi fiocchi avevano cominciato a cadere, Petronio si decise. Preparò la picca, la sacca, raccolse i suoi pochi averi, gli abiti, la tunica di lana da centurione, i calzari e li stipò nella barca. Attese che facesse buio e che l'accampamento dormisse e poi spinse l'imbarcazione al largo. Remò per un po' nella luce grigia della notte, i fiocchi di neve che gli si attaccavano al viso. Quando giunse al piccolo pontile, assicurò la barca e si mise in spalla la sacca e la picca. Camminò spedito nella neve e raggiunse il luogo esatto in cui pochi giorni prima aveva seppellito la reliquia.

«Se mi dovesse accadere qualcosa, non permettere che il Preziosissimo Sangue cada in mani sbagliate». Longino sarebbe diventato un martire, ciò significava che *certamente* gli sarebbe accaduto qualcosa. Se davvero voleva preservare la reliquia, non poteva lasciarla nel luogo concordato con lui. Luogo che sotto tortura non avrebbe certamente potuto tacere.

Liberò il terreno dalla neve tra due ulivi e raggiunse il punto in cui aveva scavato. Sotto, la terra era ancora smossa. Dissotterrò così senza fatica la scatola e l'aprì. Aveva portato con sé un'urna di terracotta in cui travasò il contenuto della cassa, che restò vuota. Trovò nella sacca una spugna di mare sottratta al campo, del sangue di capretto che aveva già preparato e, insieme al terriccio circostante, riempì di nuovo la cassa.

Quando la richiuse, la scritta *Iesu Christi Sanguis* baluginò alla luce proveniente da una finestra dell'ospedale. Sangue di Gesù Cristo, c'era scritto, e invece conteneva la spugna di una sguattera, i fluidi di un ovino e la terra di un frutteto...

Coprì il buco, mise la sacca in spalla e tornò verso il porticciolo.

«Siete voi?». Una ragazzina gli si parò davanti all'improvviso e a Petronio, che non l'aveva minimamente sentita arrivare, gelò il sangue. «Siete uno dei discepoli del predicatore, non è vero?».

L'ex centurione la fissò. Aveva una tunica grezza, da notte, tremava ed era scalza. «Eravate alla finestra dell'ospedale, poco fa?».

La giovane, i capelli lunghi già bagnati dalla neve, mosse il capo su e giù.

«Come ti chiami?»

«Gerardina». Lei indugiò, la condensa che si dissolveva davanti alle sue labbra. Sembrava volesse aggiungere qualcosa, ma era incerta. Alla fine si decise: «È vero quanto racconta il predicatore?»

«Certo che è vero».

«Allora perché portate via il sangue del figlio di Dio?».

Petronio le sorrise, tirando ancora più su la sacca sulla spalla. «Faccio ciò che mi è stato chiesto affinché non cada in mani sbagliate».

La ragazza ebbe un fremito. Petronio credette fosse per l'emozione, ma poteva anche essere per il freddo. Lo scrutò attraverso il buio tempestato dai fiocchi di neve che si posavano silenziosi in acqua. «Non vi tradirò. Ma almeno ditemi dove state andando».

Petronio fece un passo e l'abbracciò. In realtà non sapeva neppure lui quale poteva essere un luogo sicuro per la reliquia. Aveva semplicemente pensato di andare a nord.

«Vado in Gallia», le confidò. Poi slegò la barchetta e, montatovi sopra, si spinse al largo, lasciando l'esile figura della ragazza inghiottita dalla nebbia. Non l'avrebbe più rivista come non avrebbe più rivisto Longino; meno di un mese dopo, il predicatore sarebbe stato decapitato e la sua testa sarebbe rotolata ai piedi dei discepoli. Lui però non ci sarebbe stato.

Remò per qualche tempo al buio, con la neve a fargli da cornice, in compagnia solo dei suoi pensieri. Non poteva saperlo, e di certo non lo avrebbe ritenuto possibile, visto ciò che stava facendo, eppure una mattina di molti secoli dopo, sarebbe accaduto un fatto insolito.

Cieca dalla nascita, una donna bolognese di nome Gerardina da Castelbretone era sempre stata devota a santa Lucia, la protettrice degli occhi. Le aveva provate tutte per acquistare la vista che tanto desiderava; si era persino offerta volontaria per l'esperimento di un medico mantovano, che era avvenuto, tra urla e minacce, la mattina precedente, il 9 aprile 1590. A nulla però erano valsi i suoi sforzi… fino a quel giorno.

Quando aprì gli occhi e passò in un lampo dal nero profondo al giallo, si rese conto cosa significasse vedere il sole. Cadde in ginocchio, incredula. Improvvisamente ci vedeva: poteva scorgere i rami degli alberi, i fiori variopinti, persino il tavolo, le sedie, i piatti. Tutto aveva un colore. Quando fu certa di essere sveglia e di non aver sognato quel nuovo splendido e variopinto mondo, si fece però una domanda: a guarirla, era stata la sua fede in santa Lucia o l'unguento di quel medico mantovano?

Nota e ringraziamenti

Come direbbe il mio notaio filosofo Gallerani: “La gratitudine è una moneta che possiamo coniare da soli, e spendere senza timore di fallimento”. Io non sono un filosofo, però vi devo l’ennesimo, grande grazie per avermi seguito fino alla fine di questo nuovo romanzo.

Non è stato un libro facile per me, per molti motivi che vi risparmio. Di certo, volevo coniugare storia, miti e religione in una vicenda che fosse accattivante. Volevo però anche azione e mi interessava scrivere un romanzo storico che lasciasse qualcosa nel lettore. Non so se ci sono riuscito e se vi ho regalato momenti di svago ma, credetemi, ce l’ho messa tutta.

Come faccio sempre alla fine di ogni mio libro anche questa volta vi racconto cosa c’è di vero nella storia e cosa invece è frutto della mia tastiera impazzita. Se non avete ancora finito il libro vi consiglio di leggere quanto viene di seguito solo alla fine, per non rischiare di rovinarvi qualche sorpresa.

Parliamo intanto dei personaggi: nel romanzo si rincorrono figure realmente vissute e altre immaginarie. Innanzi tutto il tributo alla mia città, Varese: mentre Giulio De Tatti, il coprotagonista del libro, non è mai nato, suo nonno Francesco De Tatti, pittore del rinascimento varesino, è esistito eccome. Le sue sublimi opere, realizzate nelle chiese dell’alta Lombardia e del Ticino, sono ora in parte custodite nella pinacoteca del Castello Sforzesco di Milano e meritano di essere viste. Quelle del nipote, ispirate invece (questo sì, è vero) al pittore cinquecentesco Vincenzo Campi, per fortuna non le vedrete mai…

Quanto agli altri personaggi storici, senza pretese di completezza, sono ovviamente vissuti tutti i Gonzaga di cui racconto le vicende: da Guglielmo a Vincenzo da Ercole a Federico. Tra le donne, naturalmente, Isabella d’Este e Beatrice di Lorena, ma anche Giulia Albizzi, alias Bianca Donati. La giovane vergine fiorentina, che era stata chiamata per saggiare la virilità di Vincenzo Gonzaga, è realmente esistita. La storia che racconto nel libro è vera (secondo i più) e se vi incuriosisce vi consiglio di guardare il divertente film *Una vergine per il principe*, diretto nel 1965 da Pasquale Festa Campanile con Vittorio Gassman nei panni di Vincenzo; ciò che è inventato è invece quanto accade successivamente alla giovane. Madonna Donati in veste di spia è infatti frutto della mia immaginazione, ma non è detto che la sua sorte, di cui si perdono le tracce, non sia come l'ho raccontata.

Parlando del Preziosissimo Sangue di Cristo e della conversione di Longino, entrambe le questioni sono attinte a piene mani dalla Bibbia, oltre che da miti e leggende. Nel libro ho provato a ricostruire le vicende della reliquia sulle rive del Mincio, così come raccontate nel 1612 da Ippolito Donesmondi, in *Dell'istoria ecclesiastica di Mantova*. Ci sono alcune parti romanzate, ovviamente, e altre più aderenti al suo racconto, ma nel complesso credo che la storia sia piuttosto fedele. È vero anche che parte del Sangue è stato spostato da Sant'Andrea a Santa Barbara, e questo l'ha salvato dall'occupazione francese nel Settecento. In tutte queste verità, c'è però una finzione: l'epilogo, naturalmente, che mi serviva per introdurre l'eterno dibattito tra scienza e fede.

"Chi ha guarito la donna bolognese?", vi starete chiedendo. L'unguento di Bonaccini era davvero efficace? Come poteva esserlo se Petronio aveva rubato la reliquia millecinquecento anni prima? E se non era efficace, la fede di Gerardina in santa Lucia aveva fatto il miracolo? Temo di non voler rispondere alle vostre domande, ma vi pongo io un interrogativo: un'idea, una convinzione, la fede stessa sono sufficienti per cambiare i nostri destini, magari facendoci guarire da un malanno? La risposta richiederebbe una parentesi grande come tutto il romanzo, quindi passiamo ad altro.

Come mi capita spesso, ho seminato nel romanzo piccoli tributi a libri o opere che mi sono care.

Chi mi conosce sa che amo *I promessi sposi* e quindi il primo è per il Manzoni. I più attenti avranno infatti notato che l'inseguimento a Milano ripercorre al contrario gli spostamenti di Renzo al suo arrivo in città. Anche la fuga del visconte Oberteghi conduce idealmente sui luoghi manzoniani: da Monza, fino alle rive del lago di Como, nei pressi di Lecco e del convento di Pescarenico.

Un altro tributo l'ho dedicato alla trilogia di Mondino de' Luzzi di Alfredo Colitto, ambientata a Bologna e non a caso ho preso in prestito il nome di uno dei suoi personaggi. Ce ne sono anche altri, più piccoli, che per sinteticità non vi cito, ma il tributo più grande è all'arte che ha fatto di Mantova ciò che è: Palazzo Te, le opere di Giulio Romano, quelle del Mantegna, del Perugino, del Pisanello, del Correggio e le altre che descrivo, nei palazzi, nelle torri, nelle chiese, sono tutte vere e visibili. Se non le avete mai visitate, cercate di farlo, perché solo la Camera dei Giganti in cui ambiento il primo capitolo del libro vale la fatica.

E adesso vi saluto passando ai ringraziamenti. È possibile che abbia dimenticato qualcosa: eventualmente ve la dirò nel prossimo libro, dove magari, se vi sono piaciuti, potremmo ritrovare Gallerani, De Tatti e la Donati. Insieme fanno una bella squadra e, come si suol dire, squadra che vince non si cambia.

Le prime da ringraziare sono le donne della mia famiglia. Mia moglie Elena prima di tutti, che ho trascurato troppo a lungo per scrivere questo libro, ma anche le piccole Lucrezia e Ginevra. Non so se la storia piacerà loro, ma dietro c'è anche molto che le riguarda. Continuo in ordine alfabetico: Raffaello Avanzini, che come sempre mi ha spronato ad andare verso orizzonti narrativi per me inesplorati, Cristiano Angioy Viglio, Raffaella Bossi, Isabella Cavallari, Serena Contini, Daniele Cassinelli, il mio editor Giuseppe D'Antonio, Marco Ischia, Luca Marsico, lo staff di Newton Compton Editori, Roberto Orsi, Marco Paganini, Cristina Pesaro, Tiziana Silvestrin, Francesca Strazzi.

Un saluto. Al prossimo romanzo.

Indice